MENTALIDADES MATEMÁTICAS

Título original: MATHEMATICAL MINDSETS. Unleashing Students' Potential Through Creative-Math, InspiringMessages and Innovative Teaching
Traducido del inglés por Francesc Prims Terradas
Diseño de portada: Editorial Sirio, S.A.
Maquetación: Toñi F. Castellón

© de la edición original
2016, Jo Boaler

Publicado inicialmente por Jossey-Bassey, un sello de Wiley
Derechos de traducción gestionados por Taryn Fagerness Agency
y Sandra Bruna Agencia Literaria, S.L.

© de la presente edición
EDITORIAL SIRIO, S.A.
C/ Rosa de los Vientos, 64
Pol. Ind. El Viso
29006-Málaga
España

www.editorialsirio.com
sirio@editorialsirio.com

I.S.B.N.: 978-84-18000-49-2
Depósito Legal: MA-889-2020

Impreso en Imagraf Impresores, S. A.
c/ Nabucco, 14 D - Pol. Alameda
29006 - Málaga

Impreso en España

Puedes seguirnos en Facebook, Twitter, YouTube e Instagram.

JO BOALER

Prólogo de Carol Dweck, autora de *Mindset*

MENTALIDADES MATEMÁTICAS

Cómo liberar el potencial de los estudiantes
mediante las matemáticas creativas,
mensajes inspiradores y una enseñanza innovadora

EDITORIAL
SIRIO

Para Jaime y Ariane, mis dos chicas
que me inspiran todos los días.

Índice

Prólogo

Una de mis exalumnas de la Universidad Stanford es profesora de cuarto de primaria en el sur del Bronx, una zona de la ciudad de Nueva York en la que estudian muchos alumnos pertenecientes a grupos sociales minoritarios y desfavorecidos que presentan un rendimiento académico bajo. Todos estos alumnos piensan que no se les dan bien las matemáticas, y a la vista de sus resultados académicos, cualquiera podría tener la tentación de comulgar con esta apreciación. Sin embargo, después de haber asistido a clase con ella durante un año, sus alumnos de cuarto terminaron en primer lugar en el *ranking* del estado de Nueva York: el 100 % aprobaron el examen de matemáticas de ámbito estatal, y el 90 % obtuvieron la nota más alta. Y es que todos los estudiantes pueden tener éxito en el aprendizaje de las matemáticas; el caso de estos alumnos del Bronx no es más que uno de los muchos ejemplos que podría poner.

Hay quienes piensan que algunos niños no están hechos para las matemáticas, que el éxito en esta materia está reservado solamente a ciertos niños —los que se cree que son «inteligentes»— o que es demasiado tarde para aquellos que no han crecido en los entornos adecuados. Quienes albergan estas creencias pueden aceptar fácilmente que muchos estudiantes suspendan la asignatura de matemáticas y la odien. De hecho, nos hemos encontrado con muchos profesores que intentan consolar a sus alumnos diciéndoles que no se preocupen por llevar mal las matemáticas, porque no todos pueden sobresalir en esta materia. Estos «facilitadores» adultos, padres y maestros por igual, permiten que los niños desistan de las matemáticas cuando apenas están empezando a estudiarlas. No es de extrañar que algunos estudiantes se limiten a aceptar su desempeño deficiente con esta declaración: «No estoy hecho para las matemáticas».

Pero ¿de dónde sacan los padres, los profesores y los alumnos la idea de que las matemáticas son solo para algunas personas? Una nueva investigación muestra que esta creencia está profundamente arraigada en el campo de las matemáticas. Los investigadores encuestaron a académicos (de universidades estadounidenses) de varias disciplinas. Les preguntaron hasta qué punto pensaban que el éxito en su campo dependía de una capacidad fija e innata que no se podía enseñar, frente a la idea de que el trabajo duro, la dedicación y el aprendizaje eran los factores determinantes. Entre todos los expertos encuestados —de los campos de la ciencia, la tecnología, la ingeniería y las matemáticas (las denominadas materias STEM)—, los matemáticos fueron los que más convencidos se mostraron de que la capacidad asociada a su disciplina era un rasgo innato, fijo (Leslie, Cimpian, Meyer y Freeland, 2015). Otros investigadores están descubriendo que muchos profesores de matemáticas empiezan el curso distinguiendo entre los estudiantes que son aptos para esta disciplina y los que no lo son. Se oyó decir a un profesor de universidad, en el primer día de un curso universitario introductorio: «Si esto no os resulta fácil, no es lo vuestro» (Murphy, García y Zirkel, en preparación). Si este mensaje se transmite de generación en generación, no es de extrañar que los estudiantes tengan miedo de las matemáticas. Y tampoco es de extrañar que lleguen a la conclusión de que no están hechos para las matemáticas si no les resultan fáciles.

Pero cuando empezamos a constatar que la mayoría de los estudiantes (tal vez casi todos) son capaces de sobresalir en esta asignatura y disfrutarla, como se muestra en los capítulos siguientes, ya no es aceptable que tantos alumnos la suspendan y la odien. ¿Qué podemos hacer para que todos los estudiantes logren avanzar en el aprendizaje de las matemáticas? ¿Cómo podemos ayudar a los maestros y a los alumnos a creer que se puede desarrollar la capacidad matemática, y luego mostrarles a los profesores cómo enseñar matemáticas de una manera coherente con esta idea? Esta es la materia de este libro.

En esta obra única y maravillosa, Jo Boaler saca partido de sus años de experiencia y su gran sabiduría para mostrarles a los docentes exactamente cómo presentar los contenidos matemáticos, cómo estructurar los problemas matemáticos y cómo guiar a los alumnos en esta disciplina y darles un tipo de retroalimentación que los ayude a adoptar y asentar una *mentalidad de crecimiento*. Boaler es una de esas educadoras excepcionales que no solo conocen el secreto de la enseñanza de la mayor calidad, sino que también saben cómo transmitir este don a los demás. Miles de maestros han aprendido de ella, y esto es lo que dicen:

«A lo largo de mi educación escolar [...] me sentí estúpido e incapaz de aprender [matemáticas] [...] No tengo palabras para expresar el alivio que siento ahora al ver que sí puedo aprenderlas, y al poder enseñarles a los alumnos que ellos también pueden hacerlo».

«[Usted] me ha ayudado a pensar acerca de la transición a los estándares básicos comunes y a ayudar a mis alumnos a sentir amor y curiosidad por las matemáticas».

«Estaba buscando un proceso de aprendizaje de las matemáticas que hiciera que los alumnos pasasen de odiarlas a disfrutarlas [...] este era el cambio que necesitaba».

Imagina a tus alumnos pasándolo bien mientras lidian con problemas matemáticos realmente difíciles. Imagínalos pidiendo que se analicen sus errores delante de la clase. Imagínalos diciendo: «¡Se me dan bien las matemáticas!». Esta visión utópica se está materializando en aulas de todo el mundo y, si sigues los consejos que se ofrecen en este volumen, también puede ser una realidad en tu aula.

Carol Dweck,
profesora de Psicología y autora de *Mindset: la actitud del éxito*

Introducción: El poder de la mentalidad

Recuerdo claramente la tarde de otoño en la que estuve con la decana en su despacho, en la que resultó ser una reunión muy importante. Hacía poco que yo había regresado a la Universidad Stanford desde Inglaterra, donde había sido profesora Marie Curie de Educación Matemática.

Todavía me estaba acostumbrando al cambio climatológico, de los grises cielos nublados que se empeñaron en acompañarme durante los tres años que pasé en la costa de Sussex, en Inglaterra, a la luz del sol que brilla en el campus de Stanford casi de continuo. Entré en el despacho de la decana con cierta inquietud ese día, ya que era la primera vez que iba a encontrarme con Carol Dweck. Estaba un poco nerviosa ante la perspectiva de conocer a la famosa investigadora cuyos libros sobre la mentalidad habían revolucionado la vida de personas de todos los continentes y cuyo trabajo había motivado a gobiernos, escuelas, padres e incluso a equipos deportivos de primera línea a enfocar la vida y el aprendizaje de manera diferente.

Durante muchos años, Carol y sus equipos de investigación han recopilado datos que respaldan un hallazgo indiscutible: que cada individuo tiene una mentalidad, una creencia fundamental acerca de su forma de aprender (Dweck, 2006b). Las personas que tienen una mentalidad de crecimiento creen que la inteligencia aumenta con el trabajo duro, mientras que las que tienen una mentalidad fija creen que uno puede aprender cosas, pero no cambiar su nivel de inteligencia básico. Las mentalidades tienen una importancia fenomenal, porque los estudios han demostrado que conducen a comportamientos dispares en cuanto al aprendizaje, lo que a su vez da lugar a distintos resultados en cuanto a este. Cuando las personas cambian de mentalidad y empiezan a creer que pueden aprender en mayor medida, cambian su forma de aprender (Blackwell, Trzesniewski y Dweck, 2007) y obtienen un mayor rendimiento académico, como expondré en este libro.

En la conversación que mantuvimos ese día, le pregunté a Carol si había pensado en trabajar con profesores y alumnos de matemáticas, porque sabía que las intervenciones relativas a la mentalidad ofrecidas a los estudiantes los ayudaban, pero los profesores de matemáticas tienen el potencial de impactar profundamente en el aprendizaje de los estudiantes de una manera sostenida en el tiempo. Carol respondió con entusiasmo y estuvo de acuerdo conmigo en que las matemáticas eran la disciplina en la que era más necesario un cambio de mentalidad. Esa fue la primera de muchas conversaciones y colaboraciones agradables en el curso de los cuatro años siguientes, que actualmente incluyen nuestro trabajo conjunto en proyectos de investigación, en los que también participan profesores de matemáticas, y la exposición de nuestras investigaciones e ideas en talleres dirigidos a los profesores de esta materia. Mi trabajo sobre la mentalidad y las matemáticas en los últimos años me ha ayudado a tomar mucha conciencia de lo necesario que es enseñar a los alumnos acerca de las mentalidades *dentro* del campo de las matemáticas, más que en un contexto general. Los estudiantes tienen unas ideas tan fuertes sobre las matemáticas, a menudo negativas, que pueden desarrollar una mentalidad de crecimiento respecto a todos los aspectos de su vida excepto este; es decir, pueden seguir creyendo que a unas personas se les dan bien las matemáticas y a otras no, sin más. Para cambiar estas creencias perjudiciales, los alumnos deben desarrollar *mentalidades matemáticas*. Este libro te enseñará formas de alentarlos con este fin.

La mentalidad fija que muchas personas tienen sobre las matemáticas a menudo se combina con otras creencias negativas relativas a esta disciplina, con un efecto demoledor. Por eso es tan importante compartir con los estudiantes los nuevos conocimientos que tenemos relativos al aprendizaje de las matemáticas que expongo en este libro.

Recientemente, he compartido algunas de las ideas que aquí se exponen en un curso en línea para maestros y padres (un *curso en línea masivo y abierto*, CEMA; este tipo de cursos son más conocidos por sus siglas en inglés: MOOC). Los resultados fueron asombrosos; superaron incluso mis mayores expectativas (Stanford Center for Professional Development, sin fecha). Más de cuarenta mil personas se inscribieron en el curso; profesores de todos los niveles escolares y padres. Al acabar, el 95 % de los asistentes dijeron que cambiarían su forma de impartir las clases o la forma de ayudar a sus propios hijos, a partir de lo nuevo que habían aprendido. Además, más del 65 % de los participantes permanecieron en el curso, no el 5 % que suelen acabar un curso CEMA. La increíble respuesta que obtuve se debió a que los nuevos conocimientos que tenemos sobre el cerebro y el aprendizaje de las matemáticas es sumamente potente e importante.

Cuando impartí este curso en línea y leí todas las respuestas de las personas que lo hicieron, me di cuenta, más que nunca, de que muchos individuos han experimentado un trauma en relación con las matemáticas. No solo descubrí lo muy extendidos que están estos traumas, sino que la información que recopilé mostraba que se alimentan de las creencias incorrectas relativas a las matemáticas y la inteligencia. El trauma y la ansiedad vinculados a las matemáticas se mantienen vivos porque estas creencias incorrectas están tan difundidas que permean la sociedad de Estados Unidos, del Reino Unido y de muchos otros países del mundo.

Fui consciente por primera vez de la magnitud del trauma asociado con las matemáticas en los días posteriores a la publicación de mi primer libro destinado a padres y profesores, titulado *What's Math Got to Do With It?* [¿Qué tienen que ver las matemáticas con esto?] en Estados Unidos y *The Elephant in the Classroom* [El elefante en el aula] en el Reino Unido, el cual explica en detalle los cambios en la educación y en la crianza de los niños que debemos acometer para que las matemáticas sean más agradables y accesibles. Cuando ese libro vio la luz, me invitaron a numerosos programas de radio, a ambos lados del Atlántico, para conversar con los locutores sobre el aprendizaje de las matemáticas. Esto tuvo lugar en muchos formatos; desde intervenciones más informales en programas matinales hasta una discusión en profundidad de veinte minutos con un presentador de la televisión pública estadounidense muy reflexivo, pasando por mi participación en un programa de radio británico muy apreciado llamado *Women's Hour* [La hora de las mujeres]. Hablar con los profesionales de la radio fue una experiencia realmente interesante. Empezaba la mayoría de las conversaciones hablando sobre los cambios que es necesario llevar a cabo, y señalaba que las matemáticas son traumáticas para muchas personas. Esta afirmación parecía relajar a mis anfitriones, e hizo que muchos de ellos se abrieran y compartieran conmigo sus propias historias de traumas vinculados a esta materia. Muchas de esas entrevistas acabaron convirtiéndose en algo similar a una sesión de terapia. Esos profesionales altamente capacitados e informados me hablaron de sus respectivos traumas y su origen, que normalmente era lo que había dicho o hecho un profesor de matemáticas. Todavía recuerdo que Kitty Dunne, de Wisconsin, me dijo que el nombre de su libro de álgebra estaba «grabado» en su cerebro, lo cual revelaba la fuerza que tenían las asociaciones negativas a las que se aferraba. Jane Garvey, de la BBC, una mujer increíble a la que admiro mucho, me confesó que les tenía tanto miedo a las matemáticas que temía entrevistarme. Ya les había contado a sus dos hijas lo mal que se le daba esta asignatura en la escuela (algo que nunca debe hacerse, como explicaré más adelante). Este grado de intensidad emocional, negativa, en torno a las matemáticas no es poco frecuente. Las matemáticas, más que cualquier otra materia, tienen el poder de «aplastar» el espíritu de los estudiantes, y muchos adultos no trascienden las experiencias que tuvieron con esta asignatura en la escuela si son negativas. Cuando los alumnos asientan la idea de que no se les dan bien las matemáticas, a menudo mantienen una relación negativa con estas durante el resto de su vida.

El trauma vinculado a las matemáticas no solo lo sufren personas que decidieron dedicarse al arte o labrarse un futuro en el ámbito del entretenimiento. El lanzamiento de mis libros me llevó a conocer a algunas personas increíbles; una de las más interesantes fue la doctora Vivienne Parry. Vivienne es una científica eminente de Inglaterra; recientemente recibió un OBE, el mayor honor concedido en esta nación, otorgado por la reina. Su lista de logros es larga: fue vicepresidenta del consejo del University College de Londres, fue miembro del Consejo de Investigación Médica británico y presentó programas de ciencia en la BBC Television. Tal vez sea sorprendente que, con la carrera científica que tiene a sus espaldas, Vivienne hable pública y abiertamente sobre el miedo paralizante que experimenta en relación con las matemáticas. De hecho, me contó que las teme tanto que no puede calcular los porcentajes cuando necesita rellenar los documentos fiscales. Meses antes de abandonar el Reino Unido y regresar a la Universidad Stanford, impartí una ponencia en la Royal Institution de Londres. Fue un gran honor poder hablar en una de las instituciones más antiguas y respetadas de Gran Bretaña, que tiene el noble objetivo de dar a conocer el trabajo científico a la gente. Todos los años, en ese país, las Conferencias de Navidad, fundadas por Michael Faraday en 1825, se emiten por televisión, pronunciadas por eminentes científicos, que comparten así su trabajo con el gran público. Le pedí a Vivienne que me presentara en la Royal Institution, y en esa presentación dijo que, cuando era niña, la profesora de matemáticas, la señora Glass, la obligó a permanecer de pie en un rincón por no saber recitar la tabla de multiplicar del siete. A continuación hizo reír al público al añadir que, cuando contó esta historia en la BBC, seis mujeres llamaron al teléfono que acogía las llamadas del público para preguntarle si se estaba refiriendo a la señora Glass de la escuela Hoxbury, a lo cual respondió afirmativamente.

Por fortuna, estas prácticas de enseñanza tan duras ya son casi inexistentes, y sigo inspirada por la dedicación y el compromiso de la mayoría de los profesores de matemáticas con los que trabajo. No obstante, sabemos que siguen dándose mensajes negativos y dañinos a los alumnos todos los días, sin la intención de perjudicarlos, pero que pueden hacer que, a partir de ese momento, desarrollen una mala relación con las matemáticas. Esta relación puede invertirse en cualquier momento y pasar a ser buena, pero esto no ocurre en muchos casos. Lamentablemente, cambiar los mensajes que reciben los estudiantes sobre las matemáticas no es tan simple como cambiar las palabras que usan los docentes y los padres, aunque las palabras son muy importantes. Los alumnos también reciben y absorben muchos mensajes indirectos sobre las matemáticas a través de muchos aspectos de la enseñanza de estas, como los ejercicios y los problemas con los que trabajan en clase, los comentarios que reciben, las formas en que se los pone a trabajar en grupo y otros aspectos de la enseñanza de las matemáticas que se abordan en este libro.

Vivienne está convencida de que tiene un problema cerebral llamado discalculia que le impide tener éxito con las matemáticas. Pero ahora sabemos que una experiencia o mensaje puede suponer un cambio radical para los estudiantes (Cohen y García, 2014), y parece muy probable que las experiencias negativas que tuvo con las matemáticas estén en la raíz de la ansiedad que siente actualmente en relación con ellas. Afortunadamente para los muchos que se han beneficiado de su trabajo, Vivienne pudo tener éxito a pesar de sus experiencias matemáticas, incluso en un campo cuantitativo, pero la mayoría de las personas no tienen tanta suerte, y sus primeras experiencias perjudiciales con las matemáticas les cierran las puertas para siempre.

Todos sabemos que los traumas relacionados con las matemáticas existen y lo que perjudican; se han dedicado numerosos libros al tema de la ansiedad matemática y las formas de ayudar a la gente a superarla (Tobias, 1978). En nuestro planeta hay innumerables individuos que se han visto perjudicados por la forma deficiente en que se les han enseñado las matemáticas, pero las ideas negativas que prevalecen sobre esta materia no provienen solo de las prácticas de enseñanza dañinas. Proceden de una idea que es muy fuerte, que impregna muchas sociedades y que está en la raíz del fracaso y el bajo rendimiento académico en el ámbito de las matemáticas: que solo algunas personas pueden dominarlas. La creencia de que las matemáticas están asociadas con un «don» que algunos han recibido y otros no es responsable de gran parte del fracaso que experimenta tanta gente con ellas en gran parte del mundo.

Hacer cursos de matemáticas es importante. Estudios de investigación han dejado claro que cuantos más cursos de matemáticas hagan los estudiantes, mayores serán sus ingresos diez años más tarde. Los cursos de matemáticas avanzadas están asociados a un salario un 19,5% mayor diez años después de la educación secundaria (Rose y Betts, 2004). Las investigaciones también han revelado que los estudiantes que asisten a clases de matemáticas avanzadas aprenden unas formas de trabajar y pensar —aprenden, sobre todo, a razonar y aplicar la lógica— que hacen que sean más productivos en el trabajo. Quienes estudian matemáticas avanzadas aprenden cómo abordar situaciones matemáticas de cierto nivel, lo cual hace que, cuando consiguen un empleo, sean ascendidos a puestos más exigentes y mejor pagados, lo cual está fuera del alcance de quienes no estudiaron matemáticas de nivel avanzado (Rose y Betts, 2004). En el estudio que realicé con escuelas de Inglaterra, descubrí que los estudiantes pasaban a destacar en su puesto de trabajo, lo cual hacía que acabasen obteniendo un empleo mejor remunerado, porque en la enseñanza secundaria habían aprendido matemáticas a través de un enfoque basado en los proyectos, el cual analizaré en capítulos posteriores (Boaler, 2005).

Y ¿de dónde proviene esta idea dañina, que, cabe observar, está ausente en países como China y Japón, que encabezan el *ranking* mundial del éxito en matemáticas? Tengo la suerte de tener dos hijas que, en el momento de escribir estas líneas, están cursando tercero de primaria y sexto [que en Estados Unidos es el primer curso de la enseñanza denominada *intermedia*] en California. Esto significa que tengo el dudoso placer de echar ojeadas, regularmente, a los programas de televisión infantiles. Esto ha sido muy esclarecedor para mí, y también muy preocupante, ya que no hay un solo día en que las matemáticas no aparezcan, en uno de estos programas, bajo una luz negativa. El mensaje insistente es que las matemáticas son muy difíciles a la par que nada interesantes, inaccesibles y solo para frikis; no son para la gente divertida y atractiva... y no son para las niñas. ¡No es extraño que tantos niños desconecten de las matemáticas y crean que no se les pueden dar bien!

La idea de que solo algunas personas pueden manejarse bien con las matemáticas está profundamente arraigada en la psique estadounidense y británica, por lo menos. Esto las convierte en algo especial y hace que la gente tenga unas ideas sobre ellas que no tiene sobre ninguna otra materia. Muchos dirán que las matemáticas son diferentes porque todo en esta disciplina tiene que ver con las respuestas correctas frente a las incorrectas, pero esto no es así; precisamente, parte del cambio que necesitamos ver en el campo de las matemáticas es el reconocimiento de su naturaleza creativa e interpretativa. Las matemáticas son una materia muy amplia y multidimensional que requiere razonamiento, creatividad, establecer conexiones e interpretar métodos. Es un conjunto de ideas que ayuda a alumbrar el mundo, y está cambiando constantemente. Los problemas matemáticos deberían alentar y reconocer las distintas formas en que las personas ven esta disciplina y los diferentes caminos que toman para resolver los problemas. Cuando esto es así, los estudiantes se implican más con las matemáticas, y más profundamente.

Otro concepto erróneo acerca de las matemáticas, generalizado y perjudicial, es que las personas a las que se les dan bien son las más inteligentes. Esto hace que el hecho de fallar con las matemáticas sea especialmente demoledor para los estudiantes, ya que lo interpretan como que les falta inteligencia. Es necesario acabar con este mito. El peso combinado de todas las ideas erróneas que prevalecen en la sociedad acerca de las matemáticas es terrible para muchos niños: creen que la capacidad matemática es un signo de inteligencia y un don, y que si no tienen este don no solo les seguirá yendo mal en el campo de las matemáticas, sino que, además, son personas poco inteligentes a las que probablemente no les irá bien en la vida.

Mientras escribo este libro, está claro que el mundo está desarrollando una gran comprensión y respeto en cuanto a lo importante que es la mentalidad. El libro de Carol Dweck se ha traducido a más de veinte idiomas (Dweck, 2006b), y el interés en el impacto de la mentalidad sigue creciendo. Lo que es menos sabido es que las ideas relativas a la mentalidad se infunden a través de las matemáticas, y que los profesores de matemáticas y los padres que trabajan con sus hijos en el hogar pueden transformar las ideas, experiencias y futuras oportunidades laborales de sus alumnos e hijos abordando las matemáticas con una mentalidad de crecimiento. Las intervenciones relativas a la mentalidad general pueden ser útiles para cambiar la mentalidad de los estudiantes, pero si siguen trabajando de la misma manera que siempre con las matemáticas en el aula y en el hogar, la mentalidad de crecimiento se irá desvaneciendo en relación con esta materia.

Las ideas que comparto con profesores y padres y que se exponen en este libro incluyen prestar atención a los planteamientos matemáticos con los que van a trabajar los alumnos, las formas en que los alientan o los califican, las maneras de trabajar en grupo en las aulas, las formas en que se abordan los errores, las normas instauradas en las aulas, los mensajes relativos a las matemáticas que podemos dar a los estudiantes y las estrategias que se pueden aprender para abordar la asignatura. En definitiva, en este libro se plantea todo lo relativo a la experiencia de enseñar y aprender matemáticas. Estoy emocionada por compartir este nuevo conocimiento contigo, y estoy segura de que os ayudará a ti y a cualquier persona con la que trabajes en el ámbito de las matemáticas.

En el próximo capítulo, y al principio del segundo, expondré algunas de las ideas fascinantes e importantes que han aportado las investigaciones en los últimos años; y a partir de la segunda mitad del capítulo dos me centraré en las estrategias que se pueden usar en las aulas de matemáticas y en los hogares para implementar las ideas presentadas inicialmente. Recomiendo encarecidamente leer todos los capítulos; pasar directamente a las estrategias no será útil si no se han comprendido bien las ideas subyacentes.

En los meses posteriores al curso CEMA que impartí para profesores y padres, recibí miles de cartas, correos electrónicos y otros mensajes por parte de personas que me hablaban de los cambios que habían efectuado en el aula y en el hogar y el impacto que esto había tenido en los estudiantes. Cambios relativamente pequeños en la forma de enseñar y criar a los niños pueden modificar su forma de relacionarse con las matemáticas, porque el nuevo conocimiento que tenemos sobre el cerebro, las mentalidades y el aprendizaje de las matemáticas es verdaderamente revolucionario. Este libro trata sobre la creación de mentalidades matemáticas a través de una nueva forma de enseñar y criar a los niños. En esencia, esta nueva forma de enseñanza y crianza tiene que ver con el crecimiento, la innovación, la creatividad y la realización del potencial asociado a las matemáticas. Gracias por acompañarme y por dar pasos en un camino que podría cambiar para siempre la relación que tú y tus alumnos o hijos tenéis con las matemáticas.

CAPÍTULO 1

El cerebro y el aprendizaje de las matemáticas

En la última década hemos visto el surgimiento de tecnologías que han brindado a los investigadores nuevas formas de ver cómo funcionan la mente y el cerebro. Ahora los científicos pueden estudiar a los niños y adultos en el momento en que están trabajando con las matemáticas y observar su actividad cerebral; pueden comprobar tanto el crecimiento como la degeneración del cerebro y ser capaces de ver el impacto de distintos estados emocionales en la actividad neuronal. Un fenómeno que se ha descubierto en los últimos años y ha sorprendido a los científicos es la *neuroplasticidad*. Antes se creía que el cerebro con el que nacían las personas no podía cambiarse, pero esta idea ha sido rotundamente refutada. Estudio tras estudio han demostrado la increíble capacidad que tiene el cerebro de crecer y cambiar en un período de tiempo realmente corto (Abiola y Dhindsa, 2011; Maguire, Woollett y Spiers, 2006; Woollett y Maguire, 2011).

Cuando aprendemos una idea nueva, una corriente eléctrica se dispara en nuestro cerebro, cruza las sinapsis y conecta distintas zonas de este órgano.

Si aprendes algo en profundidad, la actividad sináptica creará conexiones duraderas en tu cerebro y se formarán caminos estructurales, pero si consideras una idea una sola vez o de manera superficial, las conexiones sinápticas podrán «borrarse» como los caminos hechos en la arena. Las sinapsis se activan (es decir, transmiten impulsos eléctricos) cuando tiene lugar el aprendizaje, pero este no se produce solamente en las aulas o cuando se leen libros; las sinapsis se activan cuando tenemos conversaciones, cuando jugamos a juegos o construimos juguetes ensamblando piezas y en el transcurso de muchísimas otras experiencias.

Un conjunto de hallazgos que hicieron que los científicos cambiaran lo que pensaban acerca de la capacidad y el aprendizaje provinieron de investigaciones sobre el desarrollo cerebral que presentaban los conductores de los conocidos taxis negros de Londres. Soy de Inglaterra, y en Londres he viajado en taxi muchas veces. Aún tengo buenos recuerdos de los emocionantes viajes de un día que mi familia y yo hacíamos a Londres en mi infancia, desde nuestra casa, que se encontraba a unas horas de distancia. Siendo ya adulta, estudié y trabajé en el King's College, de la Universidad de Londres, y tuve muchas más oportunidades de desplazarme en taxi por la ciudad.

En el área de Londres operan varios tipos de taxis, pero el rey de los taxis londinenses es el taxi negro (*black cab*). Durante la mayoría de mis desplazamientos por la ciudad en un taxi negro, no tuve ni idea de lo muy cualificados que estaban los conductores. Resulta que para llegar a ser un conductor de taxi negro en Londres, los aspirantes deben estudiar durante un período de dos a cuatro años y, en este tiempo, memorizar unas veinticinco mil calles y veinte mil lugares dentro de un radio de cuarenta kilómetros desde el centro de la ciudad. Hay que tener en cuenta que aprender a recorrer la ciudad de Londres es considerablemente más difícil que aprender a recorrer la mayoría de las ciudades estadounidenses, ya que no está construida sobre una estructura de cuadrícula y comprende miles de calles entrelazadas e interconectadas.

Al final de su período de formación, los aspirantes a conducir un taxi negro hacen un examen que se llama sencillamente The Knowledge ('el conocimiento'). Si viajas en un taxi negro de Londres y le preguntas a su conductor sobre The Knowledge, lo normal es que se alegre de obsequiarte con alguna historia sobre la dificultad de la prueba y su período de formación. Se sabe que The Knowledge es uno de los exámenes más exigentes del mundo; los solicitantes se presentan doce veces, en promedio, antes de aprobarlo.

A principios de la década del 2000, los científicos decidieron estudiar a los conductores de los taxis negros de Londres para buscar los cambios que se hubiesen podido producir en su cerebro, ya que habían pasado por un entrenamiento espacial complejo durante años. Pero no esperaban encontrarse con unos resultados tan espectaculares. Los investigadores descubrieron que, al final del período de formación, el hipocampo del cerebro de los taxistas había crecido significativamente (Maguire *et al.*, 2006; Woollett y Maguire, 2011). El hipocampo es la zona del cerebro especializada en adquirir y utilizar la información espacial.

En otros estudios, los científicos compararon el desarrollo cerebral de los conductores de los taxis negros con el de los conductores de autobús de la misma ciudad. Los conductores de autobús solo aprenden rutas sencillas y únicas, y los estudios mostraron que su cerebro no había experimentado el mismo desarrollo (Maguire *et al.*, 2006). Esto confirmó la conclusión de los científicos de que la formación inusualmente compleja por la que habían pasado los taxistas era la razón del espectacular desarrollo de su cerebro. En un estudio adicional, se descubrió que, tras jubilarse, el hipocampo de estos taxistas volvía a reducirse (Woollett y Maguire, 2011).

Actualmente hay muchos estudios realizados con los conductores de los taxis negros (Maguire *et al.*, 2006; Woollett y Maguire, 2011), que han mostrado un grado de flexibilidad cerebral (o neuroplasticidad) que ha sorprendido a los científicos. Antes de llevar a cabo los estudios, los investigadores no habían previsto que fuese posible un desarrollo cerebral tan grande como el que midieron. Esto condujo a un cambio, en el mundo científico, en los planteamientos relativos al aprendizaje y la «capacidad» y la posibilidad de que el cerebro cambie y se desarrolle.

Alrededor de la época en que surgieron los estudios sobre los conductores de los taxis negros, sucedió algo que sacudiría aún más el mundo científico. Una niña de nueve años, Cameron Mott, sufría unos ataques que los médicos no podían controlar. Su médico, el doctor George Jello, propuso algo radical: extirpar la mitad de su cerebro, todo el hemisferio izquierdo. La operación fue revolucionaria, y se llevó a cabo con éxito. En los días que siguieron a la intervención quirúrgica, Cameron quedó paralizada. Los médicos esperaban que permaneciera discapacitada durante muchos años, ya que el lado izquierdo del cerebro controla los movimientos físicos. Pero con el paso de las semanas y los meses, los sorprendió al recuperar determinadas funciones y movimientos, lo cual solo podía significar una cosa: el lado derecho de su cerebro estaba desarrollando las conexiones que necesitaba para realizar las funciones propias del lado izquierdo. Los médicos atribuyeron esto a la increíble plasticidad cerebral y solo pudieron llegar a la conclusión de que, en efecto, el cerebro de Cameron había vuelto a crecer, y lo había hecho más rápidamente de lo que se creía posible. En la actualidad, Cameron corre y juega con otros niños, y el único signo significativo de su pérdida cerebral es una leve cojera (esta noticia podía leerse en www.today.co).

El nuevo descubrimiento de que el cerebro puede crecer, adaptarse y cambiar conmocionó al mundo científico y dio lugar a nuevos estudios sobre el cerebro y el aprendizaje, en los que se emplearon nuevas tecnologías y equipos de exploración cerebral. En uno de ellos, que creo que es muy importante para quienes estamos en el mundo de la educación, investigadores del

Instituto Nacional de Salud Mental estadounidense dieron a los sujetos un ejercicio de diez minutos en el que aplicarse cada día durante tres semanas. Compararon el cerebro de quienes hicieron el ejercicio con el de los sujetos del grupo de control, que no lo hicieron. Los resultados mostraron que el cerebro de quienes habían trabajado en el ejercicio durante unos minutos cada día experimentaron cambios estructurales. El cerebro de los participantes se «reconfiguró» y se desarrolló en respuesta a una tarea mental de diez minutos realizada a diario durante quince días laborables (Karni *et al.*, 1998). Estos resultados deberían hacer que los educadores abandonasen las ideas fijas tradicionales sobre el cerebro y el aprendizaje que actualmente inundan las escuelas; ideas como que los niños son inteligentes o tontos, rápidos o lentos. Si el cerebro puede cambiar en tres semanas, ¡imagina lo que puede suceder en el transcurso de un año de clases de matemáticas si a los alumnos se les dan los materiales adecuados y si reciben mensajes positivos sobre su potencial y su capacidad! En el capítulo cinco se explica la naturaleza de las mejores tareas matemáticas en las que los estudiantes deberían trabajar para experimentar este desarrollo cerebral.

Los nuevos resultados arrojados por las investigaciones sobre el cerebro nos dicen que todos, con la enseñanza y los mensajes correctos, podemos tener éxito con las matemáticas, y que todo el mundo puede sacar las calificaciones más altas en la escuela en esta asignatura. Hay algunos niños que tienen unas necesidades educativas especiales muy particulares que les dificultan el aprendizaje de las matemáticas, pero la gran mayoría de los niños, alrededor del 95 %, pueden lidiar con las matemáticas escolares, de cualquier nivel. Y el cerebro de los niños que tienen necesidades especiales tiene el mismo potencial de desarrollo y transformación que el de los demás. Los padres y los profesores deben tener esta información tan importante. Cuando les comunico estos hallazgos a los docentes en talleres y charlas, la mayoría se sienten alentados e inspirados, pero no todos. Hace poco estuve con un grupo de profesores, y uno de matemáticas de la enseñanza secundaria se mostró claramente preocupado por la idea. Dijo: «¿No estarás diciendo, verdad, que *cualquiera* de los estudiantes de sexto de mi escuela podría elegir Cálculo en el último curso de secundaria?». Cuando le respondí que eso era exactamente lo que estaba diciendo, pareció verdaderamente turbado, aunque tengo que reconocer que no rechazó por completo el mensaje. A algunos profesores les resulta difícil aceptar el hecho de que cualquiera puede aprender matemáticas a niveles altos, especialmente si llevan muchos años decidiendo quién puede y quién no puede aprenderlas y enseñándolas en función de esta apreciación. Por supuesto, los estudiantes de sexto han tenido muchas experiencias y han recibido muchos mensajes desde siempre que han retrasado el aprendizaje de algunos de ellos, y ciertos alumnos pueden llegar a sexto con un conocimiento matemático significativamente menor que el de otros compañeros, pero esto no significa que no puedan acelerar y alcanzar los niveles más altos. Serán capaces de hacerlo si reciben la enseñanza y el apoyo de calidad que todos los niños merecen.

A menudo me preguntan si estoy diciendo que todos nacemos con el mismo cerebro. La respuesta es que no. Lo que estoy diciendo es que las diferencias cerebrales con las que nacen los niños no son tan importantes como las experiencias de desarrollo cerebral que tienen a lo largo de la vida. La gente cree firmemente que la forma en que nacemos determina nuestro potencial, y apuntan a personas conocidas que se consideran genios, como Albert Einstein o Ludwig van Beethoven. Pero los científicos saben actualmente que cualquier diferencia cerebral presente al nacer se ve eclipsada por las experiencias de aprendizaje que tenemos a partir del nacimiento (Wexler en Thompson, 2014). Cada segundo del día se activan nuestras sinapsis cerebrales, y los estudiantes criados en entornos estimulantes en los que reciben mensajes coherentes con la mentalidad de crecimiento son capaces de todo. Las diferencias cerebrales pueden darles ventaja a algunas personas al principio, pero solo una cantidad muy minúscula de individuos nacen con un tipo de ventaja que acabe por ser significativa con el paso del tiempo. Y quienes son considerados genios naturales son los mismos que a menudo subrayan el trabajo duro que han realizado y la cantidad de errores que han cometido. Einstein, probablemente el más conocido entre los individuos considerados genios, no aprendió a leer hasta los nueve años, y dijo muchas veces que sus logros se debieron a la cantidad de errores que cometió y a la persistencia que mostró. Se esforzó, y cuando cometió errores, se esforzó más. Abordó el trabajo y la vida con la actitud de quien tiene una mentalidad de crecimiento. Una gran cantidad de indicios científicos permiten inferir que la diferencia entre quienes tienen éxito y quienes no lo tienen no es el cerebro con el que nacieron, sino su manera de enfocar la vida, los mensajes que reciben sobre su potencial y las oportunidades que tienen de aprender. Y las mejores oportunidades de aprender acuden cuando los estudiantes creen en sí mismos. Demasiados escolares ven obstaculizado su aprendizaje por los mensajes que han recibido sobre su potencial: se los ha inducido a creer que no son tan buenos como otros, que no tienen el potencial de otros. Este libro te proporciona la información que precisas, como profesor o como padre, para darles a los alumnos o a tus hijos la fe en sí mismos que necesitan y deberían tener; para asentarlos en un camino que los lleve a tener una mentalidad matemática, independientemente de las experiencias que hayan tenido con anterioridad. Este nuevo camino implica un cambio en la forma en que se ven a sí mismos y también en la forma en que abordan las matemáticas, como irás viendo.

Aunque no esté diciendo que todo el mundo nazca con el mismo cerebro, *sí* estoy diciendo que no existe un «cerebro matemático» o un «don para las matemáticas», como muchos creen. Nadie nace sabiendo matemáticas y nadie nace sin la capacidad de aprender matemáticas. Desafortunadamente, las ideas sobre el talento natural están muy extendidas. Un equipo de investigadores indagó la medida en que los profesores universitarios albergaban ideas sobre el talento en relación con su materia y encontró algo muy significativo (Leslie, Cimpian, Meyer y Freeland, 2015): las matemáticas eran la materia cuyos profesores tenían las ideas más fijas sobre quién podría aprenderla. Además, los investigadores descubrieron que cuanto más se valoraba el talento en un campo, menos *doctoras* había en ese campo, y que las creencias específicas predominantes en los treinta campos que investigaron estaban correlacionadas con la cantidad de mujeres que había en esos campos. La razón por la que hay menos mujeres en los campos donde los profesores creen que solo los «talentosos» pueden prosperar es que siguen predominando los estereotipos relativos a quién debería formar parte de ellos, como se describe en el capítulo seis. Es imperativo para nuestra sociedad que pasemos a tener una visión más equitativa y fundamentada del aprendizaje de las matemáticas en nuestras conversaciones y en el trabajo con los alumnos. Estas conversaciones y este trabajo deben reflejar la nueva ciencia del cerebro y transmitir a todos que todo el mundo puede aprender matemáticas sin problema, no solo los que se cree que tienen el «don». Esta podría ser la clave para inaugurar un futuro diferente, uno en el que el trauma asociado a las matemáticas sea cosa del pasado y los estudiantes de todos los orígenes tengan la oportunidad de recibir una enseñanza de calidad en este ámbito.

Los estudios de Carol Dweck y sus colegas revelaron que alrededor del 40 % de los niños tenían una mentalidad fija perjudicial; creían que la inteligencia es un don que se tiene o no se tiene. Otro 40 % de los alumnos tenían una mentalidad de crecimiento. El 20 % restante oscilaban entre las dos mentalidades (Dweck, 2006b). Es más probable que los estudiantes que tienen una mentalidad fija se rindan fácilmente, y que los que tienen una mentalidad de crecimiento sigan adelante incluso cuando el trabajo sea duro; optan por perseverar y mostrar lo que Angela Duckworth ha denominado «agallas» (Duckworth y Quinn, 2009). En un estudio, se hizo una encuesta a alumnos de séptimo grado (equivalente a primero de ESO) para medir su mentalidad, y luego los investigadores les hicieron un seguimiento durante dos años para monitorizar sus logros en el campo de las matemáticas. Los resultados fueron muy reveladores, ya que las calificaciones de los estudiantes que tenían una mentalidad fija se mantuvieron constantes, mientras que las de aquellos que tenían una mentalidad de crecimiento no pararon de mejorar (Blackwell *et al.*, 2007) (ver la figura 1.1).

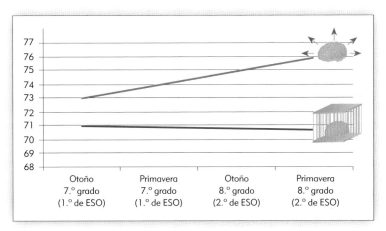

FIGURA 1.1. Los estudiantes que tienen una mentalidad de crecimiento obtienen mejores resultados en matemáticas que los que tienen una mentalidad fija.
Fuente: Blackwell *et al.,* 2007.

En otros estudios, los investigadores han demostrado que los escolares (y los adultos) pueden cambiar la mentalidad fija por la de crecimiento, y que cuando ocurre esto, pasan a enfocar el aprendizaje de forma significativamente más positiva y sus calificaciones mejoran sustancialmente (Blackwell *et al.*, 2007). También tenemos nuevas pruebas, que reviso en el capítulo dos, de que los estudiantes que tienen una mentalidad de crecimiento dan muestras de una actividad cerebral más positiva cuando cometen errores; se les iluminan más regiones del cerebro y ponen más atención a los errores y la corrección de estos (Moser, Schroder, Heeter, Moran y Lee, 2011).

No necesitaba más pruebas para convencerme de lo importante que es ayudar a los estudiantes, y a los adultos, a desarrollar una mentalidad de crecimiento en relación con las matemáticas en particular, pero recientemente me encontré sentada con el equipo del Programa Internacional para la Evaluación de los Alumnos (PISA, por sus siglas en inglés) en la Organización para la Cooperación y el Desarrollo Económicos (OCDE) en París, explorando con ellos el increíble conjunto de datos de los que disponen, obtenidos de trece millones de estudiantes de todo el mundo. El equipo del PISA realiza pruebas internacionales cada cuatro años, y los resultados se notifican a los medios de comunicación de todo el mundo. Los resultados de estas pruebas a menudo hacen sonar las alarmas por todo Estados Unidos, y por una buena razón: en las últimas, Estados Unidos ocupaba el puesto 36, entre los sesenta y cinco países de la OCDE, en cuanto a rendimiento académico en el campo de las matemáticas (PISA, 2012), un resultado que habla, como muchos otros, de la increíble necesidad que hay de reformar la enseñanza y el aprendizaje de esta materia en este país (y en muchos otros). Pero el equipo del PISA no solo realiza pruebas de matemáticas; también encuesta a los estudiantes para obtener información sobre sus ideas y creencias relativas a las matemáticas y sobre su mentalidad. Me invitaron a trabajar con este equipo después de que algunos de sus miembros hicieron el curso en línea que había impartido el verano anterior. Uno de ellos fue Pablo Zoido, un español de voz suave que dedica pensamientos profundos al aprendizaje de las matemáticas y tiene una experiencia considerable en el trabajo con conjuntos de datos gigantescos. Pablo es analista del PISA, y cuando él y yo exploramos los datos, vimos algo asombroso: que los estudiantes que obtienen mejores calificaciones en todo el mundo son los que tienen una mentalidad de crecimiento, y superan a los otros alumnos por el equivalente a más de un año en el campo de las matemáticas (ver la figura 1.2).

El pensamiento dañino de la mentalidad fija, aquel en virtud del cual los estudiantes creen que son inteligentes o no lo son, está presente en todos los niveles de logros, y algunos de los alumnos más perjudicados por estas creencias son niñas que obtienen calificaciones altas (Dweck, 2006a). Resulta que incluso creer que *eres* inteligente, uno de los mensajes de la mentalidad fija, es perjudicial, ya que los estudiantes que albergan esta creencia están menos dispuestos a abordar tareas o temas más dificultosos, porque temen cometer errores y que dejen de considerarlos inteligentes. En cambio, los estudiantes que tienen una mentalidad de crecimiento asumen las tareas difíciles y estiman que los errores constituyen un desafío y una motivación para dar más de sí. La alta prevalencia de la mentalidad fija entre las niñas es uno de los motivos por los que se autoexcluyen de las materias STEM (ciencia, tecnología, matemáticas e ingeniería). Esto no solo reduce sus posibilidades en la vida, sino que también empobrece estas disciplinas, que necesitan el pensamiento y las perspectivas que aportan las niñas y las mujeres (Boaler, 2014a).

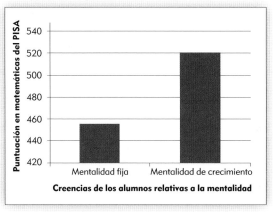

FIGURA 1.2. Mentalidad y matemáticas.
Fuente: PISA, 2012.

Una razón por la que tantos estudiantes tienen una mentalidad fija son los elogios que reciben por parte de los padres y los profesores. Cuando los estudiantes reciben un «elogio fijo» —por ejemplo, cuando se les dice que son inteligentes cuando hacen algo bien—, pueden sentirse bien al principio, pero cuando cometen errores más tarde (y a todos les ocurre), piensan que esto significa que no son tan inteligentes después de todo. En un estudio reciente, los investigadores descubrieron que los elogios que les dan los padres a sus hijos entre el momento del nacimiento y los tres años permite predecir cuál será su mentalidad cinco años después (Gunderson *et al.*, 2013). Y el impacto de las alabanzas que reciben los alumnos puede ser tan fuerte que afecte a su comportamiento de forma inmediata. En uno de los estudios de Carol, los investigadores pidieron a cuatrocientos estudiantes de quinto de primaria que hiciesen una prueba fácil y poco extensa, en la que casi todos obtuvieron buenos resultados. A la mitad de los niños los alabaron por «ser realmente inteligentes», y a la otra mitad se los felicitó por «haber trabajado muy duro». A continuación se pidió a los niños que hicieran una segunda prueba; se les dio a elegir entre una que era bastante sencilla, con la que no tendrían problemas, u otra más difícil, en la que podrían cometer errores. El 90 % de los que habían recibido elogios por su esfuerzo eligieron la prueba más difícil; en cambio, la mayoría de los que habían sido alabados por ser inteligentes optaron por la prueba fácil (Mueller y Dweck, 1998).

Los elogios hacen sentir bien a quien los recibe, pero cuando se elogia a alguien por lo que es como persona («Eres muy inteligente») en lugar de por lo que ha hecho («Este trabajo es increíble»), lo que recibe es que el grado de su capacidad está establecido y es inamovible. Decirles a los alumnos que son inteligentes los predispone a tener problemas más adelante. A medida que van pasando por la escuela y la vida y van fallando en muchas tareas, lo cual es perfectamente natural, se van autoevaluando y van decidiendo qué indica sobre su inteligencia aquello con lo que se van encontrando. En lugar de elogiar a los estudiantes por ser inteligentes, o por cualquier otra cualidad personal, es mejor darles mensajes como «es genial que hayas aprendido esto» o «has pensado de una forma realmente profunda sobre esto».

Nuestros sistemas educativos se han visto impregnados por la idea tradicional de que algunos alumnos no están preparados, por razón de sus capacidades, para lidiar con las matemáticas a ciertos niveles. Sorprendentemente, un grupo de profesores de matemáticas de enseñanza secundaria de un centro educativo que he conocido hace poco escribió a la junta directiva argumentando que algunos alumnos nunca podrían aprobar el segundo curso de Álgebra. Citaron, en particular, a los estudiantes pertenecientes a minorías con bajos niveles de ingresos; argumentaron que esos alumnos no podrían aprender álgebra a menos que rebajaran la exigencia del plan de estudios. Este pensamiento racista y discriminador debe ser desterrado de las escuelas. La carta escrita por esos maestros se publicó en los periódicos locales y terminó utilizándose en la legislatura estatal como un ejemplo de la necesidad que hay de escuelas autónomas (Noguchi, 2012). La carta sorprendió a muchas personas, pero desafortunadamente la idea de que algunos estudiantes no pueden aprender matemáticas de nivel alto es compartida por muchos. El pensamiento discriminador puede adoptar todo tipo de formas y, a veces, refleja una verdadera preocupación por los estudiantes; por ejemplo, muchas personas creen que estos deben pasar por una determinada etapa de desarrollo antes de estar preparados para abordar ciertos contenidos matemáticos. Pero estas ideas también están obsoletas, ya que los alumnos están preparados en relación directa con las experiencias que han tenido, y si no están en el nivel requerido, pueden alcanzarlo fácilmente por medio de las experiencias correctas, las altas expectativas de los demás y una mentalidad de crecimiento. No hay un ritmo predeterminado asociado al aprendizaje de las matemáticas, lo cual significa que no es cierto que si no han alcanzado cierta edad o madurez emocional no pueden aprender algo de matemáticas. Es posible que haya estudiantes que no estén preparados para abordar ciertas cuestiones matemáticas porque aún necesiten aprender algunos contenidos más básicos, previos, pero no porque su cerebro no pueda desarrollar las conexiones pertinentes debido a su edad o grado de madurez. Cuando los estudiantes necesitan establecer nuevas conexiones, pueden aprenderlas.

Para muchos de nosotros, apreciar la importancia de las mentalidades matemáticas y desarrollar la perspectiva y las estrategias destinadas a cambiar la mentalidad de los alumnos implica reflexionar cuidadosamente sobre nuestro propio aprendizaje y nuestra relación con las matemáticas. Muchos de los maestros de primaria con los que he trabajado, algunos de los cuales hicieron mi curso en línea, me han dicho que las ideas que les di sobre el cerebro, el potencial y la mentalidad de crecimiento les han cambiado la vida. Lo que aprendieron hizo que desarrollaran una mentalidad de crecimiento en relación con las matemáticas, que pasaran a abordar esta materia con confianza y entusiasmo y que transmitieran todo esto a sus alumnos. Esto suele ser especialmente importante para los maestros de primaria, porque a muchos de ellos se les dijo, en algún momento de su propio aprendizaje, que no saldrían adelante con las matemáticas, o que no eran para ellos. Muchos enseñan esta asignatura albergando sus propios miedos en relación con esta materia. Las investigaciones que he compartido con docentes de estas características los han ayudado a superar este miedo y los han llevado a abordar las matemáticas de otra manera. En un estudio importante, Sean Beilock y sus colegas encontraron que el alcance de las emociones negativas que los maestros de primaria albergaban respecto a las matemáticas permitía predecir el rendimiento de sus alumnas, pero no de sus alumnos (Beilock, Gunderson, Ramírez y Levine, 2009). Esta diferencia de género probablemente se debe a que las niñas se identifican con sus maestras, especialmente en la enseñanza primaria. De ese modo, asumen rápidamente los mensajes negativos de las maestras relativos a las matemáticas, mensajes que dan, muchas veces, en un intento de mostrar empatía con el alumnado; son declaraciones del tipo «sé que esto es muy difícil, pero intentemos hacerlo», «las matemáticas se me daban mal en la escuela» o «nunca me gustaron las matemáticas». Este estudio también destaca el vínculo existente entre los mensajes que dan los maestros y el rendimiento académico de sus estudiantes.

Dondequiera que te halles en tu propio viaje en el terreno de las mentalidades, ya sea que estas ideas sean nuevas para ti o que seas un experto en este ámbito, espero que los datos y las ideas que ofrezco en este libro os ayuden a ti y a tus alumnos a ver las matemáticas, de cualquier nivel, como accesibles y agradables. En los próximos capítulos, del segundo al octavo, presentaré las muchas estrategias que he recopilado a lo largo de años de investigación y experiencias prácticas en las aulas para fomentar la mentalidad de crecimiento en clase y en el hogar en relación con las matemáticas. Estas estrategias brindarán a los alumnos las experiencias que les permitirán desarrollar unas mentalidades matemáticas fuertes.

CAPÍTULO 2

El poder de los errores y las dificultades

Comencé a impartir talleres sobre cómo enseñar matemáticas dentro de la mentalidad de crecimiento con mis estudiantes graduadas de Stanford (Sarah Kate Selling, Kathy Sun y Holly Pope) después de que los directores de escuelas de California me dijeron que sus profesores habían leído los libros de Carol Dweck y comulgaban totalmente con sus ideas, pero no sabían cómo trasladarlas a la enseñanza de las matemáticas. El primer taller tuvo lugar en el campus de Stanford, en el amplio y luminoso centro Li Ka Shing. Para mí, uno de los momentos más destacados de ese primer taller fue cuando Carol les dijo a los profesores, durante la presentación, algo que los sorprendió: «Cada vez que un alumno comete un error en matemáticas, desarrolla una sinapsis». Se oyó una expresión de asombro en la sala cuando los docentes se dieron cuenta de la importancia de esta declaración. Una razón por la que es tan significativa es que habla del enorme poder y valor que tienen los errores, aunque los estudiantes de todo el mundo piensen que cuando cometen un error esto significa que no están hechos para las matemáticas, o, peor aún, que no son inteligentes. Muchos buenos maestros les han dicho a los estudiantes, durante años, que los errores son útiles y muestran que estamos aprendiendo, pero las nuevas constataciones acerca del cerebro y los errores señalan algo mucho más importante.

El psicólogo Jason Moser estudió los mecanismos neuronales que operan en el cerebro de las personas cuando cometen errores (Moser *et al.*, 2011). Él y su equipo encontraron algo fascinante. Cuando cometemos un error, el cerebro tiene dos respuestas potenciales. La primera es un aumento de la actividad eléctrica cuando experimenta un conflicto entre una respuesta correcta y un error; es la denominada *respuesta ERN*. Curiosamente, esta actividad cerebral se produce tanto si la persona que responde sabe que ha cometido un error como si no lo sabe. La segunda respuesta es una señal cerebral que refleja la atención consciente a los errores; es la denominada *respuesta Pe*. Esta se produce cuando hay conciencia de que se ha cometido un error y se le presta atención consciente.

Cuando he informado a profesores de que los errores hacen que el cerebro chispee y crezca, han comentado: «Seguramente esto solo sucede si los alumnos corrigen el error y siguen resolviendo el problema». Pero esto no es así. De hecho, el estudio de Moser y sus colegas nos muestra que ni siquiera tenemos que ser conscientes de haber cometido un error para que se produzcan chispas cerebrales. Cuando los docentes me preguntan cómo es posible esto, les digo que lo mejor que podemos postular ahora mismo al respecto es que el cerebro centellea y crece cuando cometemos un error, incluso si no somos conscientes de ello, porque ese es un momento de lucha; el cerebro es desafiado, y es entonces cuando crece.

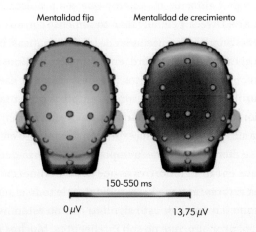

Mentalidad fija   Mentalidad de crecimiento

150-550 ms

0 μV   13,75 μV

FIGURA 2.1. Actividad cerebral en los individuos que tienen una mentalidad fija o de crecimiento. *Fuente:* Moser et al., 2011.

En el estudio de Moser y sus colegas, estos observaron la mentalidad de los participantes y compararon las mentalidades con sus respuestas ERN y Pe cuando cometieron errores a la hora de responder a una serie de preguntas. El estudio reveló dos cuestiones importantes. En primer lugar, los investigadores encontraron que el cerebro de los estudiantes reaccionó con mayores respuestas ERN y Pe (con mayor actividad eléctrica) cuando cometieron errores que cuando sus respuestas fueron correctas. En segundo lugar, hallaron que la actividad cerebral era mayor después de cometer errores en los individuos que tenían una mentalidad de crecimiento que en los que tenían una mentalidad fija. La figura 2.1 representa la actividad cerebral en los individuos que tienen una mentalidad fija o de crecimiento; en el estudio de Moser y sus colegas, los cerebros asociados a la mentalidad de crecimiento se iluminaron mucho más cuando se cometieron errores.

El hecho de que nuestro cerebro reaccione con una mayor actividad cuando cometemos un error es sumamente importante. Volveré a este hallazgo dentro de un momento.

El estudio también encontró que los individuos que tenían una mentalidad de crecimiento eran más conscientes de sus errores que los que tenían una mentalidad fija, por lo que era más probable que se ocuparan de corregirlos. Este estudio apoyó la conclusión, que habían revelado otros (Mangels, Butterfield, Lamb, Good y Dweck, 2006), de que el cerebro de los estudiantes que tienen una mentalidad de crecimiento reacciona mejor frente a los errores y está más atento a estos. Todos los alumnos respondieron con una chispa cerebral —una sinapsis— cuando cometieron errores, pero tener la mentalidad de crecimiento significaba que era más probable que el cerebro destellara de nuevo, mostrando la conciencia de que se había cometido el error. En las matemáticas, la enseñanza, la crianza o cualquier otra área de la vida, es muy importante que uno crea en sí mismo, que crea que puede hacer cualquier cosa. Esta creencia puede cambiarlo todo.

Las recientes investigaciones neurológicas sobre el cerebro y los errores son muy importantes para nosotros como profesores de matemáticas y como padres, ya que nos dicen que cometer un error es algo muy positivo. Cuando cometemos errores, nuestro cerebro brilla y crece. Los errores no son solo oportunidades de aprendizaje, ya que los estudiantes los revisan, sino que también son ocasiones en las que nuestro cerebro crece, incluso si no sabemos que hemos cometido un error. Saber que los errores tienen este poder es muy importante, dado que los niños y los adultos de muchas partes del mundo se suelen sentir muy mal cuando han cometido una equivocación en matemáticas. Piensan que esto significa que no están hechos para las matemáticas, porque han sido educados en una cultura del rendimiento (Boaler, 2014b) en la que los errores no se valoran, o, peor aún, se castigan. Conviene que los estudiantes cometan errores, pero en muchas aulas se procura darles tareas que harán correctamente. Más adelante mostraré el tipo de planteamientos matemáticos que motivan a los alumnos a implicarse y estimulan el crecimiento de su cerebro, junto con la forma de enseñar y los mensajes parentales que deben acompañarlos.

Los países que están a la cabeza en el rendimiento académico en matemáticas, como China, abordan los errores de manera muy diferente. Recientemente fui testigo de una lección de matemáticas en un aula de segundo de primaria en Shanghái, la parte de China donde los estudiantes obtienen las mejores notas del país, y del mundo. El maestro les dio a los alumnos profundos problemas conceptuales con los que trabajar y luego les pidió que dijeran sus respuestas. Mientras los estudiantes compartían felizmente su trabajo, el intérprete se inclinó y me dijo que el maestro estaba eligiendo a los alumnos que habían cometido errores. Y estos estaban orgullosos de exponerlos, ya que el maestro valoraba los errores. En el capítulo nueve comparto un breve extracto, muy interesante, de una de las lecciones que se imparten en China.

Los diversos estudios de investigación sobre los errores y el cerebro no solo nos muestran el valor que tienen los errores para todos; también manifiestan que los estudiantes que tienen una mentalidad de crecimiento presentan una mayor actividad cerebral relacionada con el reconocimiento de los errores que aquellos que tienen una mentalidad fija. Esta es otra razón por la que la mentalidad de crecimiento es tan importante para los alumnos en el aprendizaje de las matemáticas y otras materias.

El estudio de Moser y sus colegas, al mostrarnos que el cerebro de las personas que tienen una mentalidad de crecimiento presenta mayor actividad al cometerse un error que el de los individuos que tienen una mentalidad fija, nos dice algo muy importante. Nos dice que las ideas que tenemos sobre nosotros mismos —en particular, si creemos en nosotros mismos o no— cambian la forma que tiene de funcionar nuestro cerebro. Si creemos que podemos aprender y que los errores son valiosos, nuestro cerebro crece en mayor medida cuando cometemos un error. Este resultado es muy significativo, y subraya lo importante que es que todos los estudiantes crean en sí mismos, y también lo importante que es que todos nosotros creamos en nosotros mismos, especialmente cuando nos hallamos frente a algo que nos plantea dificultades.

Los errores que cometemos en la vida

Los estudios sobre los empresarios que tienen éxito y los que no lo tienen muestran algo sorprendente: lo que separa a las personas triunfadoras de las que no lo son tanto no es la cantidad de éxitos que tienen unas y otras, sino la cantidad de errores que cometen; las personas más exitosas son las que cometen *más* errores. Starbucks es una de las empresas más prósperas del mundo y Howard Schultz, su fundador, uno de los empresarios con más éxito de nuestro tiempo. Cuando Schultz comenzó lo que más tarde se convertiría en Starbucks, tomó como modelo las cafeterías italianas. En Estados Unidos no había muchas cafeterías en esos momentos, y Schultz admiraba las que había visto en Italia. En los primeros establecimientos que creó, los camareros llevaban pajarita, lo que les parecía incómodo, y los clientes bebían su café mientras sonaba, a un volumen alto, música de ópera. El enfoque no fue bien recibido por los clientes estadounidenses, de manera que el equipo volvió a reconcebir toda la estrategia... y cometió muchos más errores antes de acabar por crear la marca Starbucks.

Peter Sims, escritor de *The New York Times*, ha escrito mucho sobre lo importantes que son los errores para el pensamiento creativo y empresarial (Sims, 2011). Señala lo siguiente:

La imperfección forma parte de cualquier proceso creativo y de la vida; sin embargo, por alguna razón, vivimos en una cultura que le tiene un miedo paralizante al fracaso, lo cual impide emprender acciones y fomenta un perfeccionismo rígido. Este es el estado mental más contraproducente que uno puede tener si quiere ser más creativo, inventivo o emprendedor.

Sims también resume así los hábitos de los individuos que tienen éxito:

- El hecho de estar equivocados no les produce incomodidad.
- Prueban a poner en práctica ideas aparentemente descabelladas.
- Están abiertos a las experiencias diferentes.
- Consideran ideas sin prejuzgarlas.
- Están dispuestos a ir en contra de las ideas tradicionales.
- Siguen avanzando en medio de las dificultades.

Hace un tiempo impartí un curso en Internet: «How to Learn Math: For Students» ('Cómo aprender matemáticas: para estudiantes'). En el momento de escribir estas líneas, han participado en él más de cien mil personas. Este curso está diseñado para proporcionar a los estudiantes la mentalidad de crecimiento, para mostrarles las matemáticas como atractivas y emocionantes, y para enseñarles estrategias matemáticas importantes que ofreceré en este libro. (Encontrarás este curso en https://www.youcubed.org/online-student-course/).

Impartí el curso con algunos de mis alumnos universitarios de Stanford, que representaron los hábitos descritos por Peter Sims, los cuales Colin, el productor del curso, hizo más interesantes con la adición de algunos «decorados» y personajes.

Estos hábitos son tan importantes en las clases de matemáticas como lo son en la vida, pero a menudo están ausentes en el aula y cuando los estudiantes hacen los deberes* de matemáticas en casa. Se trata de que los estudiantes se sientan libres al trabajar con esta materia —libres de probar varias ideas sin miedo a la posibilidad de equivocarse—, de que estén abiertos a abordar las matemáticas de manera diferente, de que estén dispuestos a jugar con ellas al hacer las tareas,** de que intenten aplicar ideas aparentemente locas (ver el capítulo cinco). Se trata de que vayan en contra de las visiones tradicionales y rechacen la idea de que solo algunas personas pueden estudiar matemáticas y, por supuesto, se trata de que sigan adelante cuando la asignatura se ponga difícil, incluso cuando no puedan ver una determinada solución de inmediato.

¿Cómo podemos cambiar la manera en que los estudiantes ven los errores?

Una de las cosas más efectivas que puede hacer un profesor o un padre es darle otro tipo de mensaje al estudiante en relación con los errores que cometa y las respuestas incorrectas que ofrezca en el campo de las matemáticas. Recientemente recibí un vídeo muy conmovedor de un profesor que hizo mi curso en línea y comenzó el año enseñándole a una clase compuesta por alumnos con resultados académicos insuficientes lo importantes y valiosos que son los errores. Los estudiantes cambiaron completamente a lo largo del año; superaron sus anteriores suspensos y pasaron a implicarse positivamente con las matemáticas. El vídeo mostraba a alumnos que hacían sus reflexiones; hablaban sobre el mensaje de que los errores hacen crecer el cerebro, y afirmaban que esta idea había cambiado su realidad como estudiantes. Decían que previamente se habían considerado unos fracasados, y que esa mentalidad había obstaculizado sus progresos. Su nuevo profesor les había dado unos mensajes y unos métodos de enseñanza que

---

* En este libro se distingue entre *deberes* y *tareas*. Los *deberes*, vocablo de uso habitual en España (en otros lugares, *tarea*), hacen referencia al trabajo encargado por el profesor a los alumnos para que lo hagan en casa. Las *tareas* hacen referencia a cualquier problema o ejercicio que los alumnos deben resolver, tal vez en la misma aula (N. del T.).

** Ver la nota anterior.

los motivó a desprenderse de su miedo a las matemáticas, que habían albergado durante años, y a abordar esta materia con ilusión. Cuando enseñamos a los estudiantes que los errores son positivos, ello tiene un efecto increíblemente liberador.

En mi curso en línea para docentes y padres, compartí la nueva información sobre los errores y planteé un desafío. Les pedí a los participantes que diseñaran una nueva actividad, para realizar en el aula o en el hogar, que indujera a ver los errores bajo una nueva luz. Una de las propuestas más interesantes la ofreció una maestra; me dijo que comenzaría la clase pidiéndoles a los alumnos que arrugaran una hoja de papel y la lanzaran a la pizarra con el sentimiento que tenían cuando cometían un error en matemáticas. Los invitaría así a expresar sus sentimientos, generalmente de frustración. Luego, les pediría a los alumnos que recuperaran su papel, lo alisaran y trazaran líneas sobre todas las arrugas con rotuladores de colores, que representarían el crecimiento de su cerebro. Finalmente, les pediría que conservaran ese papel dentro de su carpeta durante el año escolar, como recordatorio de la importancia de los errores.

Hace un par de años que estoy trabajando codo a codo con Kim Halliwell, una maestra inspiradora que forma parte de un grupo de profesores del Distrito Escolar Unificado de Vista. Cuando visité el aula de Kim el año pasado, vi las paredes cubiertas de entrañables dibujos de cerebros hechos por sus alumnos, acompañados de mensajes positivos sobre el desarrollo del cerebro y los errores. Kim me explicó que les había pedido a los estudiantes que tomasen sus mensajes favoritos sobre el desarrollo del cerebro entre aquellos que habían revisado juntos y los escribiesen al lado de sus dibujos, en la misma hoja.

Otra estrategia destinada a resaltar el papel de los errores en el aula consiste en pedirles a los estudiantes que entreguen cualquier tipo de trabajo, incluso exámenes que hayan hecho (aunque cuanto menos examinemos a los alumnos, mejor, como explicaré en el capítulo ocho); con ese material en sus manos, el profesor elige sus «errores favoritos». El profesor debe decirles a los alumnos que va a buscar sus errores favoritos, los cuales deben ser conceptuales, no numéricos. Luego, puede exponer los errores a la clase y abrir un debate sobre el origen de cada uno y el motivo por el cual eso es un error. Este también es un buen momento para insistir en el importante mensaje de que cuando el alumno se equivocó, fue algo positivo, porque se encontraba en una etapa de esfuerzo cognitivo y su cerebro estaba destellando y creciendo. Asimismo, exponer errores y hablar de ellos es bueno porque si un estudiante comete un error, podemos saber que otros también lo han cometido, por lo que es muy útil para todos poder reflexionar sobre ese fallo.

Si se pone nota a los deberes de matemáticas (una práctica inútil de la que hablaré más adelante) y los alumnos reciben una calificación baja por haber cometido errores, reciben un mensaje muy negativo sobre equivocarse y el aprendizaje de las matemáticas. Para enseñar a los estudiantes la mentalidad de crecimiento y transmitirles mensajes positivos generales sobre el aprendizaje de las matemáticas, los docentes deberían evitar los exámenes y la evaluación de las tareas en la medida de lo posible (ver el capítulo ocho); y en caso de que continúen examinando y calificando, deberían poner la misma nota, o más alta, a los alumnos que cometan errores y añadir junto a la nota un mensaje que manifieste que los errores constituyen una oportunidad perfecta para el aprendizaje y el desarrollo cerebral.

Es importante darles valor a los fallos en clase, pero los profesores también deben dar mensajes positivos acerca de las equivocaciones en sus interacciones individuales con los alumnos. Mi propia hija recibió mensajes muy dañinos por parte de los maestros en sus primeros años en la escuela, lo que instauró en ella una mentalidad fija a una edad temprana. A los cuatro y cinco años de edad sufría problemas de audición, lo cual, en esa etapa, no fuimos capaces de detectar. A causa de ello, los maestros decidieron que tenía problemas cognitivos, y le mandaban hacer tareas fáciles. Ella era muy consciente de esto y, con solo cuatro años, un día al llegar a casa me preguntó por qué a los otros niños les daban tareas más difíciles. Sabemos que los alumnos dedican mucho tiempo, en la escuela, a tratar de averiguar qué piensan de ellos sus maestros, y ella llegó a la conclusión de que no la valoraban mucho. Debido a esto, se convenció de que era tonta. Ahora tiene doce años y, después de ir durante tres años a una maravillosa escuela de primaria en la que rápidamente identificaron su mentalidad fija y vieron que esta la estaba frenando, es una persona diferente y le encantan las matemáticas.

Cuando mi hija estaba en cuarto de primaria y aún tenía una mentalidad fija, ella y yo visitamos un aula de tercero, en su escuela. La maestra puso dos problemas de aritmética en la pizarra, y mi hija resolvió uno bien y el otro mal. Cuando se dio cuenta de que se había equivocado, se lo tomó muy mal; dijo que se le daban fatal las matemáticas y que incluso los alumnos de tercero tenían más nivel que ella. Aproveché ese momento para comunicarle, de forma muy directa, algo muy importante. Le dije: «¿Sabes lo que acaba de pasar? Cuando obtuviste esa respuesta incorrecta, tu cerebro creció, pero cuando obtuviste la respuesta correcta, no ocurrió nada en tu cerebro; no hubo ningún desarrollo cerebral». Este es el tipo de interacción individual que los maestros pueden tener con sus alumnos cuando cometen errores. Mi hija me miró con los ojos muy abiertos, y supe que había comprendido lo importante que era esa idea. Ahora que está empezando sexto, es una alumna diferente; acepta los errores y tiene una actitud positiva consigo misma. Esto no es consecuencia de haberle enseñado más matemáticas u otros contenidos académicos, sino de haberle enseñado a tener una mentalidad de crecimiento.

En la pasada década de los treinta, el suizo Jean Piaget, uno de los psicólogos más importantes del mundo, rechazó la idea de que aprender tuviese que ver con memorizar procedimientos, y señaló que el verdadero aprendizaje depende de la comprensión de cómo las ideas encajan entre sí. Sugirió que los estudiantes tienen unos modelos mentales que describen la manera en que las ideas encajan unas con otras, y que cuando estos modelos mentales tienen sentido para ellos, se encuentran en un estado que llamó de *equilibrio* (ver, por ejemplo, Piaget, 1958, 1970). Cuando los estudiantes se encuentran con ideas nuevas, se esfuerzan por hacerlas encajar en su modelo mental del momento, pero cuando estas no parecen encajar, o el modelo debe cambiarse, entran en un estado que Piaget llamó de *desequilibrio*. Una persona que se encuentra en estado de desequilibrio sabe que no puede incorporar la nueva información a su modelo de aprendizaje, pero tampoco puede rechazarla, porque tiene sentido, por lo que se ve abocada a trabajar para adaptar su modelo. El proceso de desequilibrio es incómodo para quien está aprendiendo, pero es el desequilibrio, afirma, lo que conduce a la verdadera sabiduría. Piaget mostró que el aprendizaje es un proceso en el que se pasa del equilibrio, donde todo encaja bien, al desequilibrio, donde una nueva idea no encaja, para llegar a un nuevo estado de equilibrio. Este proceso, sostiene, es esencial para el aprendizaje (Haack, 2011).

En el capítulo cuatro, cuando trate el tema de la práctica matemática y los tipos de práctica que son y no son útiles, mostraré que uno de los problemas que tiene nuestra versión actual de la educación en matemáticas es que los alumnos reciben ideas simples y repetitivas que no los ayudan a pasar al importante estado de desequilibrio. Sabemos que los individuos que tienen una alta tolerancia a la ambigüedad efectúan la transición del desequilibrio al equilibrio con mayor facilidad, una razón más por la que debemos brindar a los estudiantes más experiencias de ambigüedad matemática y de asunción de riesgos. En capítulos posteriores encontrarás ideas sobre cómo hacer esto.

Las investigaciones sobre los errores y el desequilibrio tienen enormes implicaciones para las aulas de matemáticas, no solo en cuanto a la forma de gestionar los errores, sino también en cuanto a las tareas que se dan a los alumnos. Si queremos que los estudiantes cometan errores, debemos darles unas tareas que les resulten difíciles, que les induzcan el desequilibrio. Estas tareas deben ir acompañadas de mensajes positivos sobre los errores, que les permitan sentirse cómodos a la hora de trabajar con problemas más difíciles, cometer fallos y seguir adelante. Esto supondrá un gran cambio para muchos profesores de matemáticas que actualmente planean las tareas para asegurar el éxito de sus alumnos; procuran que sean lo bastante fáciles como para obtener, en general, las respuestas correctas. Esto significa que no se plantean suficientes desafíos a los estudiantes, con lo cual no cuentan con las suficientes oportunidades para aprender y hacer crecer su cerebro.

En los talleres con Carol Dweck a menudo oigo que les dice a los padres que les comuniquen a sus hijos que no es impresionante hacer bien las tareas, ya que esto demuestra que no estaban aprendiendo. Carol aconseja que si los niños vuelven a casa diciendo que lo han respondido bien todo en clase o en un examen, los padres les digan: «Oh, lo siento; esto significa que no se te ha dado la oportunidad de aprender nada». Este mensaje es radical, pero debemos darles a los estudiantes mensajes sólidos que contrarresten la idea que a menudo reciben en la escuela de que es muy importante responder todo correctamente y que esto es un signo de inteligencia. Carol y yo intentamos reorientar a los docentes para que valoren menos las respuestas correctas y más los errores.

Sandie Gilliam es una profesora increíble. Llevo muchos años observando su forma de enseñar; sus alumnos obtienen las notas más altas, y adoran las matemáticas. Un día la estuve observando en el primer día de clase a los alumnos de décimo grado (equivalente a cuarto de ESO). Cuando llevaban un rato trabajando en sus tareas, se percató de que un estudiante había cometido un error y se dio cuenta de ello. Se acercó a él y le preguntó si mostraría su error en la pizarra; él la miró dubitativo y dijo: «Pero tengo la respuesta equivocada». Sandie le respondió que esa era la razón por la que quería que compartiera su trabajo, y que sería muy útil. Le explicó que si él había cometido ese error, otros también lo habían cometido, y que sería genial para todos comentarlo. El chico estuvo de acuerdo y expuso su fallo al resto de la clase; lo mostró en la pizarra blanca del aula. Durante todo el curso, la exposición de errores se convirtió en algo habitual para varios estudiantes.

Suelo mostrar un vídeo en el que aparecen alumnos de Sandie, que ayuda a los docentes y a los responsables de las políticas educativas a ver qué son capaces de hacer los estudiantes si reciben buenas clases de matemáticas. En uno de mis vídeos favoritos, los vemos trabajando juntos para resolver un problema complejo en la pizarra. Se esfuerzan por resolver el problema y se escuchan unos a otros a medida que van ofreciendo ideas. Cometen errores y toman rumbos equivocados, pero acaban por encontrar la solución, gracias a la contribución de muchos alumnos. Es un ejemplo potente de estudiantes que utilizan los métodos y las prácticas matemáticas estándar (según lo recomendado en los Estándares Estatales Básicos Comunes estadounidenses). Combinan sus propios pensamientos e ideas con métodos que conocen para resolver un problema aplicado irregular, el tipo de problema que se encontrarán en el mundo. A menudo ven el vídeo maestros experimentados, quienes señalan que pueden ver que los estudiantes se sienten realmente cómodos ofreciendo ideas sin temor a equivocarse. Hay una razón por la que los alumnos pueden trabajar con tareas matemáticas de nivel alto sin miedo a cometer errores: Sandie les ha enseñado a aceptar los fallos; ella les da valor en todas las etapas de la enseñanza.

Hace poco he trabajado en un estudio de investigación con Carol Dweck, Greg Walton, Carissa Romero y Dave Paunesku en Stanford; son los miembros de un equipo que ha efectuado muchas intervenciones importantes para mejorar la mentalidad de los estudiantes y el sentimiento de pertenencia en la escuela (para más información sobre el Proyecto para la Investigación en Educación Ampliable, o PERTS, consulta https://www.perts.net/). En nuestro estudio, brindamos una intervención a los profesores de matemáticas; les enseñamos el valor de los errores y algunas de las ideas relativas a la enseñanza que he ofrecido en este capítulo. No tardamos en descubrir que los profesores que completaron la intervención pasaron a tener una mentalidad de crecimiento significativamente mayor y sensaciones más positivas hacia los errores cometidos en matemáticas; también pasaron a fomentar la valoración de los errores en el aula. Hay otros cambios importantes que los docentes pueden efectuar en el aula, y los exploraremos en capítulos posteriores; por ahora, uno de los cambios más importantes que un profesor (o un padre) puede realizar fácilmente, y que puede tener un gran efecto en los estudiantes, es transmitirles una visión amable sobre los errores. En el siguiente capítulo hablaré sobre la importancia de cambiar algo igual de significativo: las matemáticas mismas. Cuando las matemáticas se enseñan como una materia abierta que admite una gran creatividad, y en que lo relevante son las conexiones, el aprendizaje y el crecimiento, y se alientan los errores, ocurren cosas increíbles.

CAPÍTULO 3

La belleza de las matemáticas y la creatividad que permiten

¿Qué son realmente las matemáticas? ¿Y por qué tantos estudiantes las odian, las temen o ambas cosas? Las matemáticas son *diferentes* de otras asignaturas, no porque en ellas todo sea correcto o incorrecto, como dicen muchos, sino porque se enseñan de acuerdo con unos procedimientos que no utilizan los profesores de otras asignaturas y porque la gente alberga unas creencias sobre ellas que no tiene sobre otras materias. Algo que distingue a las matemáticas es que suelen considerarse una asignatura en que lo esencial es el rendimiento académico: si se pregunta a los estudiantes cuál creen que es su función en la clase de matemáticas, la mayoría dirán que es hacer bien las tareas o responder correctamente. Los alumnos rara vez piensan que están en la clase para apreciar la belleza de las matemáticas, para hacer preguntas profundas, para explorar el interesante conjunto de conexiones que conforman la asignatura o incluso para saber de qué les podrá servir lo que están aprendiendo; creen que están en la clase de matemáticas para rendir. Hace poco una colega, Rachel Lambert, me dijo que su hijo de seis años había regresado a casa diciendo que no le gustaban las matemáticas; cuando le preguntó por qué, él manifestó que «las matemáticas son demasiado tiempo para las respuestas y no suficiente para aprender». Desde una edad temprana, los estudiantes advierten que las matemáticas son diferentes de otras asignaturas, y que el aprendizaje cede su lugar a la respuesta a preguntas y la realización de exámenes. Al rendimiento académico, en dos palabras.

La cultura favorable a los exámenes, que está más presente en el ámbito de las matemáticas que en otros, constituye gran parte del problema. Cuando los alumnos de sexto de mi distrito local llegaron a sus casas diciendo que habían hecho un examen el primer día de clase, estaba claro en qué asignatura se lo habían puesto: matemáticas. La mayoría de los estudiantes y padres aceptan la cultura favorable a los exámenes en el ámbito de las matemáticas; como me dijo una niña, «bueno, el profesor solo quería averiguar lo que ya sabíamos». Pero ¿por qué esto solo ocurre con las matemáticas? ¿Por qué los profesores no creen que tienen que averiguar qué saben los estudiantes a través de exámenes, el primer día, sobre otras materias? ¿Y por qué algunos educadores no se dan cuenta de que los exámenes constantes hacen algo más que evaluar a los alumnos? Esto último presenta sus propios problemas (y son abundantes), pero es que, además, la evaluación constante hace que los estudiantes piensen que las matemáticas no son otra cosa que dar respuestas cortas a preguntas muy concretas estando bajo presión. ¡No es de extrañar que tantos decidan que las matemáticas no son para ellos!

Hay otros factores que hacen que las matemáticas sean diferentes de todas las demás asignaturas. Cuando les preguntamos a los alumnos qué son las matemáticas, generalmente ofrecen unas descripciones que son muy diferentes de las que proporcionan los expertos en este campo. Suelen responder que es una asignatura de cálculos, procedimientos o reglas. Pero cuando les preguntamos a los matemáticos qué son las matemáticas, contestan que es el estudio de los patrones; afirman que es una materia estética, bella y que admite mucha creatividad (Devlin, 1997). ¿Por qué difieren tanto ambas descripciones? Cuando les preguntamos a los estudiantes de literatura inglesa en qué consiste esta asignatura, no formulan unas descripciones muy diferentes de las que ofrecen los profesores de esta materia.

Maryam Mirzakhani fue una matemática de Stanford, fallecida en 2017, a los cuarenta años de edad, que ganó en 2014 la Medalla Fields, el mayor premio mundial en el campo de las matemáticas. Maryam fue una mujer increíble que estudió las superficies hiperbólicas y que formuló lo que se ha llamado «la teoría de la década». En artículos periodísticos sobre su trabajo, se la ve dibujando ideas en grandes hojas de papel sobre la mesa de su cocina, ya que su trabajo era casi enteramente visual. Se dio el caso de que presidí el tribunal que escuchó la defensa de la tesis doctoral de una alumna de Maryam (antes del fallecimiento de esta). Ese día entré en el departamento de Matemáticas de Stanford experimentando curiosidad por la defensa que iba a escuchar. La sala en la que iba a tener lugar el acto era pequeña; las ventanas daban al impresionante Palm Drive de Stanford, la entrada a la universidad, y estaba llena de matemáticos, alumnos y profesores que habían acudido a escuchar o juzgar la defensa. La estudiante de Maryam era una mujer joven llamada Jenya Sapir; estuvo caminando de un lado a otro de la sala y pegando dibujos en varias paredes, unos dibujos que señalaba mientras hacía conjeturas sobre las relaciones existentes entre las líneas y curvas que los componían. Las matemáticas que describió consistían en imágenes visuales, creatividad y conexiones, y estaban llenas de incertidumbre (ver la figura 3.1).

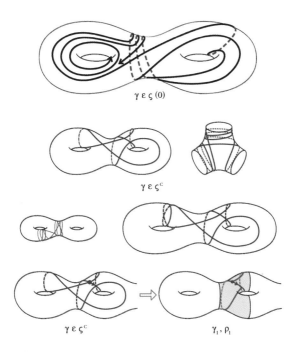

FIGURA 3.1. Algunos de los planteamientos matemáticos que abordó Jenya Sapir en la defensa de su tesis doctoral. *Fuente:* Cortesía de Jenya Sapir.

A lo largo de la defensa, los profesores hicieron preguntas en tres o cuatro ocasiones, a las que la joven, segura de sí misma, se limitó a responder: «No lo sé». A menudo, quien había hecho la pregunta reconocía que él o ella tampoco sabía la respuesta. Sería muy inusual que en la defensa de un doctorado en Educación el aspirante respondiese «no lo sé» a algo; algunos profesores lo desaprobarían. Pero las matemáticas, las verdaderas matemáticas, están llenas de incertidumbre; se trata de efectuar exploraciones, conjeturas e interpretaciones, no de dar respuestas definitivas. Los profesores pensaron que era perfectamente razonable que ella no supiera la respuesta a algunas de las preguntas, ya que su trabajo se adentraba en territorio desconocido. Superó el examen de doctorado con honores.

Esto no significa que no haya respuestas en matemáticas. Se saben muchas cosas en este ámbito, y es importante que los estudiantes las aprendan. Pero, de alguna manera, las matemáticas escolares se han alejado tanto de las matemáticas reales que si hubiera llevado a la mayoría de los alumnos de una escuela a la defensa de esa tesis ese día, no habrían reconocido que eso iba de matemáticas. Esta amplia brecha que hay entre las matemáticas verdaderas y las que se enseñan en la escuela está en el núcleo de los problemas que tenemos con las matemáticas en el ámbito de la educación. Creo firmemente que si en las clases de matemáticas, en las escuelas, se presentara la auténtica naturaleza de esta disciplina, los alumnos no aborrecerían la asignatura, y tampoco la suspenderían masivamente.

Las matemáticas son un fenómeno cultural; un conjunto de ideas, conexiones y relaciones desarrolladas para que las personas le encuentren sentido al mundo. En esencia, las matemáticas tienen que ver con los patrones. Podemos poner una lente matemática sobre el mundo, y cuando lo hacemos, vemos patrones en todas partes; y a través de nuestra comprensión de los patrones, adquirida con el estudio matemático, expandimos nuestro conocimiento. Keith Devlin, un importante matemático, ha dedicado un libro a esta idea. En su obra *Mathematics: the Science of Patterns* [Matemáticas: la ciencia de los patrones], escribe:

> *Como ciencia de los patrones abstractos, casi no hay aspectos de nuestra vida que no estén afectados, en mayor o menor medida, por las matemáticas; porque los patrones abstractos son la esencia misma del pensamiento, de la comunicación, del cálculo, de la sociedad y de la vida misma (Devlin, 1997).*

El conocimiento de los patrones matemáticos ha ayudado al ser humano a navegar por los océanos, a enviar misiones al espacio, a desarrollar la tecnología que hay detrás de los teléfonos móviles y las redes sociales, y a efectuar nuevos descubrimientos científicos y médicos. Con todo y con eso, muchos escolares creen que las matemáticas son una asignatura muerta, irrelevante para su futuro.

Para comprender la verdadera naturaleza de las matemáticas, es útil fijarse en la presencia de estas en el mundo, es decir, observar las matemáticas de la naturaleza. Los patrones que subyacen a los océanos y la vida silvestre, las estructuras y la lluvia, el comportamiento animal y las redes sociales han fascinado a los matemáticos durante siglos. El patrón de Fibonacci es probablemente el más conocido de todos. Fibonacci fue un matemático italiano que publicó, en el año 1202, un patrón que pasó a conocerse como la *sucesión* (o *serie*) *de Fibonacci*. Actualmente se sabe que este patrón se formuló mucho antes, en el año 200 a. de C., en la India. Esta es la famosa secuencia de Fibonacci:

1, 1, 2, 3, 5, 8, 13, 21, 34, 55...

Los dos primeros números son 1 y 1; el resto se obtienen de la suma de los dos números anteriores. Hay algo muy interesante en el patrón de Fibonacci: si avanzamos por la serie y vamos dividiendo cada número por el inmediatamente anterior, obtenemos una razón que cada vez se acerca más a 1,618:1. Esta razón se conoce como la *proporción áurea*, y está presente en toda la naturaleza. Por ejemplo, las espirales de la piña (tanto el fruto del pino como el del ananás) y de las flores siguen la proporción áurea.

Si examinamos los copos de nieve, vemos otra cosa interesante. Cada copo de nieve es único, pero todos siguen el mismo patrón: la forma general del hexágono, por lo que casi siempre tienen seis puntos (ver las figuras 3.2 y 3.3). Esto obedece a un motivo: los copos de nieve están formados por moléculas de agua, y cuando el agua se congela, lo hace según un patrón en el que se repiten los hexágonos.

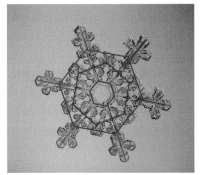 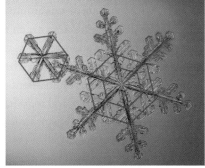

FIGURA 3.2. Las matemáticas de los copos de nieve.

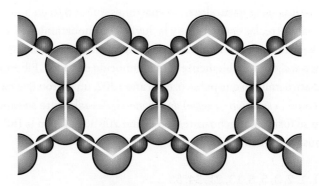

FIGURA 3.3. Moléculas de agua.

Los animales también se sirven de las matemáticas. En un curso en línea que he impartido recientemente para estudiantes, al que se apuntaron más de cien mil personas, mostré las matemáticas utilizadas por los animales, y los participantes lo encontraron realmente interesante. Los delfines, por ejemplo, emiten un sonido que los ayuda a encontrarse en el agua.

Estos animales marinos emiten unos chasquidos característicos que rebotan en los objetos y regresan a ellos como un eco. Se basan en el tiempo que tarda el sonido en volver, y en su calidad, para saber dónde están sus amigos. Calculan intuitivamente una proporción, la misma que se les enseña a los alumnos en clase de Álgebra, a menudo una y otra vez, sin explicarles cómo se vincula a una situación de la vida real. Les dije como broma, a los alumnos del curso en línea, que si los delfines pudieran hablar en un lenguaje humano, podrían hacerse profesores de álgebra.

En el curso de una investigación para aportar contenidos a este curso en línea, Michaela, una de mis alumnas, descubrió que las arañas son expertas en espirales. Cuando una araña teje una red, primero crea una forma de estrella entre dos soportes verticales resistentes, como pueden ser dos ramas de árbol. A continuación, comienza a hacer una espiral. Necesita hacer esta espiral lo más rápidamente posible para fortalecer la estrella, por lo que elige hacer una espiral logarítmica. En las espirales logarítmicas, la distancia que hay entre cada giro sucesivo alrededor del centro aumenta en el mismo factor cada vez.

Esto significa que la espiral se expande cada vez más rápidamente cuanto más grande se hace. Pero esta espiral logarítmica deja mucho espacio en la red, por lo que la araña empieza a hacer una segunda espiral, más densa. Esta nueva espiral es *aritmética*, lo que significa que la distancia que hay entre las vueltas de la espiral es siempre la misma. Para esta segunda espiral, la araña necesita mucho más tiempo, porque tiene que hacer muchos más giros alrededor del centro de la estrella, pero la ayuda a atrapar más insectos, porque hace que no queden grandes espacios en la red. Esta asombrosa obra de ingeniería podría hacerse efectuando cálculos, pero la araña usa intuitivamente las matemáticas para crear y usar su propio algoritmo. Para más ejemplos de cómo los animales se sirven de las matemáticas, consulta Devlin (2006).

Cuando les mostré estas ideas a los alumnos del curso en línea, algunos de ellos se resistieron a aceptarlas, con el argumento de que las matemáticas de la naturaleza y las utilizadas por los animales no eran tales. Esos estudiantes solo reconocían unas matemáticas muy diferentes, las de los números y los cálculos. Mi objetivo era impulsarlos a que vieran las matemáticas de manera amplia y a que tomaran conciencia de las verdaderas matemáticas, y logré este objetivo. Al final del curso proporcioné una encuesta a los asistentes, y el 70 % admitieron que el curso les había hecho cambiar de opinión respecto a qué son las matemáticas. Y es importante destacar que el 75 % pasaron a tener más fe en que a partir de ese momento podrían llevar bien esta materia.

Las matemáticas existen abundantemente en la naturaleza, el arte y el mundo, pero la mayoría de los escolares no han oído hablar de la proporción áurea y no ven las matemáticas como el estudio de los patrones. Cuando no mostramos la amplitud de las matemáticas a los estudiantes, les negamos la oportunidad de experimentar lo maravillosas que son.

No soy la única persona que ha argumentado que las matemáticas de la escuela no son las reales. El matemático Reuben Hersh escribió un libro fascinante titulado *What Is Mathematics, Really?* [¿Qué son las matemáticas en realidad?], publicado en 1999, en el que argumenta que las matemáticas están muy mal representadas en las aulas. La mayoría de los estudiantes piensan que las matemáticas son una serie de respuestas a preguntas que nadie ha hecho. Pero Hersh señala que son las preguntas las que impulsan las matemáticas. Y añade: «Resolver problemas y concebir otros es la esencia de la vida matemática. Si las matemáticas se conciben separadas de la vida matemática, parecen muertas, por supuesto».

Numerosos estudios de investigación (Silver, 1994) han demostrado que cuando los estudiantes tienen la oportunidad de plantear problemas matemáticos, es decir, de pensar en una situación y concebir una pregunta matemática para preguntar sobre esa situación, lo cual es la esencia de las matemáticas reales, se implican más profundamente en la materia y presentan un rendimiento académico mayor. Pero esto rara vez ocurre en las clases de matemáticas. En *Una mente maravillosa*, película que fue un éxito de taquilla, los espectadores ven a John Nash (interpretado por Russell Crowe) esforzándose por encontrar una pregunta interesante. Esta es la primera etapa del trabajo matemático, y es fundamental. En el aula, los alumnos no experimentan este importante paso; en lugar de ello, pasan el tiempo respondiendo preguntas que les parecen inútiles, preguntas que no han formulado.

En mi libro *What's Math Got to Do with It?* [¿Qué tienen que ver las matemáticas con esto?], describo un enfoque de enseñanza basado en el planteamiento de preguntas de matemáticas (Boaler, 2015a). El profesor Nick Fiori les dio a sus alumnos elementos del tipo piñas, juegos de naipes, cuentas de colores, dados, tuercas y tornillos, y les pidió que formulasen sus propias preguntas matemáticas. A los estudiantes les costó adaptarse, pero progresivamente, y emocionados, fueron aprendiendo a usar sus propias ideas, realizar investigaciones matemáticas y aprender nuevos métodos, alentados por un propósito.

A lo largo de los años, las matemáticas escolares se han ido desconectando cada vez más de las matemáticas que usan los matemáticos y de las matemáticas de la vida. Los alumnos pasan miles de horas en el aula aprendiendo conjuntos de procedimientos y reglas que nunca usarán en su vida cotidiana ni en su trabajo. Conrad Wolfram ostenta un alto cargo directivo en Wolfram-Alpha, una de las empresas matemáticas más importantes del mundo. También critica abiertamente la enseñanza tradicional de las matemáticas, y sostiene firmemente que estas no tienen que ver con el cálculo. En una charla TED que han visto más de un millón de personas, Wolfram (2010) propone que el trabajo con las matemáticas incluye cuatro etapas:

1. Plantear una pregunta.
2. Ir del mundo real a un modelo matemático.
3. Realizar un cálculo.
4. Regresar del modelo al mundo real, para ver si la pregunta original ha encontrado respuesta.

La primera etapa consiste en hacer una buena pregunta relativa a ciertos datos o a una situación. Este es el primer acto matemático que es necesario efectuar en el lugar de trabajo. El empleo que está experimentando un crecimiento más rápido en Estados Unidos es el de analista de datos: este profesional analiza la ingente cantidad de datos de los que disponen todas las empresas actualmente y formula preguntas importantes sobre dichos datos. La segunda etapa que describe Wolfram es configurar un modelo para responder la pregunta; la tercera, realizar un cálculo, y la cuarta, aplicar el modelo al mundo para ver si se ha respondido la pregunta. Wolfram señala que el 80 % de las matemáticas escolares están centradas en la tercera etapa (realizar cálculos a mano) cuando esta es la única etapa que los empresarios no necesitan que los trabajadores dominen, ya que para eso están las calculadoras y los ordenadores. Wolfram propone que los alumnos trabajen con las etapas 1, 2 y 4 durante mucho más tiempo en las clases de matemáticas. Lo que los empresarios necesitan, argumenta, son personas que puedan hacer buenas preguntas, establecer modelos, analizar resultados e interpretar las respuestas matemáticas. Antes, los empresarios necesitaban personas para efectuar los cálculos, pero actualmente ya no tienen esta necesidad. Lo que necesitan son individuos que piensen y razonen.

La lista Fortune 500 constituye una relación de las quinientas empresas más importantes de Estados Unidos. Hace unos cincuenta años, cuando se les preguntó a las empresas qué valoraban más en los nuevos empleados, esto fue lo que respondieron, en el orden que se indica:

TABLA 3.1. Habilidades más valoradas por las empresas de Fortune 500 en 1970.

1.	Escritura
2.	Habilidades de cálculo
3.	Competencia lectora
4.	Comunicación oral
5.	Capacidad de escucha
6.	Desarrollo profesional y personal
7.	Pensamiento creativo
8.	Liderazgo
9.	Establecer metas/Motivación
10.	Trabajo en equipo
11.	Eficacia organizativa
12.	Capacidad de resolver problemas
13.	Habilidades interpersonales

Las habilidades de cálculo ocupaban el segundo lugar en la lista. En 1999, habían caído a la penúltima posición, y los primeros lugares habían sido ocupados por el trabajo en equipo y la capacidad de resolver problemas.

TABLA 3.2. Habilidades más valoradas por las empresas de Fortune 500 en 1999.

1.	Trabajo en equipo
2.	Capacidad de resolver problemas
3.	Habilidades interpersonales
4.	Comunicación oral
5.	Capacidad de escucha
6.	Desarrollo profesional y personal
7.	Pensamiento creativo
8.	Liderazgo
9.	Establecer metas/Motivación
10.	Escritura
11.	Eficacia organizativa
12.	Habilidades de cálculo
13.	Competencia lectora

Los padres a menudo no ven la necesidad de algo que es esencial en matemáticas: la disciplina. Muchos me han preguntado qué sentido tiene que su hijo explique su trabajo si sabe obtener la respuesta correcta. Y mi respuesta es siempre la misma: explicar el propio trabajo es lo que, en matemáticas, llamamos *razonamiento*, y el razonamiento es fundamental en la disciplina de las matemáticas. Los científicos prueban o refutan las teorías con contextos experimentales, pero los matemáticos demuestran las teorías a través del razonamiento matemático. Necesitan formular argumentos que convenzan a otros matemáticos por medio de razonar cuidadosamente su avance de una idea a otra utilizando conexiones lógicas. Las matemáticas son una disciplina muy social, ya que las demostraciones se producen cuando los matemáticos pueden convencer a otros compañeros de profesión de las conexiones lógicas que han establecido.

Muchas matemáticas son el resultado de colaboraciones entre matemáticos; Leone Burton estudió el trabajo de los matemáticos y descubrió que más de la mitad de sus publicaciones se produjeron en colaboración (Burton, 1999). Sin embargo, muchas aulas de matemáticas son lugares donde los estudiantes rellenan hojas de ejercicios en silencio. Los debates grupales y aquellos en los que participa toda la clase son muy importantes.

Los debates no solo constituyen la mayor ayuda en aras de la comprensión —ya que los estudiantes rara vez comprenden las ideas si no se habla de ellas— y no solo animan la asignatura y hacen que los alumnos se impliquen, sino que también son los encuentros en los que aprenden a razonar y a criticar los razonamientos de los demás. Esto último tiene una importancia capital, actualmente, en los lugares de trabajo en los que se usa la alta tecnología. Casi todos los puestos de trabajo nuevos que se crean en el mundo tecnológico actual implican trabajar con conjuntos de datos ingentes, hacer preguntas sobre dichos datos y razonar sobre procedimientos matemáticos. Conrad Wolfram me dijo que cualquier persona que no sepa concebir razonamientos matemáticos no es valiosa en el mundo laboral de hoy en día. Cuando los empleados razonan determinados procedimientos matemáticos y hablan de ellos, otros individuos pueden desarrollar nuevas ideas basadas en estos procedimientos y analizar si se ha cometido un error. El trabajo en equipo que valoran tanto los empresarios tiene como base el razonamiento matemático. Las personas que se limitan a dar el resultado de cálculos no son útiles en los lugares de trabajo; deben ser capaces de vincularlos a un razonamiento.

También conviene que los alumnos razonen en las clases de matemáticas, porque el hecho de razonar el recorrido hacia la solución de un problema y analizar los razonamientos de otras personas es interesante para ellos. Los estudiantes y los adultos se implican mucho más cuando se les dan problemas de matemáticas abiertos y se les permite idear métodos y procedimientos que si se limitan a trabajar con problemas que lo que requieren es realizar un cálculo y ofrecer una respuesta. Mostraré muchos problemas matemáticos adecuados e interesantes que requieren razonamiento y explicaré algunas formas de diseñarlos en el capítulo cinco.

Otro problema grave al que nos enfrentamos en la enseñanza de las matemáticas es que la gente cree que todo en esta disciplina tiene que ver con el cálculo y que los mejores pensadores matemáticos son aquellos que calculan más rápido. Y algunos creen algo aún peor: que, en el campo de las matemáticas, tienes que ser *rápido* para ser *bueno*. En la sociedad está fuertemente arraigada la creencia de que si puedes calcular rápidamente eres una persona a la que se le dan realmente bien las matemáticas y que eres «inteligente». Sin embargo, los matemáticos, que podríamos considerar que son las personas más capaces en matemáticas, a menudo piensan con lentitud. Trabajo con muchos matemáticos, y no son pensadores matemáticos rápidos. No digo esto para faltarles al respeto; son lentos porque piensan con cuidado y profundamente sobre su materia.

Laurent Schwartz ganó la Medalla Fields en matemáticas y fue uno de los mejores matemáticos de su tiempo. Pero en la escuela era uno de los pensadores matemáticos más lentos de su clase. En su autobiografía, *A Mathematician Grappling with His Century* [Un matemático lidiando con su siglo], publicada en 2001, reflexiona sobre su etapa escolar y afirma que se sintió «tonto» porque su escuela valoraba el pensamiento rápido, mientras que él pensaba de forma lenta y profunda:

> *Siempre estuve muy inseguro de mi propia capacidad intelectual; pensaba que era poco inteligente. Y es cierto que era, y aún soy, bastante lento. Necesito tiempo para asimilar las cosas porque siempre necesito entenderlas por completo. Hacia el final del undécimo grado [primero de bachillerato] pensaba que era tonto. Pero no se lo dije a nadie. Este tema me tuvo preocupado mucho tiempo.*
>
> *Sigo siendo igual de lento. [...] Al final del undécimo grado, adopté una perspectiva realista de la situación y llegué a la conclusión de que la rapidez no se correlaciona de forma precisa con la inteligencia. Lo importante es comprender profundamente las cosas y las relaciones que mantienen entre sí; en esto consiste la inteligencia. El hecho de ser rápido o lento no es relevante, en realidad. (Schwartz, 2001)*

Schwartz escribe, como han hecho muchos otros matemáticos, sobre la representación errónea de las matemáticas en las aulas y sobre que la esencia de las matemáticas son las conexiones y el pensamiento profundo, no el cálculo rápido. Hay muchos alumnos en las clases de matemáticas que piensan de forma lenta y profunda, como él, a quienes se les induce la creencia de que no están hechos para las matemáticas. De hecho, la idea de que las matemáticas consisten en efectuar cálculos rápidos intimida a grandes proporciones de estudiantes, especialmente a las niñas, como comentaré con mayor profundidad en los capítulos cuatro y siete. Pero las matemáticas siguen presentándose como una carrera de velocidad, más que cualquier otra materia: hay exámenes de matemáticas cronometrados, tarjetas de estudio, aplicaciones de matemáticas para operar contra reloj... No es de extrañar que los estudiantes que piensan lenta y profundamente se desanimen con las matemáticas. Personalidades como Cathy Seeley, expresidenta del Consejo Nacional de Profesores de Matemáticas estadounidense, también están trabajando para disipar la idea de que las matemáticas son solo para los estudiantes rápidos, y ofrecen como alternativa una nueva forma de proceder para que los profesores y los estudiantes trabajen de manera productiva y profunda (Seeley, 2009, 2014). Es muy importante acabar con el mito, tan extendido, de que las matemáticas tienen que ver con la velocidad si queremos que pensadores lentos y profundos como Laurent Schwartz y muchas niñas (Boaler, 2002b) dejen de pensar que las matemáticas no son para ellos. En el siguiente capítulo mostraré cómo se pueden enseñar las matemáticas, particularmente los números y el cálculo, de una manera que destaque el valor de la profundidad y no la velocidad, que mejore las conexiones cerebrales y que haga que muchos más estudiantes se sientan cómodos con esta materia.

Conclusión

He empezado este capítulo hablando de que las matemáticas son distintas de otras asignaturas. Pero la diferencia no radica en la naturaleza de esta materia, como creen muchas personas, sino en algunos conceptos erróneos importantes y generalizados: que las matemáticas son una asignatura caracterizada por las reglas y los procedimientos, que ser bueno en matemáticas significa ser rápido y que la esencia de las matemáticas son los números, las certezas y las respuestas correctas frente a las incorrectas. Estas ideas equivocadas las tienen innumerables profesores, alumnos y padres, y son parte de la razón por la que se ha ido manteniendo la enseñanza tradicional a pesar de ser defectuosa e ineficaz.

Muchos padres odiaban las matemáticas cuando iban a la escuela pero a pesar de ello abogan por la enseñanza tradicional, porque piensan que las cosas deben ser así y que la enseñanza desagradable que experimentaron se debió a la naturaleza engorrosa de las matemáticas. Muchos maestros de las escuelas de primaria han tenido terribles experiencias con esta materia y tienen problemas para impartirla, ya que creen que solo puede enseñarse como un conjunto de procedimientos muy acotados. Cuando les muestro que las verdaderas matemáticas son otra cosa y que no tienen que someter

a sus alumnos a las matemáticas que ellos experimentaron, se sienten realmente liberados, y a menudo eufóricos, como se mostrará en el capítulo
cinco. Cuando tenemos en cuenta cuántos de los conceptos erróneos que
he presentado en este capítulo están presentes en las aulas de matemáticas, podemos entender más fácilmente por qué tantos alumnos llevan mal
esta asignatura en Estados Unidos y más allá; y, lo que es más importante,
podemos entender también que el fracaso y la ansiedad asociados a las matemáticas son completamente innecesarios.

Cuando observamos las matemáticas del mundo y aquellas en las que
se aplican los matemáticos, vemos una materia visual y viva, caracterizada
por las conexiones y en la que es posible una gran creatividad. Sin embargo,
los escolares a menudo ven las matemáticas como una materia muerta;
como cientos de métodos y procedimientos para memorizar que nunca
usarán y como cientos de respuestas a preguntas que nunca han formulado. Y cuando se le pregunta a la gente cómo se usan las matemáticas en
el mundo, generalmente piensa en números y cálculos (piensa que sirven
para calcular hipotecas o precios de venta). Pero el pensamiento matemático es mucho más. Las matemáticas están en el centro de las reflexiones
sobre cómo pasar el día, cuántos eventos y tareas se pueden abordar en una
jornada, qué espacio se necesita para alojar una determinada cantidad de
equipaje o para dar la vuelta con un automóvil, cuál es la probabilidad de
que ocurran determinados sucesos o cómo se extienden los *tweets* y a cuántas personas llegan. El mundo respeta a quienes pueden efectuar cálculos
rápidos, pero el hecho es que algunas personas pueden ser muy rápidas con
los números y no saber hacer grandes cosas con ellos, mientras que otras,
que son muy lentas y cometen muchos errores, pueden hacer algo sorprendente con las matemáticas. Los pensadores valiosos del mundo de hoy no
son los que pueden calcular con rapidez, como ocurría antes; actualmente,
los cálculos rápidos están completamente automatizados y son rutinarios
y poco inspiradores. Los pensadores valiosos son aquellos que establecen
conexiones, piensan de manera lógica y utilizan el espacio, los datos y los
números de manera creativa.

No se puede culpar a los docentes del hecho de que se enseñe una versión estrecha y empobrecida de las matemáticas en las aulas de muchas
escuelas. Los profesores generalmente reciben largas listas de contenidos
que deben enseñar, junto con cientos de descripciones de dichos contenidos, y no tienen tiempo de profundizar en ninguna idea. Cuando reciben las
listas de los contenidos, ven una materia que ha sido reducida a sus partes

constituyentes; es como recibir una bicicleta desmontada, un conjunto de tuercas y tornillos que los alumnos deberán abrillantar y pulir a lo largo del curso. Las listas de contenidos no incluyen conexiones; presentan las matemáticas como si las conexiones ni siquiera existieran. Pero yo no quiero que los estudiantes estén limpiando componentes sueltos de bicicletas todo el día; quiero que se suban a las bicicletas una vez ensambladas y que viajen libremente, experimentando el placer de las matemáticas, la alegría de efectuar conexiones, la euforia del verdadero pensamiento matemático. Cuando ensanchamos el marco conceptual y enseñamos las matemáticas amplias, visuales y creativas que mostraré en este libro, también enseñamos las matemáticas como una materia de aprendizaje. Es muy difícil que los estudiantes desarrollen una mentalidad de crecimiento si lo único que hacen es responder preguntas que solo admiten dos posibilidades —la respuesta correcta y las incorrectas—. Estas preguntas transmiten mensajes fijos sobre las matemáticas. Cuando enseñamos las verdaderas matemáticas, que tienen profundidad y se basan en las conexiones, aumentan las oportunidades de desarrollar una mentalidad de crecimiento y de aprender, y las aulas están llenas de estudiantes felices, entusiasmados e implicados. En los siguientes cinco capítulos se expondrán muchas ideas que apuntarán a la consecución de estos objetivos, así como las pruebas (más concretamente, los resultados de investigaciones) que las respaldan.

CAPÍTULO 4

La creación de mentalidades matemáticas: la importancia de ser flexible con los números

Los bebés y los niños pequeños adoran las matemáticas. Dales a los niños pequeños unos cuantos bloques de juguete y los apilarán y ordenarán, fascinados por la forma en que se alinean los bordes. Los niños también miran al cielo y se deleitan con las formaciones en V de los pájaros. Cuenta un conjunto de objetos con un niño pequeño, después disponlos de otra manera y cuéntalos de nuevo, y quedará encantado por el hecho de que sigue habiendo la misma cantidad. Pidamos a los niños que dispongan patrones con unos bloques de colores y trabajarán felizmente disponiendo patrones repetitivos, uno de los actos más matemáticos. Keith Devlin ha escrito una serie de libros en los que ofrece pruebas sólidas de que todos, de forma natural, empleamos las matemáticas y tenemos un pensamiento matemático (ver, por ejemplo, Devlin, 2006). Queremos ver patrones en el mundo y comprender los ritmos del universo. Pero la alegría y la fascinación que experimentan los niños pequeños con las matemáticas se ven reemplazadas rápidamente por el temor y la aversión cuando empiezan a estudiar esta asignatura en la escuela y se les presenta un árido conjunto de métodos que, creen, solo tienen que aceptar y recordar.

En Finlandia, uno de los países del mundo en que los estudiantes sacan las notas más altas en las pruebas del PISA, los alumnos no aprenden según métodos formales de matemáticas hasta los siete años de edad. En Estados

Unidos, el Reino Unido y algunos otros países, comienzan mucho antes, y cuando tienen siete años, ya se les han enseñado algoritmos para sumar, restar, multiplicar y dividir números, y han tenido que memorizar las tablas de multiplicar. En el caso de muchos estudiantes, su primera experiencia con las matemáticas es de confusión, ya que los métodos no tienen sentido para ellos. La curiosidad que habían mostrado nuestros hijos en los primeros años se desvanece y es reemplazada por la fuerte creencia de que en el ámbito de las matemáticas todo consiste en seguir ciertas instrucciones y reglas.

Lo mejor que podemos hacer para iniciar a los niños en las matemáticas es animarlos a jugar con números y formas y a que piensen en qué patrones e ideas pueden ver. En mi anterior libro conté la historia de Sarah Flannery, que ganó el Premio al Joven Científico del Año por inventar un nuevo algoritmo matemático. En su autobiografía, habla de la forma en que desarrolló su pensamiento matemático haciendo puzles en casa con su padre; explica que esos rompecabezas fueron más importantes para ella que todas las lecciones de matemáticas que recibió en la escuela en el transcurso de los años (Flannery, 2002). Quienes utilizan con éxito las matemáticas tienen un enfoque de estas, y una comprensión matemática, distintos de los que tienen quienes las utilizan con menos éxito. Se acercan a las matemáticas con el deseo de entenderlas y pensar en ellas, y con la confianza de que podrán encontrarles un sentido. Quienes usan con éxito las matemáticas buscan patrones y relaciones y piensan en las conexiones. Tienen una *mentalidad matemática*; saben que las matemáticas son una materia vinculada al crecimiento y que lo que deben hacer es aprender y pensar en nuevas ideas. Necesitamos inculcar una mentalidad matemática en los alumnos desde el primer contacto que tengan con esta materia.

Las investigaciones han demostrado definitivamente la importancia que tiene la mentalidad de crecimiento, es decir, la creencia de que la inteligencia puede aumentar y de que cuanto más aprendes, más inteligente te vuelves. Pero para acabar con el fracaso en el campo de las matemáticas, necesitamos que los estudiantes alberguen *creencias de crecimiento* (creencias acordes con la mentalidad de crecimiento) sobre sí mismos y que estas vayan acompañadas de creencias de crecimiento sobre la naturaleza de las matemáticas y sobre el papel que tienen, como alumnos, en relación con ellas. Los niños deben ver las matemáticas como una materia conceptual y de crecimiento en la que deberían pensar y a la que deberían encontrar sentido. Cuando las ven como una serie de preguntas cortas, no pueden reparar en cómo aprovecharlas para su propio aprendizaje y crecimiento interno;

piensan que están compuestas por un conjunto fijo de métodos que uno conoce o no conoce. En cambio, cuando las ven como un amplio panorama de rompecabezas inexplorados que les permite divagar, hacer preguntas y pensar sobre las relaciones, comprenden que su papel como alumnos es pensar, darle un sentido a aquello con lo que se encuentran y crecer. Cuando los estudiantes ven las matemáticas como un conjunto de ideas y relaciones y comprenden que su papel es el de pensar sobre las ideas y encontrarles sentido, tienen una mentalidad matemática.

Sebastian Thrun, director general de Udacity y profesor de investigación en la Universidad Stanford, tiene una mentalidad matemática. Empecé a trabajar con él hace dos años. Cuando lo conocí, era profesor de informática y había sido quien había inventado el coche autónomo y quien había impartido el primer curso CEMA; también había liderado los equipos que desarrollaron Google Glass y Google Maps. Sebastian pasó de su exitoso curso en línea, que hicieron ciento sesenta mil personas, a crear Udacity, una empresa de aprendizaje en línea. Comencé a trabajar con él cuando me pidió consejo para los cursos de Udacity. Sebastian es un usuario de las matemáticas de muy alto nivel cuyos logros son conocidos en todo el mundo. Ha escrito libros de matemáticas que son tan complejos que, como él dice, «harían que te saliese humo de la cabeza». Algo que no es tan sabido de Sebastian es que es muy reflexivo en cuanto a su conocimiento y aprendizaje de las matemáticas. Cuando lo entrevisté para mi curso en línea para docentes y padres («How to Learn Math», 'Cómo aprender matemáticas'), me habló sobre el importante papel que juega la intuición en el aprendizaje de las matemáticas y la resolución de problemas, y a la hora de dar sentido a las situaciones. Puso como ejemplo una ocasión en la que estaba desarrollando robots para ser utilizados en la Institución Smithsonian y surgió un problema: los niños y otros visitantes del Smithsonian hacían un ruido de fondo que confundía a los robots. Sebastian dijo que él y su equipo tuvieron que ponerse manos a la obra para encontrar nuevas soluciones matemáticas que permitieran que los robots funcionaran bien. Acabó por resolver el problema usando la intuición. Siguió el proceso de concebir una solución matemática que tenía sentido para él de forma intuitiva; a continuación, la demostró aplicando métodos matemáticos. Sebastian habla con firmeza acerca de no avanzar nunca en matemáticas a menos que algo tenga sentido desde la intuición. En mi curso en línea, aconseja a los niños que están aprendiendo matemáticas que nunca trabajen con fórmulas o métodos a menos que les encuentren sentido, y que se detengan si no encuentran dicho sentido.

Entonces, ¿cómo podemos desarrollar mentalidades matemáticas en los niños para que estén dispuestos a abordar esta materia haciendo prevalecer el sentido y la intuición? Antes de que empiecen a ir a la escuela, la tarea es sencilla: hay que pedirles que jueguen con rompecabezas, formas y números, y que piensen en las relaciones. ¿Y cuando comiencen a asistir a la escuela? Vivimos en un sistema en el que los estudiantes deben, desde una edad temprana, aprender muchos métodos matemáticos formales, como los que se usan para sumar, restar, dividir y multiplicar. Este es el momento en que se alejan de las mentalidades matemáticas y desarrollan mentalidades fijas, basadas en los procedimientos. Este es el momento en que es más importante que los maestros y los padres les presenten las matemáticas como una materia conceptual flexible cuyo eje es el pensamiento y dar sentido. El ámbito de los primeros trabajos con los números nos proporciona el ejemplo perfecto de las dos mentalidades que pueden desarrollar los estudiantes, una que es negativa y conduce al fracaso, y otra que es positiva y conduce al éxito.

Dar sentido a los números

Eddie Gray y David Tall son dos investigadores británicos que trabajaron con estudiantes de edades comprendidas entre los siete y los trece años que habían sido designados por sus profesores como alumnos de rendimiento académico bajo, medio o alto (Gray y Tall, 1994). A todos se les dieron problemas numéricos, como sumar o restar dos números. Los investigadores encontraron una diferencia importante entre los estudiantes de rendimiento alto y bajo. Los primeros resolvieron los problemas utilizando lo que se conoce como *sentido numérico*, es decir, interactuaron con los números de manera flexible y conceptual. En cambio, los estudiantes de bajo rendimiento no usaron el sentido numérico; parecía que albergaban la creencia de que lo que debían hacer era utilizar la memoria y aplicar un método estándar, incluso cuando era difícil hacerlo. Por ejemplo, cuando a los alumnos se les planteó la resta 21 – 6, los que sacaban buenas notas hicieron el problema más fácil cambiando los números y restando 20 – 5, pero los que sacaban notas bajas contaron hacia atrás desde 21, lo cual es más difícil de hacer y predispone al error. Tras estudiar exhaustivamente las distintas estrategias empleadas por los estudiantes, los investigadores concluyeron que la diferencia entre los de alto y bajo rendimiento no era que estos últimos sabían menos matemáticas, sino que interactuaban con ellas de otra manera. En lugar de acercarse a los números con flexibilidad y sentido numérico, parecían aferrarse a los procedimientos formales que habían aprendido y los aplicaban con mucha precisión, sin abandonarlos, incluso cuando tenía sentido hacerlo. Los alumnos que sacaban notas bajas no sabían menos; todo lo que ocurría era que no usaban los números de manera flexible, probablemente porque se los había asentado en el camino incorrecto, desde una edad temprana, de tratar de memorizar métodos y datos numéricos en lugar de interactuar con los números con flexibilidad (Boaler, 2015). Los investigadores señalaron otra cuestión importante: las matemáticas que usaban los alumnos que presentaban un rendimiento académico bajo eran más difíciles. Es mucho más fácil restar 5 de 20 que comenzar desde 21 y contar dieciséis números en sentido descendente (sic). Desafortunadamente para los alumnos que sacan notas bajas, a menudo se cree que tienen dificultades con las matemáticas y, por lo tanto, se les dan más instrucciones y prácticas; con esto asientan aún más su creencia de que el éxito en las matemáticas depende de memorizar métodos, y no de comprender las situaciones y darles un sentido. Se los hace transitar por una senda perjudicial que hace que se agarren a los procedimientos formales y, como resultado, a menudo se hallan abocados a tener dificultades con las matemáticas toda su vida.

Una mentalidad matemática refleja un enfoque activo del conocimiento matemático, en el cual los estudiantes ven que su papel es comprender y otorgar sentido. El sentido numérico refleja una comprensión profunda de las matemáticas, pero deriva de una mentalidad matemática centrada en dar sentido a los números y las cantidades. Es útil pensar sobre las formas en que el sentido numérico se desarrolla en los estudiantes, no solo porque es la base de todas las matemáticas de nivel superior (Feikes y Schwingendorf, 2008), sino también porque el sentido numérico y las mentalidades matemáticas se desarrollan conjuntamente, y aprender formas de cultivar uno de los dos aspectos contribuye al desarrollo del otro.

Las matemáticas son un dominio conceptual. No consisten, como mucha gente piensa, en un conjunto de tablas y métodos para recordar.

En la figura 4.1, las flechas azules representan los métodos pendientes de aprender, y los recuadros rosados, los conceptos aprendidos. Comenzando en la parte inferior izquierda del diagrama, vemos el método consistente en contar. Cuando los estudiantes aprenden a contar, recuerdan el orden y los nombres de los números, pero también desarrollan el *concepto* de número, es decir, la idea de lo que es un número. En las primeras etapas del aprendizaje de la suma, aprenden un método llamado *seguir contando*. Este método se emplea cuando se tienen dos conjuntos de números, por ejemplo 15 + 4, y se aprende a contar el primer conjunto, en este caso hasta 15, y después se sigue contando: 16, 17, 18, 19. Cuando los alumnos aprenden el método de seguir contando, desarrollan el concepto de *suma*. Pero este no es un método de suma; es una idea conceptual. En la siguiente etapa de su trabajo con las matemáticas, tal vez aprendan a sumar grupos de números, como tres grupos compuestos por el número 4, y al aprender a sumar grupos, desarrollan el concepto de *producto*. Nuevamente, esto no es un método (de multiplicación en este caso); es una idea conceptual. Las ideas de *número*, *suma* y *producto* son conceptos matemáticos sobre los que los estudiantes deben pensar profundamente. Deben aprender los métodos, como sumar y multiplicar, no como fines en sí mismos, sino como parte de la comprensión conceptual de los números, las sumas y los productos, y cómo se relacionan entre sí.

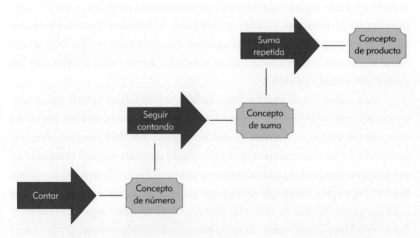

FIGURA 4.1. Métodos y conceptos matemáticos. *Fuente:* Gray y Tall, 1994.

Sabemos que cuando aprendemos matemáticas tiene lugar un proceso cerebral llamado *compresión*. Cuando aprendemos un nuevo aspecto de las matemáticas sobre el que no sabíamos nada, este contenido ocupa un gran espacio en el cerebro, ya que debemos pensar mucho sobre cómo funciona y sobre cómo las nuevas ideas se relacionan con otras. Pero las matemáticas que hemos aprendido antes y que conocemos bien, como la suma, ocupan un espacio pequeño y compacto en nuestro cerebro. Podemos usar fácilmente ese conocimiento, sin pensarlo. El proceso de compresión tiene lugar porque el cerebro es un órgano muy complejo que debe controlar muchas cosas, y solo puede centrarse en unas pocas ideas no comprimidas en cualquier momento dado. Las ideas que se conocen bien son comprimidas y archivadas. William Thurston, un importante matemático que ganó la Medalla Fields, describe la compresión de esta manera:

> *Las matemáticas son increíblemente compresibles: puede ser que te esfuerces mucho tiempo, paso a paso, para trabajar en el mismo proceso o la misma idea desde varios enfoques. Pero una vez que realmente entiendes eso y tienes la perspectiva mental que te permite verlo como un todo, a menudo se produce una tremenda compresión mental. Puedes archivar ese contenido, recuperarlo totalmente y con rapidez cuando lo necesites y utilizarlo como un solo paso en algún otro proceso mental. La comprensión que acompaña a esta compresión es una de las verdaderas alegrías que nos aportan las matemáticas. (Thurston, 1990)*

Muchos estudiantes no consideran que las matemáticas les aporten «verdaderas alegrías», en parte porque en ellos no tiene lugar la compresión. Cabe destacar que el cerebro solo puede comprimir conceptos; no puede hacer lo mismo con las reglas y los métodos. Por tanto, los alumnos que no adoptan el pensamiento conceptual y abordan las matemáticas como una lista de reglas que deben recordar no están llevando a cabo el fundamental proceso de la compresión, por lo que su cerebro no puede organizar y archivar ideas; en lugar de ello, se esfuerza por no olvidar largas listas de métodos y reglas. Por eso es tan importante ayudar a los estudiantes a abordar las matemáticas conceptualmente en todo momento. Aproximarse conceptualmente a las matemáticas es la esencia de lo que denomino una mentalidad matemática.

¿Y las tablas matemáticas?

Muchos creen que no es posible pensar conceptualmente en las matemáticas todo el tiempo porque hay muchas operaciones matemáticas básicas (las que se suelen presentar en tablas, como $8 \times 4 = 32$) que deben ser memorizadas. Hay algunas operaciones básicas que es bueno memorizar, pero los estudiantes pueden aprenderlas y memorizarlas con una visión conceptual de las matemáticas. Desafortunadamente, la mayoría de los docentes y padres piensan que debido a que algunas áreas de las matemáticas son objetivas, como las operaciones matemáticas básicas, se deben aprender a través de la práctica rutinaria y los ejercicios de velocidad. Este enfoque del aprendizaje de los números desde el principio es lo que perjudica a los estudiantes, les hace pensar que tener éxito en las matemáticas consiste en recordar operaciones a gran velocidad y los empuja a basarse en los procedimientos, lo cual actúa en contra del desarrollo de una mentalidad matemática.

Las operaciones matemáticas básicas incluidas en las tablas constituyen, en sí mismas, una pequeña parte de las matemáticas solamente, y la mejor forma de aprenderlas es usar los números de distintas formas y en varias situaciones. Por desgracia, en muchas aulas se pone el foco en las operaciones matemáticas de forma aislada, con lo cual los alumnos se hacen la idea de que dichas operaciones son la esencia de las matemáticas y, lo que es peor, piensan que dominar la evocación rápida de estas («¿Cuánto es siete por seis?», «¡Cuarenta y dos!») los convierte en magníficos estudiantes de esta asignatura. Ambas ideas están equivocadas y es fundamental que las erradiquemos de las aulas, ya que tienen un papel clave en el surgimiento de la ansiedad y la insatisfacción en relación con las matemáticas.

Crecí en una época progresista en Inglaterra; por aquel entonces las escuelas de primaria se centraban en el «niño completo», y no me dieron unas tablas de sumar, restar o multiplicar para que las memorizase. Nunca he guardado operaciones matemáticas en mi memoria, aunque puedo obtener rápidamente cualquier resultado, ya que tengo el sentido numérico y he aprendido buenas maneras de pensar en las combinaciones numéricas. El hecho de no haber memorizado no ha supuesto un obstáculo para mí en ningún momento o contexto de mi vida, a pesar de que soy profesora de matemáticas, gracias al sentido numérico. Es mucho más importante que los estudiantes aprendan este, pues incluye el aprendizaje de las operaciones matemáticas básicas, más una profunda comprensión de los números y las formas en que se relacionan entre sí.

Para un tercio de los estudiantes aproximadamente, el inicio de los exámenes cronometrados supone el comienzo de la ansiedad vinculada a las matemáticas (Boaler, 2014c). Sian Beilock y sus colegas estudiaron el cerebro de personas a través de imágenes de resonancia magnética y encontraron que las operaciones matemáticas básicas se conservan en la región cerebral que aloja la memoria operativa. Pero cuando los estudiantes están estresados, como ocurre cuando disponen de un tiempo limitado para resolver las cuestiones matemáticas que se les plantean, la memoria operativa se bloquea, y no pueden acceder a los datos matemáticos que conocen (Beilock, 2011). Cuando se dan cuenta de que no pueden desempeñarse bien en los exámenes cronometrados, empiezan a experimentar ansiedad y falta de confianza en sí mismos en relación con las matemáticas. El bloqueo de la memoria operativa y la ansiedad asociada a dicho bloqueo es especialmente habitual entre los alumnos que sacan buenas notas y las niñas. Las estimaciones más prudentes permiten inferir que al menos un tercio de los estudiantes en general (es decir, sin atender a sus calificaciones ni a la posición económica de sus familias) experimentan un estrés extremo frente a las pruebas cronometradas. Cuando sometemos a los alumnos a esta experiencia generadora de ansiedad, pasan a odiar la asignatura.

La ansiedad vinculada a las matemáticas se ha registrado en estudiantes de apenas cinco años, y los exámenes cronometrados son una causa importante de este estado debilitante, que a menudo acompaña a la persona durante el resto de su vida. En mis clases en la Universidad Stanford, me encuentro con muchos alumnos que tienen un trauma con las matemáticas, a pesar de que se cuentan entre los estudiantes más sobresalientes del país. Cuando les pregunto acerca del origen de su aversión hacia las matemáticas, muchos me dicen que los exámenes cronometrados de segundo o tercero de primaria constituyeron un punto de inflexión importante a partir del cual decidieron que las matemáticas no eran para ellos. Algunos de los alumnos, especialmente las alumnas, me hablan de la necesidad que tenían de comprender en profundidad la materia (un objetivo muy pertinente) y de que se les hizo sentir que este objetivo no era importante, o incluso dejó de estar presente, en el momento en que los exámenes cronometrados pasaron a ser una realidad cotidiana en la clase de matemáticas. Es posible que realizaran también otro tipo de trabajo, más valioso, en las clases de matemáticas, enfocado en la comprensión y la otorgación de sentido, pero las pruebas cronometradas evocan emociones tan fuertes que los estudiantes pueden llegar a creer que ser rápido en las operaciones es la esencia de las matemáticas. Esto es tremendamente lamentable. Vemos el resultado del énfasis equivocado que se está poniendo en la memorización y los exámenes en la gran cantidad de estudiantes que abandonan las matemáticas y en la «crisis matemática» que estamos viviendo en la actualidad (consulta www.youcubed.org). Cuando mi hija empezó a memorizar la tabla de multiplicar y a hacer exámenes a los cinco años, comenzó a llorar a causa de las matemáticas. Esta emoción de desesperación no es la que queremos que los estudiantes asocien con esta materia, pero mientras sigamos presionándolos para que recuerden las operaciones básicas a gran velocidad, no acabaremos con la ansiedad y el disgusto vinculados a las matemáticas que se encuentran tan generalizados en Estados Unidos, el Reino Unido y muchos otros países (Silva y White, 2013).

Llegados a este punto, surge la pregunta: ¿qué podemos hacer para ayudar a los estudiantes a aprender las operaciones matemáticas básicas si no utilizamos los exámenes cronometrados? La mejor manera de fomentar el aprendizaje de estas operaciones y el desarrollo de una mentalidad matemática es ofrecer tareas matemáticas conceptuales que ayuden a aprender y entender los números y las operaciones numéricas. Un equipo de investigadores del cerebro estudió a dos grupos diferenciados de alumnos, que estaban aprendiendo matemáticas de dos maneras diferentes. Uno estaba aprendiendo a través de estrategias; por ejemplo, los estudiantes averiguaban el resultado de 17×8 calculando 17×10 (170) y restando 17×2 (34). El otro método consistía en memorizar las operaciones ($17 \times 8 = 136$). Encontraron que los dos enfoques (las estrategias y la memorización) implican dos rutas neuronales distintas y que ambas son perfectamente susceptibles de ser utilizadas en el transcurso de la vida. Sin embargo, es importante destacar que el estudio también encontró que quienes estaban aprendiendo a través de estrategias mostraban un «rendimiento académico superior» que quienes estaban centrados en memorizar; respondían los exámenes a la misma velocidad, pero lo hacían mejor a la hora de aplicar sus conocimientos a los problemas nuevos. Los investigadores concluyeron que la automaticidad debería alcanzarse con la comprensión de las relaciones numéricas, lograda con el pensamiento sobre las estrategias numéricas (Delazer *et al.*, 2005).

En otro estudio importante, los investigadores descubrieron que el aprendizaje más potente tiene lugar cuando usamos distintas vías neuronales (Park y Brannon, 2013). El lado izquierdo del cerebro gestiona la información objetiva y técnica, mientras que el lado derecho gestiona la información visual y espacial. Se ha descubierto que el aprendizaje de las matemáticas y el desempeño en este ámbito son óptimos cuando las dos partes del cerebro se están comunicando (Park y Brannon, 2013). Los investigadores también encontraron que cuando los alumnos estaban trabajando en problemas aritméticos, como la resta, los que obtenían mejores resultados eran los que mostraban las conexiones más fuertes entre los dos lados del cerebro. Las implicaciones de este hallazgo son extremadamente importantes para el aprendizaje de las matemáticas, ya que nos dicen que el aprendizaje de las matemáticas abstractas formales que conforman gran parte del currículo escolar mejora cuando los estudiantes utilizan el pensamiento matemático visual e intuitivo.

En el artículo de Youcubed «Fluency without Fear» [Fluidez sin miedo], que tuvo una repercusión significativa, incluimos estos hallazgos y actividades que los maestros y los padres pueden usar para habilitar las importantes conexiones cerebrales. Uno de los juegos de matemáticas que incluimos en el artículo se hizo muy popular y fue tuiteado en todo el mundo. Lo describo a continuación.

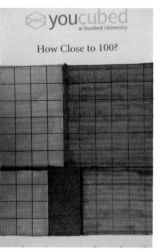

a. «¿Cuán cerca de 100?».

b. Cuadrados pintados en el juego «¿Cuán cerca de 100?».

FIGURA 4.2. «¿Cuán cerca de 100?»

Se juega por parejas. Cada niño dispone de una cuadrícula compuesta por cien cuadrados en blanco. El primero tira dos dados. Los números que aparecen son los que usa para crear una matriz en su cuadrícula. Puede colocar la matriz en cualquier lugar de la cuadrícula, pero el objetivo es que, al final, la cuadrícula esté lo más llena posible. Después de que el jugador ha coloreado la matriz en su cuadrícula, escribe la oración numérica que describe la matriz. El juego finaliza cuando ambos jugadores han tirado los dados y no pueden poner más matrices en la cuadrícula (ver la figura 4.2). En este juego, los estudiantes están aprendiendo operaciones numéricas simples, como 2 × 12, pero también están haciendo algo mucho más importante: están pensando en el significado de las operaciones numéricas y en lo que representa 2 × 12, visual y espacialmente.

Otro juego que fomenta las mismas conexiones cerebrales potentes toma la idea de las cartas de matemáticas, que a menudo se usan de formas perjudiciales, como fomentar la memorización y las respuestas rápidas, y las utiliza de manera muy diferente. El objetivo del juego es emparejar las cartas que ofrecen la misma respuesta, mostrada a través de distintas representaciones, sin límite de tiempo. El profesor pone todas las cartas sobre una mesa y les pide a los alumnos que las recojan por turnos; agarran tantas como encuentran con la misma respuesta (mostrada a través de cualquier representación). Por ejemplo, 9 y 4 se pueden mostrar como una cuadrícula compuesta por 9 x 4 cuadrados, por medio de conjuntos de objetos como pueden ser piezas de dominó o como una oración numérica. Cuando los alumnos emparejan las cartas, deben explicar cómo saben que son equivalentes. Esta actividad también está enfocada en comprender la multiplicación visual y espacialmente, lo cual estimula las conexiones cerebrales al mismo tiempo que sirve para practicar las operaciones matemáticas elementales. También se puede jugar con las cartas bocabajo, como en los juegos de memoria, para añadir un desafío adicional (ver la figura 4.3).

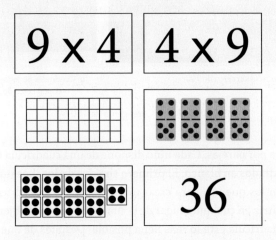

FIGURA 4.3. Cartas de matemáticas. *Fuente:* www.youcubed.org.

Estas actividades enseñan el sentido numérico y una mentalidad matemática y fomentan nuevas rutas neuronales en los dos hemisferios cerebrales. La antítesis de este enfoque es centrarse en la memorización rutinaria y la velocidad en las respuestas. Cuanto más ponemos el acento en la memorización, menos dispuestos están los alumnos a pensar en los números y en las relaciones que hay entre ellos, y a usar y desarrollar el sentido numérico (Boaler, 2015). Pero a algunos estudiantes no se les da tan bien como a otros memorizar las operaciones matemáticas básicas. Esto es algo que se debe celebrar; forma parte de la maravillosa diversidad de la vida y las personas. Imagina lo horrible que sería si, ante los exámenes en los que se evalúa el conocimiento de las operaciones matemáticas básicas, todos los alumnos respondieran de la misma manera y a la misma velocidad, como si fuesen robots. En un estudio reciente sobre el cerebro, los científicos examinaron el cerebro de algunos estudiantes cuando se les estaba enseñando a memorizar este tipo de operaciones matemáticas. Vieron que algunos las memorizaban mucho más fácilmente que otros. Esto no tiene nada de sorprendente. Ahora bien, muchos de nosotros supondríamos, probablemente, que aquellos que memorizaban mejor eran los que sacaban mejores notas o eran «más inteligentes». Pero los investigadores descubrieron que los estudiantes que memorizaban con mayor facilidad no eran los que presentaban un mejor rendimiento académico; no tenían más «capacidad matemática» (en palabras de los investigadores) ni obtenían puntuaciones más altas en la evaluación del cociente intelectual (Supekar *et al.*, 2013). Solo encontraron diferencias en la región cerebral llamada hipocampo, que es la responsable de las operaciones memorizadas. El hipocampo, al igual que otras áreas del cerebro, no es fijo y puede crecer en cualquier momento, como ilustran los estudios efectuados con los conductores de los taxis negros de Londres (Woollett y Maguire, 2011), pero siempre ocurrirá que algunos estudiantes serán más rápidos o más lentos a la hora de memorizar, lo cual *no tiene nada que ver con el potencial matemático*.

Para ser un buen estudiante de inglés, para poder leer y comprender novelas o poemas, hay que haber memorizado el significado de muchas palabras. Pero ningún estudiante de inglés diría o pensaría que aprender esta lengua consiste en memorizar y recordar palabras a gran velocidad. Esto se debe a que aprendemos las palabras al usarlas en muchas situaciones diferentes: al decirlas, al leerlas, al escribirlas. Los profesores de inglés no les dan a sus alumnos cientos de palabras para que las memoricen y, luego, los evalúan con pruebas cronometradas. Todas las asignaturas requieren memorizar algunos datos e informaciones, pero las matemáticas son la única asignatura en la que los maestros creen que los conocimientos deben evaluarse bajo unos límites de tiempo ajustados. ¿Por qué tratamos así a las matemáticas? Los estudios nos han mostrado que los estudiantes pueden aprender mucho mejor las operaciones matemáticas básicas realizando tareas atractivas; ahora es el momento de usar este conocimiento y liberar a los estudiantes del miedo a las matemáticas.

LA HISTORIA DE UNA PROFESORA SOBRE UN TRAUMA MOTIVADO POR LA MEMORIZACIÓN EN MATEMÁTICAS

En un taller de desarrollo profesional que impartí en fechas recientes, dirigido a profesores de California, conté que no memoricé la tabla de multiplicar en mi infancia. También dije que esto nunca me ha supuesto ningún tipo de obstáculo en ningún momento, a pesar de que decidí dedicarme a las matemáticas y trabajo con ellas a diario. Cuando dije esto a esa sala llena de profesores, cuatro de ellos lloraron. En el almuerzo, uno de ellos, una mujer, me explicó, entre sollozos, que mi declaración había tenido un gran impacto en ella. De niña, le costó memorizar la tabla de multiplicar, y su padre le hizo creer que tenía algún tipo de déficit cognitivo. Toda su vida había sentido que tenía algún tipo de problema. Me dijo que el director de su escuela estaba con ella en la sala, y temió que su «deficiencia» quedara al descubierto. La cantidad de personas que se han visto perjudicadas por el énfasis que se pone en las pruebas cronometradas y en la memorización de las operaciones matemáticas básicas en las aulas es terriblemente grande.

¿Hasta qué punto es importante la práctica en las matemáticas?

Cuando les muestro a los padres y los docentes los resultados de los estudios que indican que los estudiantes necesitan abordar las matemáticas de forma conceptual y visual, algunos padres preguntan: «Pero ¿no necesitan los estudiantes practicar mucho las matemáticas?». Con esta pregunta están haciendo referencia a las páginas llenas de operaciones matemáticas que deben resolver de forma aislada. La pregunta de si los alumnos de matemáticas deben practicar o hasta qué punto necesitan hacerlo es interesante. Sabemos que cuando tiene lugar un aprendizaje se activa una sinapsis, y que para que acontezca un cambio estructural en el cerebro debemos repasar las ideas y aprenderlas profundamente. Pero ¿qué significa esto? Es importante repasar las ideas matemáticas, pero practicar los métodos una y otra vez no es útil. Cuando aprendemos una nueva idea en matemáticas, es útil reforzarla, y el mejor modo de hacerlo es usarla de distintas maneras. Hacemos un muy flaco favor a los estudiantes cuando elegimos la versión más simple de una idea y les ponemos delante cuarenta ejercicios que insisten en ella. Las hojas de trabajo que repiten la misma idea una y otra vez alejan a los alumnos de las matemáticas, son innecesarias y no los preparan para usar esa idea en situaciones variadas.

En su éxito de ventas *Outliers* (*Fuera de serie*), Malcolm Gladwell desarrolla la idea de que se requieren unas diez mil horas de práctica para llegar a dominar una determinada disciplina (Gladwell, 2011). Describe los logros de músicos famosos, jugadores de ajedrez y estrellas del deporte, y muestra algo importante. Muchas personas creen que los individuos como Beethoven son genios naturales, pero Gladwell muestra que trabajan duro y durante mucho tiempo para alcanzar sus grandes logros, y que la mentalidad de crecimiento respalda su trabajo. Sin embargo, he hablado con varias personas que, lamentablemente, han interpretado que la idea de Gladwell significa que los estudiantes pueden llegar a dominar las matemáticas después de practicar rutinariamente durante diez mil horas. Pero esto no es así. Dominar las matemáticas requiere diez mil horas de trabajo *matemático*. No necesitamos que los estudiantes tomen un solo método y lo practiquen una y otra vez. Esto no son matemáticas; no hace que los estudiantes adquieran las ideas, los conceptos y las relaciones que dominan los matemáticos expertos. El aspirante a experto en matemáticas debe trabajar durante diez mil horas, sí, pero abordando las matemáticas como un todo, reflexionando sobre ideas y conexiones matemáticas, resolviendo problemas, razonando y conectando métodos.

La mayoría de los autores de libros de texto de Estados Unidos basan todo su enfoque en la idea de aislar métodos, reducirlos a su forma más simple y practicarlos. Esto es problemático por muchas razones. En primer lugar, practicar métodos aislados induce aburrimiento en los estudiantes; muchos se desentienden de la materia cuando piensan que lo que deben hacer es aceptar pasivamente un método (Boaler y Greeno, 2000) y repetirlo una y otra vez. En segundo lugar, la mayoría de los ejemplos de práctica ofrecen la versión más simplificada y desconectada del método que se deberá practicar, y no les dan a los estudiantes ninguna pista sobre cuándo o cómo podrán usar ese método.

Este problema se extiende a la forma en que los libros presentan los ejemplos de las ideas, ya que siempre dan la versión más simple. El cuadro 4.1 muestra las respuestas que los alumnos dan a los problemas de matemáticas en los estudios de investigación, lo cual resalta la naturaleza del problema causado por las preguntas de los libros de texto.

CUADRO 4.1

Se mostró la siguiente figura a niños de once años y se les preguntó: «¿Son paralelas las líneas a y c?».

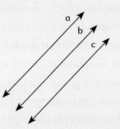

La mayoría respondieron: «No, porque la línea b está en medio». El origen de esta respuesta se encuentra en el hecho de que el concepto de líneas paralelas se ilustra casi siempre ofreciendo la imagen de dos líneas:

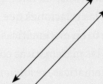

A continuación, se pidió a los estudiantes que dijeran el nombre de la siguiente forma:

La mayoría no supieron hacerlo. Es un hexágono (un polígono de seis lados), pero los hexágonos casi siempre se nos muestran de esta manera:

Esta imagen no ilustra totalmente el concepto de hexágono.
Más de la mitad de los niños de ocho años a quienes se preguntó no vieron lo siguiente como ejemplos de un ángulo recto, un triángulo, un cuadrado y líneas paralelas...

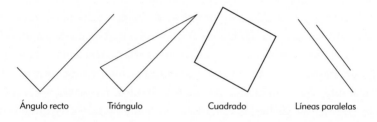

| Ángulo recto | Triángulo | Cuadrado | Líneas paralelas |

... porque siempre se les ha mostrado la versión más simple de los conceptos. Estas son las imágenes con las que están familiarizados, y las que esperan ver:

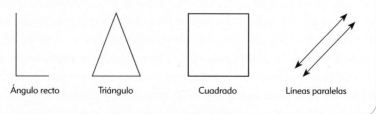

| Ángulo recto | Triángulo | Cuadrado | Líneas paralelas |

CUADRO 4.1 (continuación)

El hecho de que más de la mitad de los estudiantes que participaron en los estudios no pudieron identificar las formas nos dice algo importante: que cuando los libros de texto presentan solo la versión más simple de una idea, a los alumnos se les niega la oportunidad de aprender la esencia de la idea. Los estudiantes no pudieron identificar los distintos ejemplos porque los autores de los libros de texto les habían proporcionado «ejemplos perfectos» en todas las ocasiones. Cuando se pretende ilustrar una definición en toda su amplitud, es útil ofrecer ejemplos variados, incluidos algunos que respondan bien a la definición, otros que apenas se ajusten a la definición y otros que no respondan a ella en absoluto, en lugar de ofrecer ejemplos perfectos en todas las ocasiones. Por ejemplo, al instruir a los alumnos sobre las aves, puede ser útil pensar en los murciélagos y explicar por qué no son aves, en lugar de mostrarles, una y otra vez, fotos de gorriones y cuervos. Esto deberían tenerlo en cuenta no solo los autores de los libros de texto sino también los profesores, incluidos los de matemáticas.

Las ideas erróneas que adquieren los estudiantes cuando se les muestran ejemplos perfectos son análogas a las limitaciones que desarrollan cuando practican métodos aislados una y otra vez. Se les dan situaciones sencillas que requieren el uso simple de un procedimiento (o, a menudo, ninguna situación); y cuando se les proponen problemas matemáticos realistas o cuando necesitan usar las matemáticas en el mundo, no saben aplicar los métodos que han aprendido (Organización para la Cooperación y el Desarrollo Económicos, 2013). Los problemas reales a menudo requieren la elección y la adaptación de métodos que los estudiantes, normalmente, no han aprendido a usar; de hecho, es muy posible que ni siquiera hayan reflexionado sobre ellos. En el siguiente capítulo veremos cómo son los problemas matemáticos interesantes y efectivos que evitan estos inconvenientes.

En un estudio de investigación llevado a cabo en Inglaterra, que fue galardonado, hice el seguimiento a varios estudiantes durante tres años a través de un enfoque de las matemáticas basado en la práctica. Se les mostraron ejemplos aislados en la clase de matemáticas, que practicaron una y otra vez (Boaler, 2002a). Contrasté este enfoque con otro en el que se mostró la complejidad de las matemáticas con la intención de que pensaran conceptualmente en todo momento y eligieran, usaran y aplicaran métodos. Los dos enfoques se enseñaron en escuelas separadas, a alumnos cuyo entorno social y rendimiento académico coincidían; todos ellos vivían en zonas desfavorecidas del país. Los estudiantes a quienes se les enseñó a practicar métodos una y otra vez, en una escuela disciplinada en la que se dedicaba mucho tiempo a las tareas, obtuvieron puntuaciones significativamente más bajas en el examen nacional de matemáticas que aquellos que practicaron mucho menos pero a quienes se animó a pensar conceptualmente.

Un problema importante al que se enfrentaron los alumnos de la escuela tradicional en el examen nacional, compuesto por un conjunto de preguntas sobre formas de proceder para resolver distintas cuestiones, fue que no supieron qué métodos elegir para responder las preguntas. Habían practicado los métodos una y otra vez, pero nunca se les había pedido que reflexionasen sobre una situación y eligiesen un método. A continuación, dos de los estudiantes de esa escuela reflexionan sobre las dificultades con las que se encontraron:

Esto es una lata, realmente, porque cuando estás en clase trabajando, incluso cuando la tarea es difícil te equivocas solamente en una o dos respuestas, las más raras; la mayoría las aciertas, y piensas: «Bueno, en el examen, haré bien la mayoría de los ejercicios». Pero no es así. (Alan, Amber Hill)

Es diferente, y me gusta la forma en que lo plantean allí; no es lo mismo. Las historias, las preguntas... no están igual que en los libros, ni coinciden con la forma de proceder del profesor a la hora de llegar a las respuestas. (Gary, Amber Hill)

La simplificación excesiva de las matemáticas y la práctica de métodos a través de procedimientos simplificados aislados es uno de los motivos del fracaso generalizado en Estados Unidos, el Reino Unido y otros países. También es una de las razones por las que los estudiantes no desarrollan mentalidades matemáticas: no ven que lo que les corresponde hacer es pensar y encontrarle sentido a lo que hacen; creen que todo consiste en tomar los métodos que se les presentan y aplicarlos una y otra vez. Se provoca que crean que no hay lugar para el pensamiento en la clase de matemáticas.

En un segundo estudio, realizado en Estados Unidos, les preguntamos a un conjunto de estudiantes a quienes se les estaba enseñando según un modelo similar cuál era su papel en la clase de matemáticas (Boaler y Staples, 2005). Un sorprendente 97 % de los alumnos dijeron lo mismo: que su papel consistía en «prestar mucha atención». Este acto pasivo de observar en lugar de pensar, razonar o dar sentido no conduce a la comprensión o al desarrollo de una mentalidad matemática.

A los estudiantes a menudo se les dan ejercicios de matemáticas como deberes (tareas para hacer en casa). Hay muchas pruebas de que los deberes, de cualquier tipo, son innecesarios o perjudiciales; hablaré de algunas de estas pruebas en el capítulo seis. Como madre, sé que los deberes son la causa más habitual de lágrimas en casa, y la asignatura que provoca más estrés en el hogar son las matemáticas, sobre todo cuando las tareas no consisten en más que largas listas de ejercicios aislados.

Se envían a los hogares páginas llenas de problemas por resolver como práctica, sin ninguna consideración, al parecer, por el efecto negativo que van a tener en el ambiente familiar. Pero hay esperanza: las escuelas que deciden dejar de mandar deberes no ven que los estudiantes tengan un rendimiento académico inferior y, en cambio, mejora significativamente la calidad de vida en el hogar (Kohn, 2008).

Los grandes estudios de investigación han demostrado que el hecho de que se manden o no deberes tiene unos efectos mínimos o nulos en el rendimiento escolar (Challenge Success, 2012) y que los deberes conducen a desigualdades significativas (Programa Internacional para la Evaluación de los Alumnos, 2015), un problema que retomaré en el capítulo seis. Además, los deberes tienen un papel muy negativo en la vida de muchos padres e hijos. Los estudios también muestran que los únicos deberes efectivos son aquellos en los que se les da a los estudiantes una experiencia de aprendizaje valiosa, no hojas de trabajo llenas de problemas prácticos, y los deberes que no se ven como una obligación, sino como oportunidades ocasionales de realizar una tarea significativa. Mis hijas van a escuelas que conocen las investigaciones sobre los deberes y generalmente solo les ponen deberes de matemáticas útiles, como rompecabezas *kenken*, pero en ocasiones los profesores les han mandado cuarenta ejercicios para que practiquen un método como la resta o la multiplicación. Mis hijas se desaniman cuando les mandan este tipo de tarea. En esos momentos, les explico que esa página de ejercicios monótonos no refleja lo que son las matemáticas en realidad, y una vez que me han demostrado que pueden resolver algunos de los ejercicios (cuatro o cinco, normalmente) les sugiero que se detengan. Le escribo una nota a la maestra en la que le digo que estoy satisfecha de que hayan comprendido el método y no quiero que trabajen en treinta y cinco ejercicios más, ya que eso les haría concebir ideas perjudiciales sobre la naturaleza de las matemáticas.

Si trabajas en una escuela en la que se exige que los profesores pongan deberes, se les pueden dar a los alumnos problemas por resolver que sean mucho más productivos que las páginas llenas de operaciones. Dos maestras innovadoras con las que trabajo en el Distrito Escolar Unificado de Vista, Yekaterina Milvidskaia y Tiana Tebelman, desarrollaron un conjunto de planteamientos reflexivos para mandarlos como deberes, con el fin de ayudar a sus alumnos a procesar y entender las matemáticas que han aprendido a un nivel más profundo. Por lo general, cada día les ponen una de las preguntas que incitan a la reflexión y entre uno y cinco ejercicios prácticos (la cantidad de ejercicios que les ponen en cada ocasión, dentro de este margen, depende de la complejidad de los problemas). El cuadro 4.2 muestra las preguntas para la reflexión que han desarrollado, de las cuales eligen *una* cada vez.

Yekaterina y Tiana llevan dos años utilizando estas preguntas para la reflexión y han advertido un impacto muy positivo en sus alumnos, que ahora reflexionan sobre lo que han aprendido, sintetizan sus ideas y hacen más preguntas en clase.

Cada año, les dan a sus estudiantes una encuesta a mitad de curso para recopilar datos y obtener sus comentarios sobre las prácticas realizadas en el aula y también sobre la nueva forma de enfocar los deberes. En cuanto a estos últimos, recibieron las siguientes respuestas:

Creo que la forma en que hacemos los deberes es muy útil. Cuando pasas más tiempo reflexionando sobre lo que has aprendido (en las respuestas por escrito) y menos tiempo haciendo operaciones matemáticas, aprendes mucho más.

Siento que las preguntas de los deberes me ayudan a reflexionar sobre lo que he aprendido ese día en clase. Si no recuerdo bien algo, me da la oportunidad de consultar mi cuaderno.

Este año me gusta mucho cómo hacemos los deberes. Entiendo cómo hacerlos gracias a las reflexiones; realmente me ayudan, porque entonces puedo recordar lo que he hecho ese día en clase.

Las preguntas de reflexión me ayudan realmente mucho. Puedo ver en qué necesito trabajar y qué estoy haciendo bien.

Los alumnos hablan sobre las maneras en que las preguntas los han ayudado en su aprendizaje de las matemáticas. Las preguntas son mucho menos estresantes para ellos, lo cual es siempre muy positivo, y los invitan a pensar conceptualmente sobre las ideas importantes, lo cual tiene un valor incalculable. Las preguntas que hacen que los alumnos piensen acerca de los errores o los malentendidos son especialmente útiles para alentar su

Deberes de matemáticas: preguntas para reflexionar

1.ª parte: Respuestas por escrito a las preguntas

* Tu respuesta a la(s) pregunta(s) debería ser muy detallada. Escribe frases completas y estate preparado(a) para compartir tu respuesta con la clase el próximo día.

1. ¿Cuáles han sido los principales conceptos o ideas matemáticos que has aprendido o que hemos debatido en clase hoy?

2. ¿Qué tienes por preguntar acerca de _____? Si no tienes ninguna pregunta, escribe un problema que tenga relación con el tema y resuélvelo.

3. Expón un error o un malentendido que haya surgido hoy en el aula, por tu parte o por parte de algún compañero de clase. ¿Qué has aprendido de ese error o malentendido?

4. ¿Cómo habéis abordado el problema o el conjunto de problemas de hoy tú o tu grupo? ¿Ha sido un enfoque acertado? ¿Qué has aprendido de este enfoque?

5. Explica en detalle cómo ha abordado un determinado problema otro alumno o grupo de la clase. ¿En qué se parece y en qué se diferencia ese abordaje del que habéis utilizado tú o tu grupo?

CUADRO 4.2

6. ¿Qué palabras nuevas ha presentado el profesor en clase hoy? ¿Qué crees que significa cada una de estas palabras nuevas? Pon un ejemplo u ofrece una representación de cada palabra.

7. ¿Cuál ha sido el tema del principal debate matemático que ha habido hoy en clase? ¿Qué has aprendido de este debate?

8. ¿Qué semejanzas o diferencias hay entre _____ y _____?

9. ¿Qué pasaría si cambiases _____?

10. ¿Qué se te ha dado bien y qué se te ha dado mal en esta unidad? ¿Cuál es tu plan para mejorar en aquello que no llevas tan bien?

Reproducción autorizada por Yekaterina Milvidskaia y Tiana Tebelman bajo la atribución 3.0 de Creative Commons. Traducción: Editorial Sirio.

CUADRO 4.2 (continuación)

espíritu reflexivo y, a menudo, motivan que comprendan las matemáticas por primera vez. Estas preguntas también le dan al docente información muy importante que puede orientarlo en su forma de impartir las clases. Se puede hacer que los estudiantes respondan por escrito preguntas similares al final de la clase, a modo de «billete de salida». Compartiré más ideas sobre las preguntas de reflexión en el capítulo ocho.

Como mencioné en el primer capítulo, el equipo del PISA de la Organización para la Cooperación y el Desarrollo Económicos (OCDE) no solo dispone de pruebas de matemáticas para los estudiantes, sino que también recopila datos sobre la mentalidad de estos y las estrategias que utilizan en el campo de las matemáticas. En el análisis de las estrategias que emplean trece millones de estudiantes, los datos muestran que los que obtienen las calificaciones más bajas del mundo son los que usan una estrategia de memorización. Estos alumnos se preparan para los exámenes de matemáticas tratando de memorizar los métodos pertinentes. En cambio, los alumnos que obtienen las mejores calificaciones del mundo son los que abordan las matemáticas observando las ideas importantes y pensando en ellas y en las conexiones que hay entre ellas. La figura 4.4 muestra las diferencias en el rendimiento académico entre los estudiantes según las estrategias que utilizan.

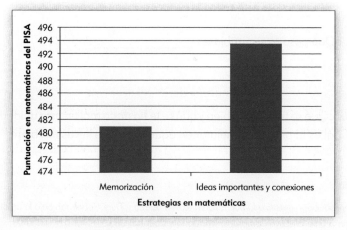

FIGURA 4.4. Estrategias en matemáticas y rendimiento académico. *Fuente:* PISA, 2012.

Una de las mejores cosas que podemos hacer por los estudiantes es ayudarlos a desarrollar mentalidades matemáticas, a partir de lo cual adquirirán el convencimiento de que las matemáticas tienen que ver con el pensamiento, con encontrar sentidos, con las grandes ideas y con las conexiones, no con la memorización de métodos.

Una forma excelente de preparar a los estudiantes para que piensen y aprendan de esta manera —para que aprecien la naturaleza conceptual y conectada de las matemáticas— es una estrategia didáctica llamada *conversaciones numéricas*, que fue desarrollada por Ruth Parker y Kathy Richardson. Esta es también la mejor estrategia que conozco para enseñar el sentido numérico y las operaciones matemáticas al mismo tiempo. Es una actividad didáctica breve ideal con la que los profesores pueden comenzar las lecciones o que los padres pueden usar en casa. Implica plantear un problema matemático abstracto y pedirles a los alumnos que muestren cómo lo resuelven mentalmente. A continuación, el profesor recopila los distintos métodos que han ofrecido los alumnos y analiza por qué funcionan. Por ejemplo, un profesor puede plantear la operación 15×12 y encontrarse con que los estudiantes la han resuelto de estas cinco maneras:

$15 \times 10 = 150$	$30 \times 12 = 360$	$12 \times 15 =$	$12 \times 5 = 60$	$12 \times 12 = 144$
$15 \times 2 = 30$	$360/2 = 180$	6×30	$12 \times 10 = 120$	$12 \times 3 = 36$
$150 + 30 = 180$		$6 \times 30 = 180$	$120 + 60 = 180$	$144 + 36 = 180$

A los estudiantes les encanta dar sus respectivas estrategias, y por lo general están totalmente fascinados por los distintos procedimientos que van surgiendo, de manera que el profesor cuenta con toda su atención. Los alumnos aprenden a trabajar con las matemáticas en su mente, tienen la oportunidad de memorizar operaciones matemáticas básicas y también desarrollan una comprensión conceptual de los números y de las propiedades aritméticas que serán fundamentales para su éxito en el álgebra y más allá. Dos libros, uno de Cathy Humphreys y Ruth Parker (Humphreys y Parker, 2015) y otro de Sherry Parrish (Parrish, 2014), ilustran muchas conversaciones numéricas diferentes con las que trabajar con los alumnos de secundaria y de primaria, respectivamente. Este tipo de conversaciones también se enseñan a través de un vídeo alojado en Youcubed, un extracto de mi curso en línea para profesores y padres (https://www.youcubed.org/resources/stanford-onlines-learn-math-teachers-parents-number-talks/).

Las conversaciones numéricas son el mejor método pedagógico que conozco para desarrollar el sentido numérico y ayudar a los estudiantes a ver la naturaleza flexible y conceptual de las matemáticas.

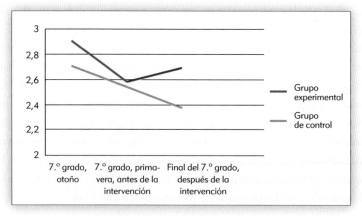

FIGURA 4.5. Intervención relativa a la mentalidad.
Fuente: Blackwell *et al.*, 2007.

¿Y los estudiantes mayores?

En este capítulo me he dedicado a hablar de los importantes enfoques a los que hay que acostumbrar a los estudiantes de menor edad, implicándolos conceptualmente con los números e induciéndoles la idea de que las matemáticas son una materia que debe tener sentido y que se puede abordar activamente. Es ideal que los estudiantes tomen este camino desde el principio, pero sabemos que cualquier persona puede «cambiar de ruta» y su relación con las matemáticas en cualquier momento. En el siguiente capítulo hablaré sobre estudiantes de la enseñanza intermedia* y adultos que odiaban y temían las matemáticas, al considerar que solo consistían en aplicar determinados procedimientos. Cuando pasaron a enfocar las matemáticas de otra manera y empezaron a explorar las conexiones y los patrones que se encuentran en el núcleo de esta materia, y cuando recibieron mensajes propios de la mentalidad de crecimiento sobre su potencial, todo cambió. A partir de ese momento, abordaron las matemáticas de manera diferente y su forma de aprender se transformó. He observado este cambio en estudiantes de todas las edades, incluidos mis alumnos de la Universidad Stanford. La

---

* En este libro, siguiendo el sistema de enseñanza propio de Estados Unidos, se distingue entre la enseñanza intermedia y la secundaria. La intermedia abarca los grados sexto, séptimo y octavo, equivalentes a sexto de primaria, primero de ESO y segundo de ESO (estudiantes de edades comprendidas entre los once y los catorce años). Y la enseñanza secundaria abarca cuatro cursos, desde el grado noveno hasta el decimosegundo (equivalentes a tercero y cuarto de ESO y primero y segundo de bachillerato; estudiantes de edades comprendidas entre los catorce y los dieciocho años) (N. del T.).

figura 4.5 muestra el impacto de una intervención relativa a la mentalidad que se ofreció en el segundo semestre de un séptimo grado (equivalente a primero de ESO) (Blackwell, Trzesniewski y Dweck, 2007). Las investigaciones revelan que el rendimiento académico relativo de los estudiantes disminuye cuando empiezan la educación intermedia, pero en el caso de los alumnos que recibieron una intervención en cuanto a la mentalidad, esta disminución se invirtió.

Los mensajes relativos a la mentalidad son muy importantes para los estudiantes; cuando estos se acompañan de diversas oportunidades matemáticas, se obtienen unos resultados asombrosos, a cualquier edad.

Aplicaciones y juegos de matemáticas

Otra forma de brindarles a los estudiantes la oportunidad de desarrollar un enfoque conceptual y reflexivo de las matemáticas es estimularlos a usar aplicaciones y juegos que abordan las matemáticas de manera conceptual. La inmensa mayoría de las aplicaciones y juegos de matemáticas no son útiles, porque fomentan la ejercitación y memorización rutinarias. En este apartado destaco cuatro aplicaciones y juegos que considero valiosos, ya que implican visualmente a los estudiantes en las matemáticas conceptuales. He participado como asesora en tres de los cuatro productos (Wuzzit Trouble, Mathbreakers y Motion Math).

FIGURA 4.6. El rompecabezas Wuzzit Trouble.

Wuzzit Trouble

Este juego, desarrollado por el matemático Keith Devlin, de Stanford, y su equipo, ayuda a los estudiantes a comprender aspectos importantes de las matemáticas (la suma, la resta, los factores y los múltiplos) al mismo tiempo que desarrollan la flexibilidad numérica y conciben estrategias para resolver problemas. El objetivo del juego es liberar a una pequeña criatura de una trampa haciendo girar unos pequeños engranajes que a su vez harán girar una rueda y esto hará que se suelten unas llaves. El juego se va complicando hasta ofrecer rompecabezas realmente complicados (como se ve en la figura 4.6). Hay distintas versiones disponibles, para temas de matemáticas específicos y variados niveles de dificultad.

Wuzzit Trouble está producido por BrainQuake; actualmente se ejecuta en iOS y Android, y se puede descargar de forma gratuita desde https://www.brainquake.com/.

Mathbreakers*

FIGURA 4.7. El juego Mathbreakers.

Este es un videojuego dirigido a los alumnos de primaria en el que unos personajes se mueven por un mundo de fantasía armados con números (ver la figura 4.7). Este juego no solo les permite a los estudiantes jugar con las matemáticas, lo cual es valioso en sí mismo, sino que también les permite actuar sobre los números; por ejemplo, cortándolos por la mitad si necesitan un número menor para desplazarse sobre un puente. Este juego tiene

---

* En el momento de la publicación de esta obra en español, este juego ya no está a la venta, pero parece que puede jugarse en línea en www.mathbreakers.com (N. del T.).

un parecido con Minecraft, pero su base son los números. Enseña conceptualmente el sentido numérico, en un entorno abierto y atractivo.

Mathbreakers es producido por Imaginary Number Co.

Number Rack

Esta es una aplicación dirigida a los alumnos de primaria sobre la base de una herramienta de aprendizaje llamada Rekenrek, desarrollada en el Instituto Freudenthal, de Holanda (http://www.k-5mathteachingresources.com/Rekenrek.html). Un Rekenrek muestra diez cuentas en una barra, y se pueden añadir múltiples barras para los números mayores que 10. Los estudiantes y los profesores pueden deslizar las cuentas para mostrar las relaciones numéricas. Se puede usar un escudo para cubrir conjuntos de cuentas, para que los estudiantes puedan encontrar el número que falta en una relación. Esta es una herramienta fácil de usar para contar y trabajar con diez marcos. Los estudiantes pueden desplazar físicamente las cuentas y trabajar conceptualmente con los vínculos y las relaciones numéricos.

Number Rack, producido por el Math Learning Center, está disponible gratuitamente en Internet (http://www.mathlearningcenter.org/web-apps/number-rack/).

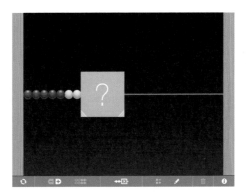

FIGURA 4.8. La aplicación Number Rack.

Motion Math

Motion Math, dirigido a los alumnos de primaria, ofrece una gama de juegos que ayudan a los estudiantes a desarrollar una comprensión visual de conceptos matemáticos importantes, especialmente los números y las fracciones (ver la figura 4.9). Por ejemplo, en Hungry Fish ('pez hambriento'), los jugadores combinan números para alimentar a un pez. Hungry Fish reta a los jugadores a encontrar múltiples vías para crear números. En Pizza, gestionan una pizzería: diseñan y venden *pizzas*, y aprenden el pensamiento proporcional, el cálculo mental e incluso algo de economía. En Fractions, desplazan una bola que rebota, que contiene una fracción, al lugar apropiado en una recta numérica. En Cupcake ('magdalena'), dirigen su propio negocio: toman decisiones sobre magdalenas, las entregan en sus propios vehículos y hacen ajustes matemáticos a sus pedidos.

Motion Math, producido por Motion Math, funciona en iOS y Android (http://motionmathgames.com/).

FIGURA 4.9. Dos juegos de Motion Math: Hungry Fish y Pizza.

Hay otros juegos y aplicaciones que ayudan a los estudiantes a desarrollar el sentido numérico; aquí he presentado algunos que he seleccionado para ilustrar las características importantes que hay que buscar en este tipo de productos. Todas estas herramientas ayudan a esclarecer los conceptos matemáticos que se están aprendiendo y a que los alumnos *vean* realmente las ideas matemáticas.

Conclusión

Los nuevos estudios sobre el cerebro nos dicen que la diferencia entre los estudiantes que tienen un buen rendimiento académico y los que no lo tienen no tiene que ver tanto con el contenido que aprenden como con sus mentalidades respectivas. La mentalidad de crecimiento es importante, pero para que esto inspire a los estudiantes a gozar de un aprendizaje óptimo de las matemáticas, también necesitan tener una mentalidad matemática.

Es necesario que los alumnos tengan creencias afines a la mentalidad de crecimiento sobre sí mismos y que vayan acompañadas de creencias afines a la mentalidad de crecimiento sobre la naturaleza de las matemáticas y sobre el papel que ellos y ellas tienen en relación con esta materia. Con una enseñanza de las matemáticas conceptual y que fomente la investigación y la mentalidad apropiada, los estudiantes aprenderán a deshacerse de las ideas perjudiciales de que las matemáticas tienen que ver con la velocidad y la memoria, y con las respuestas correctas o incorrectas. Este cambio es clave para pasar a llevar bien las matemáticas y disfrutarlas, y puede efectuarse a cualquier edad, incluso en la adultez. Este capítulo se ha centrado en lo que esto significa en los primeros años de la educación, especialmente durante el aprendizaje de los números, pero las ideas pueden aplicarse a todos los niveles del aprendizaje de las matemáticas. Incluso las operaciones matemáticas básicas (las que, tradicionalmente, aparecen sintetizadas en las tablas de sumar, multiplicar, etc.), que constituyen una de las partes más áridas de la asignatura, pueden enseñarse conceptualmente y fomentando la búsqueda del sentido y la comprensión. A medida que se les van presentando situaciones interesantes a los alumnos y se los va alentando a que les encuentren el sentido, van viendo las matemáticas de otra manera, no como un conjunto de conocimientos cerrado y fijo, sino como un paisaje abierto que pueden explorar por medio de hacer(se) preguntas y pensar sobre las relaciones. En el siguiente capítulo se mostrarán algunas de las mejores maneras de crear este entorno a través de tareas matemáticas sustanciosas y atractivas.

CAPÍTULO 5

Tareas matemáticas interesantes

Los docentes son el recurso más importante con el que cuentan los estudiantes. Ellos son los que pueden crear entornos matemáticos emocionantes, darles a sus alumnos los mensajes positivos que necesitan y tomar cualquier tarea de matemáticas y hacer que despierte su curiosidad y su interés. Los estudios han demostrado que el profesor tiene un mayor impacto en el aprendizaje de los estudiantes que cualquier otra variable (Darling-Hammond, 2000). Pero hay otra parte fundamental de la experiencia de aprendizaje de las matemáticas, y es el currículo con el que trabajan los profesores, es decir, las tareas y los planteamientos a través de los cuales los estudiantes aprenden las matemáticas. En muchos aspectos, el currículo es el mejor amigo del docente. Todos los profesores saben que las buenas tareas de matemáticas son un recurso maravilloso; pueden ser determinantes para que los alumnos estén felices e inspirados o que estén desmotivados y se desentiendan de la materia. Las tareas y las preguntas apropiadas ayudan a desarrollar mentalidades matemáticas y crean las condiciones para que se dé una comprensión profunda, en la que el estudiante pueda ver las conexiones. En este capítulo se profundizará en la naturaleza de la verdadera implicación con las matemáticas y se verá cómo se puede lograr a través del diseño de las tareas.

He enseñado matemáticas en la educación intermedia, secundaria y universitaria en Inglaterra y Estados Unidos. También he observado e investigado cientos de aulas de matemáticas, desde preescolar hasta el último año de carrera, en ambos países, y he estudiado cómo aprenden matemáticas los alumnos, a partir de las condiciones que dan lugar a ese tipo de aprendizaje. Tengo la suerte de haber tenido una experiencia tan amplia por muchas razones, y una de ellas es que me ha dado una gran cantidad de información sobre la naturaleza de la verdadera implicación con las matemáticas y el aprendizaje profundo. He visto cómo muchos estudiantes de características diferentes se emocionaban con las matemáticas, y gracias a ello adquirían valiosas comprensiones sobre las ideas y las relaciones matemáticas. Curiosamente, descubrí que la emoción matemática es exactamente la misma para los niños de once años con dificultades que para los mejores estudiantes de las mejores universidades: combina la *curiosidad*, el *establecimiento de conexiones*, el *desafío* y la *creatividad*, y generalmente implica la *colaboración*. Para mí, estos son los cinco aspectos clave de la implicación con las matemáticas. En este capítulo hablaré de lo que he aprendido sobre la naturaleza de esta implicación y de la emoción matemática antes de hablar de las cualidades que tienen las tareas que suscitan el interés de los estudiantes, tareas que todos los profesores pueden ofrecer en sus clases.

En lugar de analizar la naturaleza de la implicación con las matemáticas de manera aséptica y abstracta, voy a presentar seis casos de verdadera emoción matemática. Para mí, la emoción matemática es la cima de la implicación con las matemáticas. Todos estos casos los he presenciado personalmente entre grupos de personas y me han proporcionado información importante sobre la naturaleza de la enseñanza y sobre las tareas que generan estas oportunidades de aprendizaje. El primer caso no se dio en una escuela, sino en el inusual contexto de la configuración de una empresa de nueva creación en Silicon Valley. Este caso muestra algo potente acerca de la emoción matemática que me encantaría captar y embotellar para todos los profesores de matemáticas.

Caso 1. Ver la apertura de los números

A finales de diciembre de 2012, días antes de que volase a Londres en el período vacacional, conocí a Sebastian Thrun y a su equipo en Udacity, una compañía que produce cursos en línea. Me habían pedido que visitara Udacity para aconsejar al equipo sobre los cursos de matemáticas y sobre formas de diseñar oportunidades de aprendizaje efectivas. Ese día entré en un amplio espacio de Palo Alto y supe de inmediato que me encontraba en una empresa emergente de Silicon Valley: había bicicletas colgadas en las paredes; los jóvenes, en su mayoría hombres, que vestían camisetas y pantalones vaqueros, examinaban los ordenadores o comentaban ideas, y no había las paredes características de las oficinas, sino, solamente, cubículos y luz. Pasé caminando por los cubículos hasta llegar a la sala de reuniones, que estaba detrás de una pared de cristal. Unas quince personas se habían metido en esa pequeña habitación; algunas estaban sentadas en sillas y otras en el suelo. Sebastian dio un paso adelante y me estrechó la mano, hizo algunas presentaciones y me invitó a sentarme. Comenzó a hacerme preguntas: «¿Qué es lo que hace que un curso de matemáticas sea bueno? ¿Cómo deberíamos enseñar las matemáticas? ¿Por qué hay tantos estudiantes que suspenden la asignatura?». Me contó que su amigo Bill Gates le había dicho que el álgebra era la razón por la que el fracaso en matemáticas está tan generalizado en Estados Unidos. Respondí descaradamente:

—Ah, Bill Gates, el pedagogo de las matemáticas, te dijo eso, ¿verdad?

Los miembros de su equipo sonrieron y Sebastian pareció momentáneamente sorprendido. Luego preguntó:

—Bueno, ¿qué piensas *tú*?

Le dije que los estudiantes suspendían Álgebra no porque fuese una asignatura tan difícil, sino porque no han adquirido el sentido numérico, que es la base del álgebra. Chris, uno de los diseñadores del curso, que también había sido profesor de matemáticas, asintió con la cabeza.

Sebastian continuó lanzándome preguntas. Cuando quiso saber qué es lo que hace que un ejercicio matemático sea bueno, detuve la conversación y le pregunté al grupo si podía plantearles un pequeño ejercicio. Estuvieron de acuerdo, y expuse una versión breve de una conversación numérica. Les pedí a todos que pensaran en la respuesta a la operación 18 x 5 y que me mostraran sin hablar, con el pulgar hacia arriba, que tenían la solución. Los pulgares empezaron a aparecer, y los asistentes hablaron del método que habían empleado. Se describieron, al menos, seis diferentes, que dibujé, visualmente, en la mesa de trabajo alrededor de la cual estábamos sentados (ver la figura 5.1).

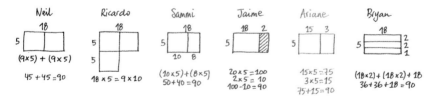

FIGURA 5.1. Soluciones visuales a la operación 18 x 5.

A continuación, hablamos de las semejanzas y las diferencias existentes entre los distintos métodos. Cuando fui dibujando los métodos, los ojos de los presentes se fueron abriendo cada vez más. Algunos de ellos comenzaron a moverse en sus asientos presas de la emoción. Algunos dijeron que nunca habían imaginado que hubiese tantas maneras de pensar acerca de un problema numérico abstracto; otros declararon que estaban asombrados de que las imágenes visuales mostraran tanto, y tan claramente, acerca de las matemáticas.

Cuando llegué a Londres, unos días después, abrí un correo electrónico de Andy, el innovador y joven diseñador de cursos de Udacity. Había elaborado un minicurso en línea sobre el 18 x 5, que incluía salir a la calle y entrevistar a transeúntes, y recopilar así distintos métodos. El equipo se había emocionado tanto con las ideas que quería ofrecerlas al público de inmediato, y habían hablado de hacer camisetas con el 18 x 5 para que las llevasen todos los miembros de Udacity.

Unos meses después de aquella reunión, conocí a Luc Barthelet, entonces director ejecutivo de Wolfram Alpha, una de las empresas de matemáticas más importantes del mundo. Luc había leído sobre las distintas soluciones a la operación 18 x 5 que había mostrado en mi libro (Boaler, 2015), lo que le entusiasmó tanto que comenzó a pedir a todos con quienes se encontraba que la resolvieran. Me parece importante exponer estas reacciones, estos momentos de intensa emoción matemática alrededor de un problema numérico abstracto. ¿Cómo es posible que estas personas que trabajan con las matemáticas complejas, así como los niños pequeños, se impliquen tanto al contemplar los distintos métodos que pueden usarse para resolver una operación aparentemente tan poco interesante como es 18 x 5? Postulo que esta implicación proviene de ver la creatividad que permiten las matemáticas y las variadas formas en que la gente *ve* las ideas matemáticas. Esto es intrínsecamente interesante, pero también es cierto que la mayoría de las personas con las que me encuentro, incluidas las que dominan las matemáticas de alto nivel, nunca habían reparado en que los números pueden ser tan abiertos y en que los problemas numéricos se pueden resolver de tantas maneras. Cuando esta comprensión se combina con la representación visual de estas posibilidades, la implicación se intensifica.

He usado la operación 18 x 5 y otras similares con alumnos de la enseñanza intermedia, estudiantes universitarios de Stanford y directores ejecutivos de empresas, y todos han mostrado el mismo interés. He aprendido, de este modo, que la gente experimenta fascinación ante la flexibilidad y la apertura que caracterizan a las matemáticas. Esta materia permite ejercer el pensamiento preciso, pero cuando este tipo de pensamiento se combina con la creatividad, la flexibilidad y la multiplicidad de ideas, las matemáticas cobran vida para la gente. Los profesores pueden generar «entusiasmo matemático» en las aulas preguntándoles a los alumnos las distintas formas en que ven y resuelven las tareas, y alentando el debate en cuanto a las distintas formas de ver los problemas. Cualquier tarea es buena para estas finalidades. Además, el docente debe prestar atención a las normas relativas al comportamiento en el aula y enseñar a los alumnos a escuchar y respetar el pensamiento de los demás; en el capítulo siete se mostrará una estrategia educativa que tiene esta finalidad. Cuando los estudiantes han aprendido las normas del respeto y la escucha, es increíble ver su grado de implicación cuando se comparten distintas formas de resolver un problema.

Caso 2. Formas en expansión: el poder de la visualización

El siguiente caso que quiero exponer se dio en un entorno muy diferente: el aula de una escuela de verano de enseñanza intermedia del Área de la Bahía de San Francisco a la que acudían alumnos que no habían llevado bien el curso escolar. Yo impartía una de las cuatro clases de matemáticas con mis alumnos de posgrado de Stanford. Habíamos decidido centrar las clases en el álgebra, pero no en el álgebra como finalidad en sí misma, es decir, aquella en la que los estudiantes debían encontrar, sin mayores consideraciones, el valor de x. En lugar de ello, enseñamos el álgebra como una herramienta que podía usarse para resolver problemas interesantes y atractivos. Los estudiantes acababan de terminar los grados sexto y séptimo (equivalentes a sexto de primaria y primero de ESO), y la mayoría odiaban las matemáticas. La mitad, aproximadamente, habían aprobado justo o suspendido la asignatura en el último curso escolar (para más detalles, ver Boaler, 2015; Boaler y Sengupta-Irving, 2015).

Al desarrollar el plan de estudios para la escuela de verano, acudimos a varios recursos, incluidos los libros de Mark Driscoll, los problemas matemáticos de Ruth Parker y dos planes de estudio de Inglaterra: SMILE (acrónimo, en inglés, de *experiencia de aprendizaje individualizado en las matemáticas de secundaria*) y Points of Departure ('puntos de partida'). La tarea que dio lugar al caso de emoción matemática que quiero comentar es de Ruth Parker: los alumnos debían expandir el patrón de crecimiento que se muestra en el cuadro 5.1, hecho con cubos multienlazados, para averiguar cuántos cubos habría en la figura número cien. (En el apéndice A se encuentran las hojas de trabajo de todas las tareas que se exponen a lo largo de los capítulos de este libro a página completa).

Los estudiantes tenían cubos de enlaces múltiples con los que traba-jar. En nuestra forma de enseñar, invitábamos a los alumnos a trabajar en grupos para debatir sus ideas respectivas; a veces éramos los profesores quienes elegíamos a los integrantes de los grupos, y otras veces se confor-maban según lo que decidían los mismos estudiantes. El día en cuestión, advertí una interesante agrupación de tres chicos; eran justamente tres de los muchachos más revoltosos de la clase. No se conocían antes de asistir a la escuela de verano, pero los tres pasaron la mayor parte de la primera semana desentendidos de las tareas e incluso incordiando a los demás para que no pudieran concentrarse. Gritaban cuando algún compañero estaba escribiendo en la pizarra y, en general, parecían más interesados en las conversaciones sociales que en las matemáticas. Jorge había suspendido Matemáticas el último curso, Carlos había sacado un aprobado justo y Luke había sacado un sobresaliente. Pero el día que les dimos a los alumnos esta tarea, algo cambió. Increíblemente, los tres niños trabajaron en ella durante setenta minutos, sin detenerse ni distraerse. En un momento dado, algu-nas niñas se acercaron y los pincharon con lápices, lo que hizo que los tres niños se fueran con su trabajo a otra mesa. Realmente, estaban muy impli-cados en el proceso de resolución del problema.

Todas nuestras clases eran filmadas, y cuando revisamos la filmación de ese día, vimos que los tres muchachos mantuvieron una interesante conversación sobre patrones numéricos, expansión visual y generalización algebraica. En parte, el motivo de su intensa implicación fue una adapta-ción que efectuamos en la tarea que habíamos utilizado, una adaptación que se puede llevar a cabo con cualquier tarea de matemáticas. Normal-mente, cuando se asignan tareas de función como la que les habíamos dado a nuestros alumnos, se les indica a los estudiantes que encuentren el caso número cien (o el correspondiente a algún otro número alto) y, en última instancia, la fórmula general. Nosotros no empezamos así. En lugar de ello les pedimos a los alumnos que pensaran solos, antes de pasar al trabajo en grupo, acerca de la manera en que *veían* crecer la forma. Los animamos a que pensaran visualmente, no con números, y a que dibujaran en su cuaderno dónde veían los cubos extras en cada caso. Los niños vieron el crecimiento de la forma de distintas maneras. Luke y Jorge lo vieron como cubos que se añadían a la base de la forma cada vez; más tarde, esta visión fue conocida por la clase como el «método de la bolera», ya que los cubos llegaban como una nueva fila de bolos en una pista de bolos. En cambio, Carlos vio el cre-cimiento como cubos que se añadían a la parte superior de las columnas, lo que se conoció como el «método de la gota de lluvia»: los cubos caían del cielo, como gotas de lluvia, sobre las columnas (ver la figura 5.2).

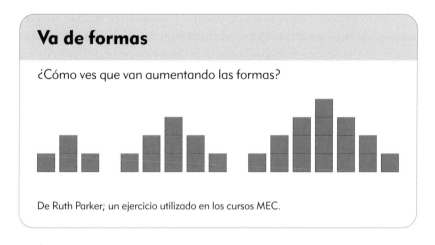

CUADRO 5.1

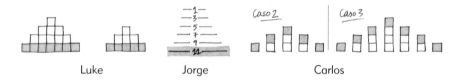

FIGURA 5.2. Trabajo de varios alumnos. *Fuente:* Selling, 2015.

Tras dedicar tiempo a reflexionar sobre el incremento de la función de forma individual, los tres niños compartieron entre sí sus ideas sobre cómo iba aumentando la forma y hablaron sobre dónde veían que se iban añadiendo los cubos. De manera impresionante, conectaron sus métodos visuales con el uso de los números, y no solo trabajaron cada uno con su propio método, sino que también dedicaron tiempo a explicarse sus métodos respectivos y a usarlos todos. Los tres estaban intrigados por el crecimiento de la función y trabajaron mucho para averiguar cuántos cubos habría en el caso número cien, partiendo de su conocimiento de la expansión visual de la forma. Propusieron ideas, se inclinaron sobre la mesa y señalaron los bocetos que habían hecho en sus cuadernos. Como suele ocurrir en la resolución de problemas matemáticos, avanzaron «en zigzag»: se acercaban a una solución, después se alejaban y después se volvían a acercar (Lakatos, 1976). Probaron con varias posibilidades y exploraron ampliamente el ámbito matemático.

He mostrado el vídeo de los muchachos trabajando en muchos congresos de profesores, y todos se han quedado siempre muy impresionados por la motivación, la perseverancia y el nivel de la conversación matemática de los tres chicos. Los docentes saben que la perseverancia mostrada por los tres alumnos y la forma respetuosa en que debatieron sus ideas, especialmente en el contexto de una escuela de verano, es muy inusual, y tienen curiosidad por saber cómo pudimos obtener ese resultado. Saben que muchos estudiantes, sobre todo los que tienen suspensos recientes a sus espaldas, se rinden cuando una tarea es difícil y no dan pronto con la respuesta. Eso no sucedió en este caso; cuando los muchachos se encontraban atascados, miraban sus diagramas y probaban con las ideas que se les ocurrían, muchas de las cuales no eran acertadas, pero les resultaron útiles para ir avanzando hacia la solución. Después de observar el vídeo de este caso con los profesores asistentes a los congresos, les pregunto qué ven en las interacciones que mantienen los tres niños que podría ayudarnos a comprender su alto grado de perseverancia e implicación. Expongo a continuación algunas observaciones importantes que revelan cómo se puede mejorar el grado de implicación de todos los estudiantes en general:

1) **La tarea es difícil pero accesible.** Los tres niños pudieron abordar la tarea, pero a la vez supuso un reto para ellos. Era perfectamente adecuada a sus conocimientos y a su capacidad de reflexión. Es muy difícil encontrar tareas que sean perfectas para todos los estudiantes, pero es posible cuando abrimos las tareas y las ampliamos, es decir, cuando hacemos que el suelo esté bajo y el techo alto. Esta es una imagen que he inventado: el suelo está bajo porque cualquiera puede ver cómo crece la forma, pero el techo está alto porque las matemáticas implícitas tienen su grado de exigencia. Los chicos estuvieron explorando una función cuadrática en la que el caso n (cualquier caso) puede representarse mediante $(n + 1)$ bloques al cuadrado $[(n + 1)^2]$. Pero «rebajamos el suelo» de la tarea invitando a los alumnos a pensar visualmente sobre el caso. De todos modos, como explicaré más adelante, este no fue el único motivo por el que efectuamos esta importante adaptación.

2) **Los niños vieron la tarea como un rompecabezas.** Tenían curiosidad por saber la solución y quisieron hallarla. El problema no hacía referencia a una situación del «mundo real» o que afectase a su vida, pero los atrapó totalmente. Este es el poder que tienen las matemáticas abstractas cuando están asociadas al pensamiento abierto y al discernimiento de las conexiones.

3) **El pensamiento visual sobre el crecimiento de la figura permitió que los niños comprendieran la dinámica de expansión del patrón.** Los niños pudieron ver que la figura crecía como el cuadrado de (n + 1) gracias a la exploración visual que efectuaron de la expansión del patrón. Trabajaron para encontrar una solución compleja, pero confiaban en que iban a dar con ella, ya que se les había proporcionado una herramienta visual para ayudarlos.

4) Los muchachos se sintieron alentados por el hecho de que **cada uno de ellos había concebido su propia manera de ver la expansión del patrón**; sabían que sus métodos respectivos eran válidos y habían aportado algo al discernimiento de la solución. Estaban emocionados por compartir sus pensamientos entre sí y por usar cada uno sus propias ideas, y también las de los demás, para ir en pos de la solución.

5) **Se había preparado el entorno adecuado para animar a los alumnos a proponer sus ideas sin tener miedo de cometer errores.** Esto permitió a los tres chicos seguir adelante cuando estaban «atascados»; siguieron proporcionando ideas, correctas o incorrectas, que hicieron que la conversación siguiera avanzando.

6) Les habíamos enseñado a los alumnos a **respetar las ideas de los demás**. Hicimos esto otorgándole valor a la amplitud de pensamiento que todos podían ofrecer. No apreciábamos solamente los razonamientos que se sujetaban a los procedimientos establecidos, sino que aplaudíamos las distintas formas de ver los problemas y establecer conexiones.

7) Los alumnos **aplicaron sus propias ideas**; no se limitaron a seguir el método de un libro en su aprendizaje de un contenido algebraico fundamental. El hecho de que hubiesen propuesto distintas ideas visuales para explicar el crecimiento de la función hizo que se interesaran más por la tarea y se enfocaran más en ella.

8) **Los muchachos trabajaron juntos.** El vídeo muestra claramente la forma en que los chicos fueron incrementando su comprensión a través de las diversas ideas que compartieron en la conversación, lo que también hizo que disfrutaran más las matemáticas.

9) **Los chicos trabajaron de formas heterogéneas.** Quienes ven el vídeo advierten que cada niño ofrece algo diferente e importante. El que había sacado buenas notas va gritando conjeturas numéricas, algo que podría haber sido una estrategia efectiva en el caso de planteamientos que apuntasen más directamente a la aplicación de un determinado procedimiento, pero los niños que tenían un historial de menor rendimiento lo incitan a pensar de manera visual y, en última instancia, más conceptual, y es la combinación del pensamiento de los tres niños lo que los ayuda y los conduce al éxito.

Por lo general, los ejercicios en que los alumnos deben encontrar un patrón de expansión consisten en responder preguntas numéricas como «¿cuántos cubos hay en el caso número 100?» o «¿cuántos cubos hay en cualquier caso [el caso n]?». Nosotros también les hicimos estas preguntas a los alumnos, pero antes les dimos tiempo para que, individualmente, pensasen en la expansión visual de la forma. Eso lo cambió todo. Niños y adultos piensan en el crecimiento de la forma de muchas maneras diferentes, como se muestra en las figuras 5.3 a 5.10. Cuando no les pedimos a los estudiantes que piensen visualmente, perdemos una oportunidad increíble de aumentar su comprensión. Las figuras 5.3 a 5.10 muestran algunas de las maneras en que los profesores y los estudiantes con los que he trabajado ven el crecimiento de la forma, acompañadas por los nombres que usan para describir dicho crecimiento.

Recientemente les di esta tarea de identificación de la expansión de un patrón a un grupo de profesores de secundaria que no dedicaron tiempo a explorar el crecimiento visual de la forma; en lugar de ello, dieron una tabla de valores como esta:

Figura núm.	Cantidad de cubos
1	4
2	9
3	16
n	$(n + 1)^2$

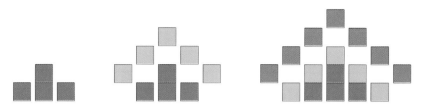

FIGURA 5.3. El método de la gota de lluvia: los cubos caen del cielo como gotas de lluvia.

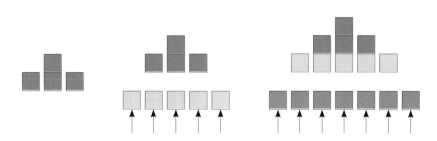

FIGURA 5.4. El método de la bolera: los cubos se añaden
como los bolos en una pista de bolos.

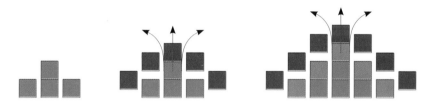

FIGURA 5.5. El método del volcán: la columna media de los cubos
sube y el resto sigue como lava cayendo de un volcán.

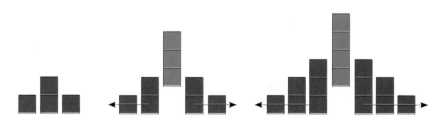

FIGURA 5.6. El método de la división del mar Rojo: la columna central
se parte en dos y llega una nueva columna central, más alta.

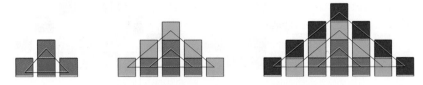

FIGURA 5.7. El método de los triángulos semejantes: las distintas capas pueden verse como triángulos.

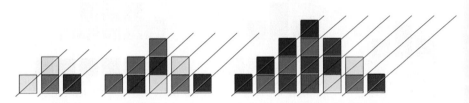

FIGURA 5.8. El método de las rebanadas: las capas pueden verse dispuestas en diagonal.

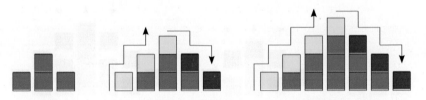

FIGURA 5.9. «Escalera al cielo, acceso denegado», de la película *El mundo de Wayne*.

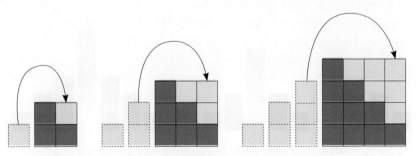

FIGURA 5.10. El método del cuadrado: las formas pueden reorganizarse como un cuadrado cada vez.

Cuando les pedí a los profesores que me dijeran por qué la función crecía como un cuadrado, por qué era (n + 1) *al cuadrado*, me dijeron que no tenían ni idea. Pero esta es la razón por la que vemos una función cuadrada: la forma crece como un cuadrado, con un lado de (n + 1), donde *n* es el número de la figura (ver la figura 5.11).

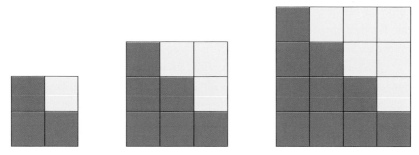

FIGURA 5.11. El método del cuadrado 2.

Cuando no les pedimos a los estudiantes que piensen visualmente en la expansión de la forma, no pueden acceder a una comprensión importante sobre el crecimiento de la función. A menudo no pueden decir qué significa o representa *n* y el álgebra sigue siendo un misterio para ellos, un conjunto de letras abstractas. En cambio, nuestros alumnos de la escuela de verano sabían lo que representaba *n*, porque la habían dibujado ellos mismos. Sabían por qué la función crecía como un cuadrado y por qué la fórmula $(n + 1)^2$ representaba cualquier figura. La expresión algebraica que acabaron por formular tenía sentido para ellos. Además, los estudiantes no pensaban que estaban buscando una respuesta estándar para decírnosla a nosotros; pensaban que estaban explorando métodos y utilizando sus propias ideas y pensamientos, que incluían sus propias formas de ver la progresión matemática. En la parte final de este capítulo repasaré las formas en que las características de esta tarea se pueden usar en otras tareas para aumentar la implicación y la comprensión de los estudiantes.

Caso 3. ¿Cuál es el momento de presentar o explicar métodos?

Cuando presento tareas de matemáticas abiertas y basadas en la indagación a los docentes, como las formas en crecimiento o la tarea de las «gotas de lluvia» que acabamos de ver, a menudo hacen preguntas como esta: «Entiendo que estas tareas son atractivas y dan lugar a buenos debates matemáticos, pero ¿cómo aprenden los alumnos nuevos conocimientos, como las funciones trigonométricas? ¿O cómo aprenden a factorizar? No pueden descubrirlo por sí mismos». Esta es una pregunta razonable, y las investigaciones arrojan una luz significativa sobre este tema.

Es cierto que, si bien los debates matemáticos ideales son aquellos en que los estudiantes usan métodos e ideas para resolver los problemas, hay ocasiones en que los profesores deben presentar a los alumnos nuevos métodos e ideas. En la gran mayoría de las aulas de matemáticas, tiene lugar la rutina de que los profesores muestran métodos a los estudiantes, que después estos practican haciendo los ejercicios que hay en el libro de texto. En las mejores aulas de matemáticas, los estudiantes van más allá de la práctica de los métodos en sí mismos y los usan para resolver problemas que reflejan situaciones realistas, pero el orden sigue siendo que los profesores muestran los métodos y, después, los alumnos los utilizan.

En un importante estudio, los investigadores compararon tres formas de enseñar matemáticas (Schwartz y Bransford, 1998). La primera era el método utilizado en todo Estados Unidos: el maestro mostraba métodos, y a continuación los estudiantes resolvían problemas con ellos. La segunda forma consistía en dejar que los alumnos descubrieran métodos a través de la exploración. La tercera era una inversión del orden típico: a los alumnos se les daban primero problemas aplicados para que trabajasen con ellos, incluso antes de que supieran cómo resolverlos, y después se les mostraban los métodos. Este tercer grupo de estudiantes presentaba un rendimiento académico significativamente más alto que los otros dos. Los investigadores descubrieron que cuando a los estudiantes se les dan problemas para resolver y no conocen los métodos para resolverlos, pero se les da la oportunidad de explorar esos problemas, sienten curiosidad y su cerebro se prepara para aprender nuevos métodos, de modo que cuando el profesor por fin los enseña, prestan mayor atención y están más motivados para aprenderlos. Los investigadores publicaron sus resultados con el título «A Time to Telling» (que se traduce, más o menos, como 'el momento oportuno para explicar'). Argumentaron que la pregunta no es si debemos presentar o explicar métodos, sino cuándo es el mejor momento de hacerlo. Y su estudio muestra claramente que el mejor momento es *después* de que los estudiantes han explorado los problemas.

¿Cómo se aplica esto en el aula? ¿Cómo se pueden dar a los alumnos problemas que son incapaces de resolver sin que experimenten frustración? Para describir cómo funciona esto en la práctica, me basaré en dos casos.

El primer ejemplo proviene del estudio de investigación que llevé a cabo en Inglaterra, que mostró que los estudiantes que aprenden matemáticas a través de un enfoque basado en los proyectos rinden a niveles significativamente más altos en esta materia, tanto en las pruebas estandarizadas (Boaler, 1998) como posteriormente en la vida (Boaler, 2005), que aquellos que trabajan según el procedimiento tradicional. En una de las tareas que observé en una escuela en que los alumnos trabajaban con proyectos, se les dijo a un grupo de estudiantes de trece años que un agricultor quería hacer el cercado más grande posible con 36 piezas de valla de 1 metro de largo. Los estudiantes se pusieron a investigar formas de encontrar el área máxima. Probaron con distintas formas, como cuadrados, rectángulos y triángulos, y trataron de encontrar la forma que contuviese el área más grande posible. Dos de ellos se dieron cuenta de que el área más grande la proporcionaría una forma de 36 lados, y se dispusieron a determinar el área exacta (ver la figura 5.12).

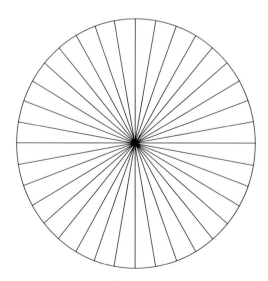

FIGURA 5.12. Una valla de 36 lados proporciona el área más grande para un recinto.

Habían dividido su forma en 36 triángulos, y sabían que la base de cada triángulo era de 1 metro y que el ángulo en el vértice era de 10 grados (ver la figura 5.13).

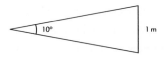

FIGURA 5.13. El triángulo formado a partir de 1 metro de valla.

Sin embargo, esto solo no fue suficiente para encontrar el área del triángulo. En este punto, el profesor enseñó a los estudiantes trigonometría y las formas en que se podía usar la función seno para obtener la altura del triángulo. Los alumnos estuvieron encantados de aprender este método, ya que los ayudó a resolver el problema. Vi cómo un niño enseñaba con entusiasmo a los miembros de su grupo cómo aplicar la función seno; les dijo que el profesor le había explicado algo «realmente genial». Luego recordé la lección que había presenciado en una escuela tradicional una semana antes, en la que el profesor les había dado a los estudiantes funciones trigonométricas y luego páginas de ejercicios para practicarlas. En ese caso, los alumnos pensaron que las funciones trigonométricas eran extremadamente aburridas y no tenían nada que ver con su vida. En la escuela basada en los proyectos, los estudiantes se mostraron entusiasmados por aprender trigonometría y consideraron que los métodos que se les enseñaron eran «geniales» y útiles. Esta mayor motivación implicó que los alumnos aprendieron los métodos más profundamente. Este es uno de los grandes motivos del éxito de los estudiantes en esa escuela, en los exámenes y en la vida.

El segundo ejemplo de aprendizaje de métodos por parte de los estudiantes después de que se les dieron problemas proviene de un estudio de investigación que llevé a cabo en Estados Unidos. De forma similar al estudio del Reino Unido, mostró que los estudiantes aprenden significativamente más cuando se les enseñan contenidos matemáticos a través de un enfoque conceptual centrado en las conexiones y las comunicaciones (Boaler y Staples, 2005). Hay más detalles sobre ambos enfoques escolares en mi libro *What's Math Got to Do with It?* (Boaler, 2015). Un día estaba en una de las aulas de Precálculo (álgebra avanzada) de una escuela cuyos alumnos presentaban un buen rendimiento académico, a la que llamé Railside, cuando la profesora, Laura Evans, enseñó una lección centrada en encontrar el volumen de una forma compleja. Estaba preparando a los alumnos para aprender cálculo y encontrar el área que había bajo una curva usando integrales, pero contrariamente a lo que suele hacerse, no empezó por enseñarles el método formal. En lugar de ello, les dio un problema que precisaba ese conocimiento y les pidió que pensaran en cómo lo resolverían. El problema era averiguar una manera de encontrar el volumen de un limón. Para que pensaran en esto, le dio a cada grupo un limón y un cuchillo grande, y les pidió que exploraran posibles soluciones.

Una vez que los grupos hubieron hablado del problema, varios alumnos salieron a la pizarra para compartir sus ideas con entusiasmo. Un grupo había decidido sumergir el limón en un recipiente con agua para medir el desplazamiento de esta. Otro había optado por medir cuidadosamente el tamaño del limón. Un tercero había elegido cortar el limón en rodajas finas y pensar en estas como secciones bidimensionales, que dividieron en tiras, acercándose al método formal para encontrar el área bajo una curva que se enseña en Cálculo (ver la figura 5.14).

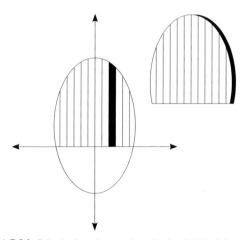

FIGURA 5.14. Cálculo del volumen de un limón dividiéndolo en partes.

Cuando la maestra les explicó a los alumnos el método de las integrales, se mostraron entusiasmados y vieron que constituía una herramienta potente.

En los dos casos que acabo de exponer se invirtió el orden del método de enseñanza. Los alumnos aprendieron los métodos y los límites de la trigonometría *después* de explorar un problema y encontrarse con la necesidad de esos métodos. Los profesores se los enseñaron cuando los necesitaron, en lugar de seguir el enfoque habitual de enseñar un método que luego los estudiantes practican. Esto tuvo un gran efecto en el interés de los estudiantes y en el grado de comprensión que adquirieron de los métodos.

En el capítulo cuatro comentaba que Sebastian Thrun me explicó el papel clave que desempeña la intuición en su trabajo matemático. Me dijo que no efectuaba progresos matemáticos a menos que sintiera intuitivamente que esa era la dirección correcta. Los matemáticos también destacan el papel fundamental que tiene la intuición en su trabajo. Leone Burton entrevistó a setenta investigadores matemáticos y descubrió que para cincuenta y ocho de ellos la intuición tenía un papel esencial en su trabajo (Burton, 1999). Hersh llega a una conclusión similar al estudiar el trabajo matemático: «Si observamos la práctica matemática, lo intuitivo está en todas partes» (Hersh, 1999). Pero ¿por qué la intuición, tan importante para las matemáticas, está ausente en la mayoría de las aulas? La mayor parte de los niños ni siquiera piensan que la intuición esté permitida en su trabajo con las matemáticas.

Cuando se les pidió a los estudiantes del segundo ejemplo que pensaran en encontrar el volumen de un limón, se les estaba proponiendo que pensaran intuitivamente en relación con las matemáticas. Podrían plantearse multitud de problemas matemáticos a los estudiantes junto con la recomendación de que piensen intuitivamente en las formas de resolverlos. A los de corta edad se les pueden dar varios triángulos y rectángulos y se les puede pedir que piensen en formas de encontrar el área de un triángulo *antes* de que se les diga la fórmula. Los alumnos pueden pensar en maneras de captar las diferencias entre conjuntos de datos *antes* de que se les hable sobre la media, la moda o el rango. Pueden explorar las relaciones que se dan en los círculos antes de que se les enseñe el valor pi. En todos los casos, cuando llegue el momento en que aprendan los métodos formales, su aprendizaje será más profundo y significativo.

Cuando se les pide a los estudiantes que piensen intuitivamente, suceden muchas cosas positivas. En primer lugar, dejan de pensar estrechamente en métodos únicos y consideran las matemáticas más ampliamente. En segundo lugar, se dan cuenta de que tienen que usar su propia mente para pensar, encontrar sentidos y razonar. Dejan de pensar que lo único que deben hacer es repetir métodos, y se dan cuenta de que su labor consiste en pensar en la idoneidad de distintos métodos. Y en tercer lugar, como mostró el estudio de investigación de Schwartz y Bransford, su cerebro se prepara para aprender nuevos métodos (Schwartz y Bransford, 1998).

Caso 4. Una profesora ve una conexión matemática por primera vez (el triángulo de Pascal)

El siguiente caso de emoción matemática que quiero exponer se dio en un taller de desarrollo profesional en el que estuve de observadora. Quien impartía el taller era Ruth Parker, una docente increíble que ofrece talleres para profesores que los llevan a obtener comprensiones matemáticas que no habían tenido nunca antes. He elegido hablar de este caso porque ese día vi por primera vez algo que he visto muchas veces desde entonces: una tarea que le permitió a una maestra, Elizabeth, ver una conexión matemática tan potente que se puso a llorar. Elisabeth era una maestra de primaria que, como muchos otros docentes, había creído que las matemáticas eran un conjunto de procedimientos que había que seguir. No sabía que eran una materia llena de conexiones interesantes. No es infrecuente que personas que siempre han creído que las matemáticas son un conjunto de procedimientos desconectados se conmuevan enormemente cuando ven las abundantes conexiones que las conforman.

El taller de Ruth, similar a nuestro curso de la escuela de verano, estuvo enfocado en el pensamiento algebraico, y se les dieron a los docentes muchas tareas sobre los patrones de las funciones. La tarea elegida por Ruth ese día fue un ejercicio maravilloso «de suelo bajo y techo alto» que parece simple pero conduce a una complejidad maravillosa (ver el cuadro 5.2). A los profesores del taller de Ruth, los condujo a explorar el crecimiento exponencial y los exponentes negativos.

Elizabeth y los otros participantes se pusieron a trabajar en la tarea, en la que debían ordenar y disponer regletas de Cuisenaire con el fin de encontrar todas las formas en que era posible hacer series de la longitud de las tres barras que habían elegido. Algunos de los profesores del taller decidieron comenzar con la barra de 10 cm, la más larga, lo cual convirtió su tarea en extremadamente difícil: ¡hay mil veinticuatro formas de hacer series tan largas como la barra de 10 cm! Ruth sabía que su papel como responsable del taller no era rescatar a los profesores, sino dejar que reflexionasen sobre los aspectos matemáticos del problema. Tras muchos esfuerzos, algunos recordaron algo que habían aprendido anteriormente en el taller, una práctica matemática clave que es posible que los escolares no aprendan a lo largo de todos los ciclos educativos de primaria y secundaria: probar con un caso más pequeño. Los profesores se pusieron a trabajar con barras de distintas longitudes y comenzaron a apreciar, tanto de forma visual como numérica, la aparición de un patrón.

Series con las regletas de Cuisenaire

Averigua cuántas series diferentes pueden hacerse que equivalgan, en longitud, a cada una de las barras (cada color corresponde a una longitud). Por ejemplo, para alcanzar la longitud de la barra de color verde claro hay cuatro posibilidades:

De Ruth Parker; una tarea realizada en los cursos MEC.

CUADRO 5.2

Llegados a este punto, Ruth les presentó a los profesores el triángulo de Pascal y les pidió que buscaran la conexión que había entre el problema de las regletas de Cuisenaire y el famoso triángulo (ver el cuadro 5.3 y la figura 5.15).

Triángulo de Pascal

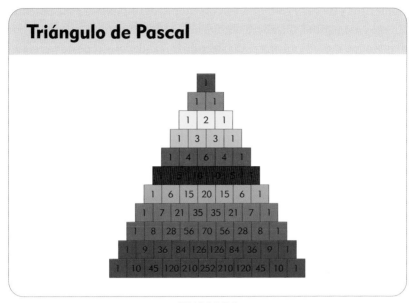

CUADRO 5.3

FIGURA 5.15. El triángulo de Pascal hecho con las regletas de Cuisenaire.

Tras todos sus esfuerzos los profesores vieron, con cierto asombro, que todas sus combinaciones de series de Cuisenaire estaban dentro del triángulo de Pascal. Este fue el momento en que Elizabeth se emocionó hasta llorar, una emoción que comprendo perfectamente. Para cualquier persona que siempre haya visto las matemáticas como un conjunto de procedimientos desconectados, tener la oportunidad de explorar patrones visuales y numéricos y de ver y comprender conexiones es una experiencia potente. En esos momentos, Elizabeth obtuvo un empoderamiento intelectual por el que supo que ella misma podía descubrir realidades y conexiones matemáticas. A partir de ese momento, su relación con las matemáticas cambió, y nunca miró atrás. Me encontré con Elizabeth un año después, cuando estaba retomando el curso de Ruth para experimentar un aprendizaje más profundo de las matemáticas, y me contó las formas maravillosas en que había cambiado su modo de impartir la asignatura y la nueva emoción que estaba viendo en sus alumnos de tercero de primaria en esta materia.

La experiencia de Elizabeth de pasar a ver las matemáticas de una manera completamente nueva al conocer las conexiones intrínsecas a estas es calcada a la que he visto una y otra vez en niños y adultos. La fuerza de las emociones de las que he sido testigo tiene que ver directamente con la experiencia de ver, explorar y comprender las conexiones matemáticas.

Caso 5. Las maravillas del espacio negativo

Este caso se basa en una tarea que he usado con mis alumnos de Stanford que se estaban (o se están) formando para ser docentes y con varios grupos de maestros; ha desencadenado emociones tan intensas que me ha parecido importante hablar de ello. De nuevo, se trata de una tarea que tiene que ver con el crecimiento de patrones, pero con un giro adicional, y es en este giro adicional en lo que quiero centrarme. La tarea fue ideada por Carlos Cabana, un profesor maravilloso con el que trabajo. El cuadro 5.4 muestra una tarea que suele darles a sus alumnos.

Una de las preguntas que se plantean en la tarea es cuántos cuadros habría en la figura −1 (menos uno). Es decir, si el patrón se extendiera hacia atrás y diese lugar a las figuras 1, 0 y −1, ¿cuántos cuadros habría en la −1? Al darles esta tarea a los profesores, descubrí que no les costaba averiguar la cantidad de cuadros; lo que era mucho más interesante y difícil era la cuestión de qué aspecto tendría la figura negativa. Cuando añadí esta pregunta a la tarea, sucedieron cosas asombrosas. Para empezar, la solución (que no daré) es difícil, y los profesores dijeron, en broma, que les dolía la cabeza y que se encendían sinapsis en su cerebro al tratar de encontrarla. Hay más de una manera de llegar a la figura negativa, y no solo hay más de una manera correcta de presentar la figura, sino que también hay más de una solución numérica, porque la pregunta se mete en aguas inusualmente inexploradas y emocionantes: la cuestión de cómo son los cuadrados negativos. Algunos

Tarea del espacio negativo

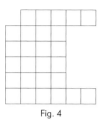

Fig. 2   Fig. 3   Fig. 4

1. ¿Cómo sería la figura número 100?
2. Imagina que pudieses seguir con el patrón hacia atrás. ¿Cuántos cuadros habría en la figura –1 (menos uno), que sería «negativa»?
3. ¿Cómo sería la figura –1?

Adaptado de Carlos Cabana.

CUADRO 5.4

de los profesores se dieron cuenta de que tenían que pensar acerca del *espacio negativo* y del aspecto que tendría un cuadrado si se invirtiera sobre sí mismo. Cuando le di esta tarea a mi grupo de profesores en formación de Stanford, se vieron embargados por el entusiasmo mientras trataban de representar el espacio negativo; hicieron agujeros en la hoja para mostrar que los cuadrados se encontraban en el espacio negativo. Uno de los docentes se dio cuenta de que la función podía representarse como una parábola en un gráfico (ver la figura 5.16) y lo comentó. Otro profesor preguntó adónde iría la parábola: ¿se mantendría en el eje *y*, positivo, o se metería por debajo del eje?

Esta pregunta fue extremadamente interesante para el grupo, que se puso a intentar resolverla, emocionado. Al final de la sesión, los profesores manifestaron que se habían sentido realmente entusiasmados y que sabían que querían que sus alumnos experimentaran eso en sus clases de matemáticas.

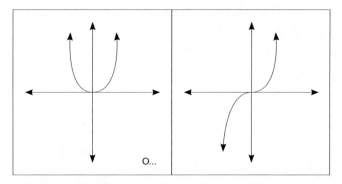

FIGURA 5.16. El dilema de la parábola.

Pero ¿qué causó esa emoción, de la que he sido testigo en muchos lugares diferentes? Cuando, recientemente, le di esta tarea a un grupo de profesores influyentes de Canadá, se enfrascaron tanto en ella que no había manera de hacer que la dejasen; después se rieron de esa situación. Algunos tuitearon: «Jo Boaler no puede hacer que dejemos la tarea que nos ha mandado».

Una de las razones por las que este ejercicio es tan emocionante es que implica pensar en el espacio negativo, entrar en otra dimensión. Y esto es emocionante; no hace falta justificarlo más. Y es algo que las matemáticas nos permiten hacer, y uno de los motivos por los que son una materia emocionante. Además, los estudiantes creían que estaban explorando aguas inexploradas; no estaban buscando una respuesta a una pregunta que el libro de texto y el profesor supieran, y eso incrementó drásticamente su entusiasmo. Cuando preguntaron sobre la dirección de la parábola, sintieron que podían preguntar cualquier cosa; es decir, percibieron que las matemáticas eran una materia abierta, y que cuando descubrían una nueva idea (una parábola) podían llevarla más lejos con otra pregunta que planteasen. También en esa ocasión, la representación visual del patrón matemático fue enormemente importante para suscitar una gran implicación.

Antes de reflexionar sobre qué significan estos casos de intensa emoción matemática para el diseño de tareas atractivas, quiero presentar un último caso, que se dio en un aula de tercero de primaria.

Caso 6. De las operaciones matemáticas básicas a la emoción matemática

En el capítulo cuatro he hablado de lo importante que es que los profesores cambien la manera de animar a sus alumnos a aprender las operaciones matemáticas básicas, es decir, que prescindan de unas actividades que a menudo son traumáticas para los estudiantes (las pruebas cronometradas sobre operaciones aisladas y las horas de memorización) y que pasen a plantear actividades atractivas que fomenten conexiones neuronales importantes. Para ayudar a los profesores a efectuar estos cambios, escribí un artículo con mis colegas de Youcubed titulado «Fluidez sin miedo», como exponía en el capítulo anterior, y lo publiqué en nuestro sitio web con la esperanza de que llegara a muchos docentes, pero no previmos el impacto que llegó a tener: los principales periódicos de Estados Unidos se hicieron eco de las ideas reflejadas en el escrito. Una actividad que ofrecimos creó un impacto positivo de otra manera: los profesores la difundieron ampliamente entre sus compañeros de profesión utilizando diversas redes sociales, junto con fotos de sus alumnos en que se los veía disfrutando con la actividad; esas fotos reflejaban que estaban estableciendo conexiones neuronales importantes.

La actividad que resultó ser tan importante y se hizo tan popular fue el juego llamado «¿Cuán cerca de 100?», que se describe en el capítulo anterior.

Una de las profesoras que hicieron mi curso en línea y luego cambiaron su forma de impartir las matemáticas fue Rose Ann Fernández, una maestra de tercero de primaria de una escuela Título 1 (es decir, una escuela de California en la que al menos el 40 % de los alumnos pertenecen a familias con bajos ingresos). Rose Ann tiene una copia de las siete normas positivas para las clases de matemáticas de Youcubed (ver el capítulo nueve) en su pared para que todos los estudiantes las vean. Me comentó lo emocionados que se habían mostrado sus alumnos con el juego, así como las importantes oportunidades matemáticas que este les proporcionó. Rose Ann es una maestra muy concienzuda: no solo les dio el juego a los estudiantes, sino que también los preparó con un debate antes del mismo; además, previó actividades adicionales para los que acabasen antes. En primer lugar, les pidió a los alumnos que pensaran en las formas en que pueden usarse los dados como herramienta matemática. Les pidió que tiraran dos dados y se turnaran para indicar los factores de multiplicación y los productos que generaran. Después les hizo una pregunta importante: ¿qué relación hay entre la multiplicación y el área? Los alumnos pensaron cuidadosamente al respecto. A continuación, Rose Ann los invitó a trabajar en el juego en parejas y a pensar en lo que estaban aprendiendo mientras jugaban. También los retó a descomponer los números y a encontrar distintas formas de escribir las oraciones numéricas en el dorso de la hoja si terminaban antes. Los alumnos se aplicaron en el juego muy emocionados, y cuando Rose Ann les pidió que puntuaran su disfrute en una escala del 1 al 5, el 95 % de ellos le otorgaron la puntuación más alta, 5.

Estas son algunas de las importantes reflexiones que hicieron los estudiantes sobre el juego:

- «Me ha retado a hacer pensar a mi cerebro».
- «Ha sido una forma divertida de explorar las matemáticas y aprender».
- «Me ha permitido practicar mucho la multiplicación».
- «Es una forma divertida de aprender las tablas de multiplicar».
- «He aprendido que la multiplicación y el área están relacionadas».
- «Ahora sé la relación que guardan entre sí la división, la multiplicación y el área, ¡porque puedo verlo!».

El grado de emoción de los estudiantes al jugar al juego solo fue igualado por el grado en que aprendieron matemáticas. Cabe destacar que, así como dejaron constancia de haberlo pasado muy bien, todos sus comentarios reflejaron lo que habían aprendido de matemáticas. Se implicaron en el pensamiento visual y numérico sobre la multiplicación, la división y el área, y aprendieron operaciones matemáticas básicas a través del disfrute y la implicación profunda, lo cual es muy distinto de aprender de memoria las tablas de multiplicar.

En los seis casos expuestos de «entusiasmo matemático», la tarea de matemáticas fue central, y se vio apoyada por una determinada forma de enseñar que es muy importante. En el próximo apartado se repasarán los aspectos de diseño importantes de estas seis tareas que se pueden aplicar a todas las tareas de matemáticas, en todos los niveles escolares. También es importante tener en cuenta que en los seis casos los estudiantes trabajaron en colaboración; a veces pensaban solos, pero a menudo colaboraban a la hora de formular las ideas, en aulas en las que recibían mensajes positivos acordes con la mentalidad de crecimiento. Ahora me referiré a las formas en que podemos incorporar estos importantes elementos de diseño a cualquier tarea de matemáticas.

De los casos de «entusiasmo matemático» al diseño de las tareas

Estamos saliendo de un período educativo que ha sido improductivo. Desde que el Gobierno de Bush introdujo la ley No Child Left Behind ('que ningún niño se quede atrás'), los maestros comenzaron a estar bajo presión para que siguiesen unos currículos muy pautados y unas guías que determinaban claramente los tiempos, aunque sabían que eso era perjudicial para los estudiantes. Muchos maestros se sintieron desprofesionalizados; creyeron que se les habían arrebatado decisiones importantes relativas a la enseñanza. Afortunadamente, esa época está terminando; estamos entrando en un período mucho más positivo, en el que se confía en los profesores para que tomen decisiones profesionales importantes.* Uno de los aspectos de la enseñanza favorables a una mentalidad matemática con los que estoy más entusiasmada son las transformaciones que podemos efectuar en las aulas de matemáticas dando mensajes importantes y tareas abiertas. Esta apertura respecto a las tareas les da a los estudiantes espacio para aprender y es absolutamente esencial en el desarrollo de una mentalidad matemática.

Una diversidad de tareas abiertas y sustanciosas están disponibles actualmente para los profesores en varios sitios web, que voy a enumerar al final de este capítulo. Pero muchos de ellos no tienen tiempo para buscar en los sitios web. Afortunadamente, no necesitan encontrar nuevos materiales curriculares, ya que pueden realizar adaptaciones en las tareas presentes en el currículo que utilizan y crear, así, nuevas y mejores oportunidades para los estudiantes. Con esta finalidad, es posible que los profesores necesiten desarrollar su propia mentalidad como diseñadores, es decir, como personas que pueden presentar ideas nuevas y crear nuevas y mejores experiencias de aprendizaje. La emoción matemática que he descrito anteriormente tuvo su origen, en varios casos, en la adaptación de una tarea familiar. En la tarea de las formas en crecimiento, por ejemplo, la sencilla instrucción de que los estudiantes visualizaran cómo se expandían las figuras lo cambió todo, y les permitió acceder a comprensiones que no habrían podido obtener de otra manera. Cuando los docentes, como diseñadores, crean y adaptan tareas, son los mejores profesores que pueden ser. Cualquiera puede hacer esto; no es necesaria una formación especial. Implica conocer las cualidades de las tareas matemáticas positivas y abordar las tareas con la idea de mejorarlas.

---

* En el momento en que la autora escribió estas líneas, el Gobierno estadounidense estaba presidido por Barack Obama (N. del T.).

A la hora de diseñar y adaptar las tareas de matemáticas para favorecer un mejor aprendizaje, hay seis preguntas que, si el profesor se las hace y las aplica a las tareas, le permitirán obtener unos resultados mucho mejores. Algunas tareas son más adecuadas para determinadas preguntas que para otras, y muchas preguntas y tareas son compatibles de forma natural, pero no dudo en afirmar que cada tarea se verá mejorada si se presta atención como mínimo a una de las seis preguntas siguientes.

1. ¿Se puede abrir la tarea para fomentar múltiples métodos, vías y representaciones?

No hay nada más importante que los docentes puedan hacer con las tareas que abrirlas para que los alumnos se sientan estimulados a pensar sobre distintos métodos, vías y representaciones. Cuando abrimos una tarea, transformamos el potencial que tiene de transmitir un aprendizaje. Esta apertura se puede producir de muchas maneras. Añadir un componente visual, como los que se muestran en la tarea de las formas crecientes y en la del espacio negativo, es una gran estrategia. Otra forma de abrir una tarea que es extremadamente productiva desde el punto de vista matemático consiste en pedirles a los alumnos que encuentren sentido a sus soluciones.

FIGURA 5.17. Dos alumnos tratan de ilustrar la solución a la operación 1 ÷ 2/3.

Cathy Humphreys es una profesora maravillosa. En un libro que escribimos juntas, mostramos seis vídeos en los que Cathy está con su clase de séptimo grado (equivalente a primero de ESO); cada caso está acompañado por la correspondiente planificación de la lección. Uno de los vídeos la muestra pidiéndoles a los alumnos que resuelvan la operación 1 dividido por 2/3. Esta podría ser una pregunta cerrada, propia de la mentalidad fija, asociada a una respuesta y un método correctos, pero Cathy transforma la tarea añadiendo dos requisitos: que los estudiantes le encuentren sentido a su solución y que ofrezcan una prueba visual (ver la figura 5.17). Empieza la lección diciendo: «Es posible que conozcáis una regla para resolver esta operación, pero la regla no importa hoy; quiero que comprendáis vuestra respuesta, que expliquéis por qué vuestra solución tiene sentido».

En el vídeo se ve que algunos alumnos pensaron que la respuesta era 6, porque el conjunto de los tres números (1, 2 y 3) se puede manipular sin tratar de encontrarle un sentido matemático a la operación y obtener 6. Pero se esforzaron por mostrar esto visualmente o encontrarle un sentido. Otros pudieron mostrar, con distintas representaciones visuales, por qué los dos tercios estaban presentes en una cantidad de uno y medio «dentro del 1». El requisito de que los estudiantes mostraran su pensamiento visualmente y les encontraran sentido a sus respuestas hizo que una tarea afín a la mentalidad fija pasara a ser afín a la mentalidad de crecimiento y dio lugar a una lección maravillosa, llena de sentido y comprensión.

2. ¿Se puede adaptar la tarea para que haya que efectuar una indagación?

Cuando los estudiantes piensan que lo que deben hacer no es reproducir un método sino ofrecer una idea, todo cambia (Duckworth, 1991). El mismo contenido de matemáticas se puede enseñar con planteamientos que requieran aplicar un procedimiento o que pidan a los estudiantes que piensen en ideas y utilicen un procedimiento. Por ejemplo, en lugar de pedirles a tus alumnos que encuentren el área de un rectángulo de 12 x 4, pregúntales cuántos rectángulos pueden encontrar que tengan un área de 24. Esta pequeña adaptación cambia la motivación y la comprensión de los estudiantes. En la versión indagadora de la tarea, usan la fórmula que se emplea para hallar el área de un rectángulo, pero también deben pensar en las dimensiones y relaciones espaciales, y en lo que sucede cuando cambia una dimensión (ver la figura 5.18). Las matemáticas son más complejas y emocionantes porque los estudiantes usan sus ideas y pensamientos.

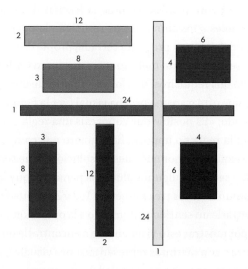

FIGURA 5.18. Rectángulos con un área de 24.

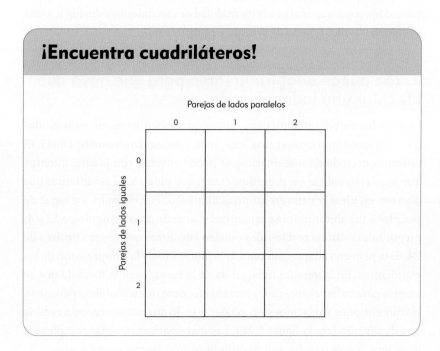

¡Encuentra cuadriláteros!

Parejas de lados paralelos

CUADRO 5.5

En lugar de pedirles a los alumnos que nombren cuadriláteros con distintas cualidades, pídeles que inventen los suyos, como se muestra en el cuadro 5.5.

Otra tarea excelente es la de los cuatro cuatros (ver el cuadro 5.6). En esta tarea, se les pide a los alumnos que averigüen todos los números que hay entre el 1 y el 20 usando cuatro cuatros y cualquier operación; por ejemplo, esta:

$$\sqrt{4} + \sqrt{4} + 4/4 = 5$$

Cuatro cuatros

¿Puedes encontrar todos los números que hay entre el 1 y 20 utilizando solamente cuatro cuatros y cualquier operación?

Además…
¿Se te ocurre más de una manera de encontrar cada número con los cuatro cuatros?

¿Puedes ir más allá de 20?

¿Puedes usar los cuatro cuatros para encontrar números enteros negativos?

CUADRO 5.6

Este es un magnífico ejercicio para practicar operaciones, pero no parece una tarea de práctica de operaciones, porque estas están bellamente integradas dentro de una tarea de indagación. Cuando lo publicamos en

Youcubed.org, los profesores nos dijeron que era increíble. Aquí hay dos comentarios que hicieron:

> *«Mis alumnos estuvieron tan inspirados y entusiasmados con los cuatro cuatros que decidieron investigar los tres treses, y el cielo era el límite».*

> *«¡El ejercicio de los cuatros fue increíble! Lo utilicé en mi clase de matemáticas de sexto, y los alumnos crearon ecuaciones que condujeron a debates sobre la propiedad distributiva, el orden de las operaciones, las variables... ¡Fue fantástico!».*

Otra forma de abrir una tarea y convertirla en una actividad de indagación es pedirles a los alumnos que escriban un artículo de revista, un boletín informativo o un libro corto sobre ella. Esto se puede hacer con cualquier contenido. En Railside, se pidió a los alumnos de noveno grado (equivalente a tercero de ESO) que escribieran un libro sobre $y = mx + b$; llenaron páginas que mostraban qué significaba esto, qué aspecto visual podía presentar, las situaciones en las que podía usarse y sus ideas sobre el significado de la ecuación. En una unidad de Geometría que crearon conmigo tres de mis alumnos graduados de Stanford (Dan Meyer, Sarah Kate Selling y Kathy Sun) para la enseñanza secundaria, les pedimos a los estudiantes que escribieran un boletín informativo sobre la semejanza, utilizando fotos, ejercicios, dibujos animados y cualquier otro medio que quisiesen para mostrar lo que sabían sobre el tema. El cuadro 5.7 describe, de forma general, esta tarea.

Boletín informativo

Se trata de escribir un boletín informativo para que compartas tu aprendizaje de estos contenidos matemáticos con tu familia y tus amigos. Tendrás la oportunidad de describir tu comprensión de las ideas y escribir sobre las razones por las que las ideas matemáticas que has aprendido son importantes. También se trata de que describas un par de tareas en las que trabajaste que fueron interesantes para ti.

CUADRO 5.7

Para hacer tu boletín informativo, puedes servirte de estos recursos:

- Fotos de distintas tareas.
- Esquemas.
- Dibujos de cómic.
- Entrevistas o encuestas.

Para refrescar tu memoria, aquí hay algunas de las tareas en las que hemos trabajado:

Ahora, prepara los cuatro apartados siguientes. Puedes cambiarles el título para que se adecuen más a tu trabajo.

Noticia de primera plana	**Nuevos descubrimientos**
Explica la idea matemática principal y lo que significa de dos maneras distintas por lo menos. Utiliza palabras, diagramas, imágenes, números y ecuaciones.	Elige al menos dos tareas distintas, entre el trabajo que hemos hecho, que te hayan ayudado a comprender los conceptos. En relación con cada tarea, explica: • Por qué la elegiste. • Qué aprendiste a través de ella. • Qué dificultades te planteó. • Qué estrategias utilizaste para abordar dichas dificultades.

CUADRO 5.7 (continuación)

Conexiones	El futuro
Elige una tarea adicional que te ayudó a aprender una idea o un proceso matemáticos que puedas vincular a algún otro aprendizaje. Explica:	Escribe un resumen del contenido del boletín informativo que aborde estas cuestiones:

Conexiones

Elige una tarea adicional que te ayudó a aprender una idea o un proceso matemáticos que puedas vincular a algún otro aprendizaje. Explica:

- Por qué elegiste la tarea.
- La importante idea matemática que aprendiste con la tarea.
- A qué asociaste esta idea y cuál es el vínculo que encuentras.
- La importancia que tiene esta conexión y cómo podrías usarla en el futuro.

El futuro

Escribe un resumen del contenido del boletín informativo que aborde estas cuestiones:

- ¿Qué utilidad tiene la importante idea matemática?
- ¿Qué preguntas te quedan todavía sobre esta idea importante?

CUADRO 5.7 (continuación)

3. ¿Es posible plantear el problema antes de enseñar el método?

Cuando, antes de presentarles un método a los estudiantes, les mostramos problemas que no se pueden resolver sin aplicar dicho método, les estamos ofreciendo una gran oportunidad de aprender y usar la intuición. Las tareas descritas anteriormente que ejemplifican esto son la búsqueda de la creación de un área lo más grande posible para un recinto y la búsqueda del volumen de un limón. Pero esta forma de proceder se puede emplear con cualquier ámbito de las matemáticas, en particular siempre que haya que enseñar un método o una fórmula estándar, como la manera de calcular el área de las formas, el concepto y la aplicación del número pi y fórmulas estadísticas como la media, la moda, el rango y la desviación estándar. El cuadro 5.8 muestra un ejemplo.

El salto de longitud

Vas a intentar que te admitan en el equipo de salto de longitud, para lo cual necesitas dar un salto de 5,2 metros en promedio. El entrenador te dice que tomará nota de tu mejor salto cada día de la semana y que averiguará el promedio. Estos son los cinco mejores saltos que diste a lo largo de la semana:

	Metros
Lunes	5,2
Martes	5,2
Miércoles	5,3
Jueves	5,4
Viernes	4,4

Lamentablemente, el viernes saltaste una distancia mucho menor porque no te encontrabas muy bien.

¿Cómo podrías averiguar un promedio que crees que representaría de manera justa tu capacidad de salto? Averigua algunos promedios de distintas maneras, determina cuál te parece más justo y argumenta por qué crees que es el más justo. Explica tu método e intenta convencer a otros de que tu enfoque es el más apropiado.

CUADRO 5.8

Después de que los estudiantes hayan concebido sus propias formas de encontrar promedios y los hayan debatido en grupos y en clase, se les podrían enseñar los métodos formales de la media, la moda y el rango.

4. ¿Es posible añadir un componente visual?

La representación visual es increíblemente útil para los estudiantes; les proporciona un grado de comprensión totalmente nuevo, como vimos en la tarea de las figuras crecientes. El apoyo visual se puede ofrecer a través de diagramas pero también a través de objetos físicos, como cubos de enlaces múltiples y fichas de álgebra. Pasé mis primeros años en compañía de las regletas de Cuisenaire, ya que mi madre estaba estudiando para ser maestra de primaria. Pasé muchas horas felices jugando con esas barras, ordenándolas e investigando patrones matemáticos. En un curso en línea diseñado para brindar a los estudiantes estrategias matemáticas importantes, les enseño a dibujar cualquier problema o idea matemáticos. El dibujo es una herramienta potente para los matemáticos y para quienes se dedican a resolver problemas matemáticos; la mayoría de estas personas dibujan cualquier problema al que se enfrenten. Cuando los alumnos se encuentran atascados en la clase de matemáticas, a menudo les pido que dibujen el problema.

Líneas paralelas y una transversal

1. Utiliza un código de color para identificar los ángulos congruentes.
2. Identifica los ángulos verticales y suplementarios.
3. Escribe las relaciones que veas, utilizando los colores usados en el diagrama.

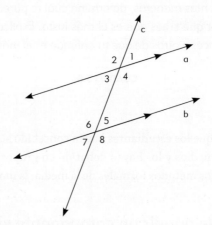

Ángulos verticales:
Ángulos suplementarios:
Relaciones:

CUADRO 5.9

Dos líneas paralelas cortadas por una transversal

Utiliza el color para identificar los ángulos congruentes.
Identifica los ángulos verticales y suplementarios.
Escribe las relaciones que veas, utilizando los colores usados en el diagrama.

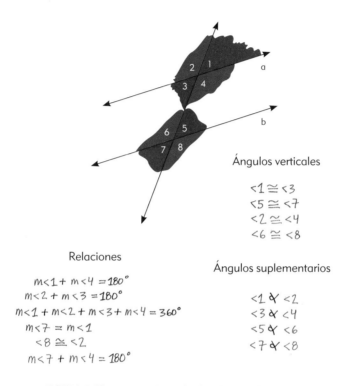

Ángulos verticales

<1 ≅ <3
<5 ≅ <7
<2 ≅ <4
<6 ≅ <8

Relaciones

m<1 + m<4 = 180°
m<2 + m<3 = 180°
m<1 + m<2 + m<3 + m<4 = 360°
m<7 = m<1
<8 ≅ <2
m<7 + m<4 = 180°

Ángulos suplementarios

<1 & <2
<3 & <4
<5 & <6
<7 & <8

FIGURA 5.19. Uso del color en la identificación de los ángulos.

En la escuela que estudié cuyos alumnos obtenían muy buenas calificaciones, Railside, se les pidió a los estudiantes que mostraran las conexiones a través de códigos de color. Por ejemplo, en el ámbito del álgebra, se les pidió que mostrasen las relaciones funcionales de muchas formas: como expresiones, en imágenes, en palabras y en una gráfica. Muchas escuelas piden estas variadas representaciones, pero Railside innovó al pedirles que mostraran las relaciones por medio del color; por ejemplo, que mostrasen x con el mismo color en una expresión, en la gráfica y en el diagrama. El capítulo siete, que describe el enfoque de Railside con más detalle, muestra una de estas tareas de codificación por colores. En otras áreas temáticas, por ejemplo a la hora de identificar ángulos congruentes, verticales y suplementarios, también se les puede pedir a los alumnos que coloreen todas las relaciones que puedan y las escriban, utilizando el color para resaltarlas. El cuadro 5.9 y la figura 5.19 muestran un ejemplo.

En el capítulo nueve se dan otros ejemplos de codificación por medio del color.

5. ¿Se puede hacer que la tarea sea «de suelo bajo y techo alto»?

Todas las tareas anteriores son «de suelo bajo y techo alto». La amplitud del espacio que hay dentro de ellas significa que son accesibles para un amplio abanico de estudiantes y que se extienden a niveles altos.

Una forma de «bajar el suelo» (es decir, de hacer más accesible la tarea) consiste en preguntar siempre a los alumnos cómo ven el problema en cuestión. Esta es una excelente pregunta por otras razones también, como he explicado.

Una magnífica estrategia para hacer que una tarea sea más exigente (tenga un «techo más alto») consiste en pedirles a los estudiantes que hayan terminado de trabajar con las preguntas relativas a un problema que escriban otra similar pero más difícil. En las clases que dimos a nuestro grupo de estudiantes heterogéneos de la escuela de verano, utilizamos esta estrategia con gran éxito. Por ejemplo, cuando un alumno, Alonzo, finalizó la tarea de la escalera, que les pedía que pensaran en el crecimiento del patrón y que averiguaran la fórmula de la progresión (consulta el cuadro 5.10), propuso algo más difícil: averiguar cómo crecería una escalera que se extendiera en las cuatro direcciones y la fórmula correspondiente a dicha expansión (ver la figura 5.20).

Cuando se invita a los estudiantes a concebir una pregunta más difícil, a menudo se les ilumina la cara, entusiasmados por la oportunidad que se les da de usar su propio pensamiento y su propia creatividad. Este es un recurso fácil al que pueden acudir los profesores en el contexto de cualquier lección. En relación con cualquier conjunto de preguntas de matemáticas, plantéate darles a tus alumnos una tarea como esta:

«Ahora, plantea tú una pregunta; intenta que sea difícil ☺».

La escalera

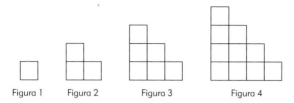

Figura 1   Figura 2   Figura 3   Figura 4

¿Cómo ves que crece el patrón?

¿Cuántos cubos habría en la figura número 100?

¿Cuál es la fórmula de la expansión?

CUADRO 5.10

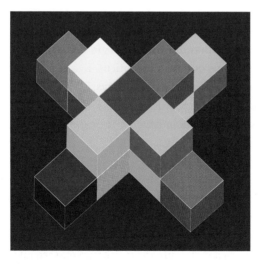

FIGURA 5.20. La propuesta de problema de Alonzo, más compleja, a partir del problema original («La escalera»).

133

Los estudiantes pueden hacer sus preguntas a otros estudiantes. Es especialmente adecuado utilizar esta estrategia con los alumnos que trabajan más rápido o que se quejan de que la tarea es demasiado fácil para ellos, ya que implica pensar con profundidad y manejar contenidos difíciles.

6. ¿Se puede añadir el requisito de convencer y razonar?

El razonamiento está en el centro de las matemáticas. Cuando los estudiantes ofrecen razones y critican los razonamientos de sus compañeros, están siendo inherentemente matemáticos y se están preparando para el mundo muy tecnificado en el que trabajarán, así como para cumplir con los estándares académicos fundamentales («Common Core», 2015). Además, el razonamiento estimula la comprensión de los alumnos. En el estudio de cuatro años que dirigí sobre varias escuelas, encontramos que el razonamiento desempeñaba un papel especial en la promoción de la equidad, ya que ayudaba a reducir la brecha entre los estudiantes que comprendían bien y los que tenían dificultades. En cada conversación matemática, se pedía a los estudiantes que razonaran y explicaran por qué habían elegido determinados métodos y por qué tenían sentido. Esto abría caminos matemáticos y permitía que aquellos que no habían comprendido llegaran a comprender y también que hicieran preguntas, lo cual aumentaba la comprensión del estudiante que había formulado el método.

Me gusta acompañar una de mis tareas favoritas encaminadas a fomentar el razonamiento con una estrategia pedagógica que presenta muchos beneficios. Aprendí esta estrategia de Cathy Humphreys, quien les pide a sus alumnos que sean escépticos. Ella explica que la persuasión consta de tres niveles (Boaler y Humphreys, 2005):

1. Convencerse a uno mismo.
2. Convencer a un amigo.
3. Convencer a un escéptico.

Es bastante fácil convencerse a uno mismo o persuadir a un amigo, pero son necesarios altos niveles de razonamiento para convencer a un escéptico. Cathy les dice a sus alumnos que deben ser escépticos, lo que obliga a los demás a dar siempre razones completas y convincentes.

Doblar un papel

Trabaja con un compañero o compañera. Haced turnos para ser el escéptico y el que trata de convencer. Cuando te toque persuadir, justifica con razones todas tus afirmaciones. Y cuando seas el escéptico, no te dejes convencer fácilmente; exige razones y justificaciones que tengan sentido para ti.

En cada uno de los ejercicios siguientes, uno de vosotros debe hacer la forma y después mostrarse convincente, y el otro debe ser el escéptico. En cada ejercicio, invertid los papeles.

Empieza con un pedazo de papel cuadrado y haz pliegues para obtener una nueva forma. Después, explica cómo sabes que la forma que has creado tiene el área indicada.

1. Crea un cuadrado que tenga exactamente ¼ del área del cuadrado original. Convence a tu compañero(a) de que es un cuadrado y de que su área es ¼ de la original.

2. Crea un triángulo que tenga exactamente ¼ del área del cuadrado original. Convence a tu compañero(a) de que su área es ¼ de la original.

3. Crea otro triángulo, cuya área sea también ¼ de la original, que no sea congruente con el primero que has construido. Convence a tu compañero(a) de que su área es ¼ de la original.

4. Crea un cuadrado que tenga exactamente ½ del área del cuadrado original. Convence a tu compañero(a) de que es un cuadrado y de que su área es ½ de la original.

5. Crea otro cuadrado, cuya área sea también ½ de la original, de una manera diferente del que has hecho en el ejercicio anterior. Convence a tu compañero(a) de que su área es ½ de la original.

Adaptado de Driscoll, 2007, p. 90, http://heinemann.com/products/E01148.aspx.

CUADRO 5.11

Mark Driscoll ideó una tarea perfecta para enseñar y alentar niveles más altos de razonamiento, una tarea que puede acompañarse de la actitud escéptica. Se llama *doblar un papel*. La he utilizado con muchos grupos diferentes, y ha despertado siempre un gran interés. Los maestros me dicen que les encanta, ya que a menudo les da la oportunidad de brillar a alumnos que normalmente no pueden hacerlo. En esta tarea, los alumnos trabajan por parejas con un pedazo de papel cuadrado. Se les pide que doblen el papel para hacer nuevas formas. El cuadro 5.11 describe las cinco cosas que hay que hacer con el papel, cada vez más difíciles (ver la figura 5.21).

Cuando les he dado esta tarea a los docentes, han lidiado largo rato con el ejercicio 5; algunos han trabajado con él hasta bien entrada la tarde después de una jornada completa de desarrollo profesional, disfrutando cada momento. Esta implicación se ve reforzada por el hecho de tener una forma física que cambiar y sobre la cual reflexionar, pero también por la necesidad de ser convincente. Cuando les doy a los alumnos y a los profesores esta tarea, les pido a los miembros de las parejas que se turnen: uno de ellos pliega el papel y convence y el otro es el escéptico; en el siguiente ejercicio que compone la tarea, cambian los roles. Cuando les pido que desempeñen el papel de escépticos, les explico que deben exigir que el compañero los convenza totalmente. Los alumnos realmente disfrutan al retarse unos a otros a darse razones convincentes, y esto los ayuda a aprender a ofrecer razonamientos y demostraciones matemáticos.

Como profesor, tal vez quieras definir bien lo que es una respuesta totalmente convincente, efectuando preguntas de seguimiento a los alumnos que no se han mostrado lo bastante persuasivos.

En el cuadro 5.12 se describe otro ejemplo de tarea en la que hay que convencer a los demás. El requisito de que los alumnos razonen y sean convincentes puede aplicarse a cualquier problema o tarea de matemáticas.

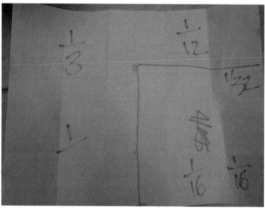

FIGURA 5.21. Profesores trabajan en la tarea de doblar un papel.

Un cono y un cilindro

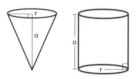

La altura y el radio del cono y el cilindro son los mismos. ¿Qué relación hay entre el volumen del cono y el del cilindro? Haz una conjetura y trata de convencer a otros estudiantes. Utiliza dibujos, modelos y un código de colores para ser convincente.

CUADRO 5.12

Conclusión

Cuando las tareas de matemáticas se abren para posibilitar distintas formas de ver, distintos métodos y vías, y distintas representaciones, todo cambia.

Los problemas de matemáticas pueden pasar de ser tareas cerradas, que apoyen una mentalidad fija, a ser tareas que estimulen una mentalidad de crecimiento, con las que se pueda aprender. En resumen, estas son mis seis recomendaciones para abrir las tareas de matemáticas y aumentar el potencial que tienen de fomentar el aprendizaje:

1. Abrir la tarea para que haya múltiples representaciones, métodos y vías.
2. Incluir oportunidades de indagación.
3. Plantear el problema antes de enseñar el método.
4. Añadir un componente visual y preguntar a los alumnos cómo ven el contenido matemático del problema.
5. Extender la tarea para hacer que sea de «suelo bajo y techo alto».
6. Pedirles a los alumnos que convenzan y razonen; ser escéptico.

En el capítulo nueve se ofrecen otros ejemplos de tareas con estas características.

Si procuras modificar las tareas de esta manera, les ofrecerás a tus alumnos más oportunidades de aprendizaje, y más profundas. Realmente he disfrutado todas las veces que he visto a estudiantes trabajar con tareas de matemáticas abiertas y sustanciosas, y yo misma las he utilizado como profesora, ya que los alumnos se entusiasman con ellas. Les encanta descubrir conexiones, que son fundamentales en las matemáticas, y se ven inspirados por las matemáticas visuales y que permiten ser creativo. En el enlace https://www.youcubed.org/week-of-inspirational-math/ pueden verse y descargarse, gratuitamente, varias semanas de lecciones de matemáticas coherentes con las características expuestas en este capítulo; las de los últimos años abarcan todas las etapas de la enseñanza escolar, desde párvulos hasta el final de la educación secundaria, e incluso más allá. Cuando introduje estas lecciones en aulas de la enseñanza intermedia, en plan experimental, hubo padres que se apresuraron a informarme de que habían cambiado la forma en que sus hijos veían las matemáticas. Algunos padres me dijeron que sus hijos siempre habían odiado esta asignatura, hasta que recibieron esas lecciones; a partir de ese momento, pasaron a ver las matemáticas de un modo completamente diferente. Con el nuevo diseño de las tareas y una mentalidad matemática, los docentes (y los padres) pueden crear tareas matemáticas y transformar las ya existentes, y brindar a todos los alumnos el sustancioso entorno matemático que merecen. No podemos esperar a que las editoriales se den cuenta de que estos cambios son necesarios y se pongan manos a la obra; los profesores pueden efectuarlos por sí mismos: pueden crear entornos matemáticos abiertos y atractivos para todos sus alumnos.

Los siguientes sitios web proporcionan tareas de matemáticas que incorporan uno o más de los rasgos que he expuesto:

- Youcubed: www.youcubed.org.
- NCTM (consejo nacional de profesores de matemáticas estadounidense): www.nctm.org (se requiere ser miembro para acceder a algunos de los recursos).
- Math Forum ('foro de matemáticas'): www.nctm.org/mathforum.
- Balanced Assessment ('evaluación equilibrada'): https://hgse.balancedassessment.org.
- Mathematics Assessment Project ('proyecto de asesoramiento en matemáticas'): https://www.map.mathshell.org/tasks.php.
- Recursos de Dan Meyer: https://blog.mrmeyer.com.
- Geogebra: https://www.geogebra.org.
- Proyecto Video Mosaic: https://videomosaic.org.
- NRich: https://nrich.maths.org.
- Estimation 180: www.estimation180.com.
- Visual Patterns ('patrones visuales'); para todos los niveles de la educación primaria, intermedia y secundaria: www.visualpatterns.org.
- Number Strings ('cadenas de números'): https://numberstrings.com.
- Mathalicious (lecciones del mundo real para los cursos de la enseñanza intermedia y secundaria): http://www.mathalicious.com.

CAPÍTULO 6

Las matemáticas y el camino hacia la equidad

Me apasiona la equidad. Quiero vivir en un mundo donde todos puedan aprender y disfrutar las matemáticas, y donde todos sean alentados independientemente del color de su piel, su sexo, su nivel de ingresos, su sexualidad o cualquier otra característica. Me gustaría entrar en las aulas en las que se está impartiendo matemáticas y ver a todos los alumnos felices y emocionados de aprender, sin preocuparse de si parecen tan «inteligentes» como los demás o de si tienen el «gen matemático». Pero en lugar de esta equidad, en el campo de las matemáticas se producen las diferencias más grandes e indefendibles en el rendimiento académico y la participación según la etnia, el sexo y el nivel socioeconómico que en cualquier otra materia que se enseñe en Estados Unidos (Lee, 2002).

Durante muchos años he tenido la suerte de realizar investigaciones con profesores que han trabajado en pos de unos resultados matemáticos equitativos y que han tenido un éxito enorme a la hora de alcanzarlos. De estas investigaciones y de otros trabajos con docentes he aprendido las formas en que se pueden promover las clases de matemáticas equitativas, y en este capítulo y el siguiente presentaré varias estrategias encaminadas a este fin. Pero primero quiero referirme a algo de lo que rara vez se habla, que creo que está en el centro del problema de inequidad que se da en el seno de las matemáticas.

La construcción elitista de las matemáticas

Las matemáticas son una materia hermosa, que contiene unas ideas y unas conexiones que pueden inspirar a todos los estudiantes. Pero con demasiada frecuencia se enseña como una asignatura basada en el rendimiento académico, cuya función es, para muchos, dividir a los estudiantes en aquellos que tienen el gen matemático y los que no lo tienen. Es inquietante el hecho de que las matemáticas se han visto arrastradas por la cultura del rendimiento y el elitismo en Estados Unidos, y creo que para lograr unos resultados mejores y más equitativos debemos reconocer el papel elitista que a menudo desempeñan en nuestra sociedad. Porque las matemáticas, por un lado, se pueden considerar como una lente increíble a través de la cual ver el mundo; un conocimiento importante, que promueve que los jóvenes estén preparados para pensar cuantitativamente sobre su trabajo y su vida, y que está disponible equitativamente para todos los estudiantes a través del estudio y el trabajo duro. Por otro lado, se puede considerar que las matemáticas son una materia que separa a los niños en los que pueden y los que no pueden, y esto es valioso como mecanismo de clasificación, pues permite etiquetar a unos niños como inteligentes y a otros como no inteligentes. Algunas personas se deleitan con lo inaccesibles que son las matemáticas tal como se enseñan actualmente, en especial si a sus propios hijos se les dan bien, porque quieren mantener la clara ventaja social que ello les otorga. Afortunadamente, otras están dispuestas a aceptar el cambio necesario, incluso si sus hijos están obteniendo buenas calificaciones, sobre todo cuando descubren que la aparente ventaja de la que gozan sus hijos a menudo se basa en unas matemáticas que no los ayudarán en el futuro.

El mito del niño que tiene talento para las matemáticas

Algunas personas, incluidos algunos docentes, han construido su identidad sobre la idea de que se les daban bien las matemáticas porque eran individuos especiales, genéticamente superiores a los demás. La gente se esfuerza realmente por aferrarse a la idea de que hay niños genéticamente dotados para las matemáticas, y todo el movimiento estadounidense construido alrededor de los niños «talentosos» se basa en este tipo de supuestos. Pero tenemos muchas pruebas de que, aunque las personas nacen con diferencias cerebrales, estas se ven eclipsadas por las experiencias que tienen a lo largo de su vida, ya que cada segundo presenta oportunidades para que se produzca un desarrollo cerebral increíble (Thompson, 2014; Woollett y Maguire, 2011). Incluso aquellos a quienes la sociedad considera genios trabajaron muy duro y de manera excepcional para obtener sus logros. Einstein no aprendió a leer hasta los nueve años, y suspendió el examen de ingreso a la universidad, pero trabajó extraordinariamente y tenía una mentalidad muy positiva, que lo llevaba a persistir y a alegrarse por sus errores. Pero en lugar de reconocer y celebrar la naturaleza del trabajo excepcional y la persistencia, el sistema educativo estadounidense se centra en los estudiantes «dotados», a quienes se brindan distintas oportunidades, no porque muestren una gran tenacidad y persistencia, sino, a menudo, porque son rápidos con las operaciones matemáticas básicas.

El caso es que el hecho de etiquetar a algunos estudiantes como dotados perjudica no solo a los que se considera que no tienen ese talento, sino también a los considerados talentosos, ya que los ubica en el camino de la mentalidad fija, y esto hace que sean vulnerables y menos propensos a asumir riesgos. Cuando tenemos programas para estudiantes dotados en las escuelas, les decimos al conjunto de los alumnos que algunos de ellos son genéticamente diferentes. Este mensaje no solo es muy dañino, sino que también es incorrecto. No es sorprendente, tal vez, que los estudios que han seguido a personas calificadas como talentosas al principio de su periplo escolar muestren que estas acaban por tener vidas y empleos normales, dentro de la media (http://ireport.cnn.com/docs/DOC-332952).

Malcolm Gladwell describe la naturaleza de la pericia en su libro *Outliers* (*Fuera de serie*), un éxito de ventas. A partir de una extensa investigación realizada por Anders Ericsson y sus colegas, señala que todos los expertos, incluidos los expertos en matemáticas, han trabajado al menos diez mil horas en su campo (Gladwell, 2011). Pero algunos individuos que han sobresalido en matemáticas optan por no estar orgullosos de su trabajo duro y su esfuerzo; prefieren pensar que nacieron con un don. Esta idea presenta muchos problemas, uno de los cuales es que los estudiantes que tienen éxito a través del trabajo duro a menudo piensan que son unos impostores, porque tuvieron que esforzarse. Muchos de estos estudiantes que obtienen buenas calificaciones abandonan las matemáticas porque no creen que sean realmente para ellos (Solomon, 2007). El origen de este problema es la idea generalizada de que las «personas matemáticas» son aquellas que obtienen buenos resultados en esta materia sin tener que esforzarse; se cree que estas personas nacieron con algún rasgo diferente y que son las únicas que, de algún modo, deberían dedicarse a las matemáticas. Añadamos a este concepto el estereotipo de que hay individuos a quienes las matemáticas se les dan bien «de forma natural» y empezaremos a entender la naturaleza del problema al que nos enfrentamos en Estados Unidos. Muchas personas reconocen que la desigualdad en el campo de las matemáticas proviene de los estereotipos relativos a quiénes pueden tener éxito en este terreno y trabajan para combatirlos a diario. Por desgracia hay otras personas que trabajan arduamente, ya sea de forma consciente o no, para promover las desigualdades que impregnan el panorama de la educación matemática.

Hay algunos profesores de esta asignatura (afortunadamente solo conozco a unos pocos) que piensan que son superiores a los profesores de otras materias de sus escuelas y que su trabajo consiste en encontrar a los pocos estudiantes de matemáticas que son tan especiales como ellos. Un profesor de secundaria al que conocí suspendía al 70 % de sus alumnos en todos los cursos que impartía, todos los años. No veía el fracaso de los alumnos como un reflejo de su forma de enseñar; lo veía como un reflejo de que había estudiantes que, según él, no tenían el «don». Al hablar con este profesor, me di cuenta de que creía justificado suspender a tantos estudiantes, a pesar de que esto significaba acabar con su futuro académico e impedirles graduarse de la escuela secundaria, porque creía que era el guardián del éxito en el campo de las matemáticas y que su trabajo era asegurarse de que solo las «estrellas» pasasen a niveles más altos. Algunos departamentos universitarios de Matemáticas otorgan a los estudiantes una calificación más baja si acuden a su tutor y buscan ayuda. Hacen esto porque el enfoque admirable de trabajar más arduamente, que debería fomentarse, es indicativo, para ellos, de que esos alumnos no tienen el don.

Cuando las matemáticas se enseñan con una actitud elitista, y se sostiene que son más difíciles que otras asignaturas y que solo son adecuadas para unos pocos superdotados, solamente un pequeño subconjunto de quienes podrían tener éxito con las matemáticas —y con las disciplinas científicas que requieren el uso de estas— tienen dicho éxito. Cuando este planteamiento elitista se combina con los estereotipos relativos a quiénes tienen el don, se producen graves desigualdades. Solo tenemos que mirar los datos nacionales relativos a los estudiantes que cursan matemáticas avanzadas para ver el impacto que tiene la cultura matemática elitista y «de los dones» en Estados Unidos. En 2013, el 73 % de los doctorados en Matemáticas los cursaron hombres y el 94 % los cursaron personas de raza blanca o asiáticas. De hecho, la proporción de mujeres que hicieron un doctorado en Matemáticas entre 2004 y 2013 disminuyó; pasó del 34 % del total de los estudiantes al 27 % (Vélez, Maxwell y Rose, 2013). Estos datos deberían motivar debates de alto nivel sobre las desigualdades presentes y crecientes en el ámbito de las matemáticas e incitar a los responsables de la formulación de políticas y otros a considerar seriamente qué estamos haciendo en la educación primaria, intermedia y secundaria que está contribuyendo a ello.

Las mujeres están insuficientemente representadas en la mayoría de las materias STEM (ciencia, tecnología, ingeniería y matemáticas), pero también hay algunos ámbitos de las humanidades en los que la escasa representación de las mujeres es aún más grave. Por ejemplo, en Estados Unidos, el 54 % de los estudiantes que cursan el doctorado en Biología Molecular (una materia STEM) son mujeres, pero solo el 31 % de los alumnos de Filosofía lo son. Estos datos les resultaron interesantes a un grupo de investigadores que estaban buscando las razones de los variados patrones de representación. Descubrieron que las materias en relación con las cuales los profesores valoran más el papel del talento natural e innato son exactamente aquellas en que las mujeres, y los estudiantes afroamericanos en general, están insuficientemente representados (Leslie, Cimpian, Meyer y Freeland, 2015). Como comentaba en el capítulo uno, las matemáticas son la materia STEM en que los profesores tienen unas ideas más fijas sobre quién puede aprenderla. Además, los investigadores descubrieron que cuanto más se valora el talento en un campo, menos doctoras hay en ese campo; encontraron que esta correlación se da en los treinta campos que investigaron. Estas ideas relativas al talento hacen que menos mujeres se impliquen, porque persisten fuertes estereotipos sobre quién puede dedicarse realmente a las matemáticas (Steele, 2011). Si las mujeres están subrepresentadas en la educación superior coincidiendo con que los profesores universitarios de matemáticas creen en el talento innato, es probable que no nos equivoquemos si postulamos que las mismas ideas sobre el talento perjudican a las niñas a lo largo de la enseñanza primaria, intermedia y secundaria.

Carol Dweck, Catherine Good y Aneeta Rattan realizaron una investigación encaminada a esclarecer hasta qué punto los estudiantes sentían que encajaban en el campo de las matemáticas (Good, Rattan y Dweck, 2012); en otras palabras, hasta qué punto sentían que formaban parte de la comunidad matemática y que eran aceptados por quienes, para ellos, representaban la autoridad en este campo. Las investigadoras descubrieron que los sentimientos de pertenencia y aceptación de los alumnos respecto a las matemáticas permitían predecir si planeaban seguir estudiándolas en el futuro. Analizaron también los factores del entorno de los alumnos que conducían a distintos sentimientos de pertenencia, y encontraron que había dos factores que actuaban en contra de la sensación de pertenecer (de estar estudiando la asignatura apropiada). Uno era el mensaje de que la capacidad matemática es un rasgo fijo; el otro, la idea de que las mujeres tienen menos capacidad que los hombres. Estas ideas configuraban el sentimiento de pertenencia de las chicas respecto a las matemáticas, pero no el de los chicos. El menor sentimiento de pertenencia de las muchachas significaba que hacían menos cursos de matemáticas y que obtenían calificaciones más bajas. Pero las niñas que habían recibido el mensaje de que la capacidad matemática se aprende estaban protegidas de los estereotipos negativos: mantenían un alto sentido de pertenencia respecto a las matemáticas y mantenían la intención de seguir estudiándolas en el futuro.

Además de las ideas sobre el talento innato que invaden las matemáticas, otro problema es el pedestal intelectual sobre el que la mayoría de la gente pone a esta disciplina. Se considera que las personas que calculan con rapidez son inteligentes y especiales. Pero ¿a qué se debe esto? Las matemáticas no son más difíciles que otras materias; desafiaría a las personas que piensan así a crear un poema o una obra de arte de gran calidad. Todas las materias tienen una complejidad elevada a partir de cierto punto; la razón por la que mucha gente piensa que las matemáticas son especialmente difíciles es la forma inaccesible en que se suelen enseñar. Debemos cambiar la manera de pensar al respecto si queremos abrir las matemáticas a muchas más personas.

Cuando las desigualdades matemáticas a la hora de ubicar a los estudiantes en los cursos son ilegales

Una fuente de desigualdades en el campo de las matemáticas es el proceso de toma de decisiones para la ubicación de los alumnos en los cursos de la enseñanza secundaria. En Estados Unidos, las materias que estudia un alumno a partir del noveno grado (equivalente a tercero de ESO) determinan, en parte, las oportunidades que tendrá durante el resto de su vida. La mayoría de las universidades requieren haber estudiado matemáticas durante tres años como mínimo en la enseñanza secundaria para admitir a los estudiantes, lo que hace que cursar determinadas materias sea fundamental para su futuro. Esto significa que las escuelas de secundaria deben hacer todo lo posible para asegurarse de que todos sus estudiantes tengan la oportunidad de asistir a los cursos de matemáticas que necesitan. Desde mi punto de vista, debido al papel que desempeñan las matemáticas, los profesores de esta materia y los directores de las escuelas de secundaria tienen la responsabilidad adicional de trabajar incansablemente para que la oportunidad de estudiar matemáticas esté abierta a todos los alumnos. Pero un estudio sobre la ubicación de estos en la enseñanza secundaria arrojó una luz muy interesante, e inquietante, sobre este tema.

En 2012, la Fundación Noyce estudió la ubicación de los estudiantes en nueve distritos escolares del Área de la Bahía de San Francisco y descubrió que más del 60 % de los que habían aprobado Álgebra en el octavo grado (equivalente a segundo de ESO) o que habían alcanzado o superado los requisitos estatales en los exámenes estandarizados de California tuvieron que realizar nuevamente un curso de álgebra en el noveno grado,* de manera que repitieron un curso que ya habían aprobado (Lawyers' Committee for Civil Rights of the San Francisco Bay Area ['comité de abogados para los derechos civiles del Área de la Bahía de San Francisco'], 2013). Esto situaba a los estudiantes en un camino de bajo rendimiento académico del cual muchos nunca se recuperaban. En la mayoría de las escuelas de secundaria estadounidenses, solo los alumnos que empiezan estudiando Geometría pueden llegar a estudiar Estadística o Cálculo. Pero ¿por qué repetían un curso cuando era tan importante para ellos empezar la nueva etapa de la enseñanza desde más arriba si, además, habían aprobado un curso de álgebra? Cuando la Fundación Noyce estudió los datos, descubrió que la gran mayoría de los estudiantes repetidores eran latinos y afroamericanos. Según esos datos, el 52 % de los alumnos asiáticos estudiaron Álgebra 1 en el octavo grado y el 52 % estudiaron Geometría en el noveno grado. Entre los estudiantes blancos, el 59 % estudiaron Álgebra en el octavo grado, y solo el 33 % estaban en Geometría en el noveno grado. Pero lo verdaderamente inquietante era que el 53 % de los estudiantes afroamericanos habían estudiado Álgebra en el octavo grado y solo el 18 % fueron ubicados en Geometría. De manera similar, el 50 % de los estudiantes latinos estudiaron Álgebra en el octavo grado, pero solo el 16 % terminaron en Geometría. El filtraje de la *mayoría* de los estudiantes afroamericanos y latinos que habían aprobado Álgebra a un nivel inferior al que les correspondía es un caso claro de discriminación racial, y la Fundación Comunitaria de Silicon Valley tomó la inusual iniciativa de contratar abogados para mejorar la situación. El bufete contratado encontró que las escuelas estaban actuando ilegalmente. Esta fue su conclusión:

---

* En Estados Unidos, el noveno grado supone el comienzo de la enseñanza secundaria propiamente. Recordemos que en ese país se distingue un período de enseñanza intermedia, que abarca entre el sexto grado (equivalente a sexto de primaria) y el octavo grado (equivalente a segundo de ESO). Para más detalles, ver la nota 3 del capítulo 4, en la página 88 (N. del T.).

Las decisiones intencionadas de ubicación que impactan de manera desproporcionada en los estudiantes minoritarios violan las leyes estatales y federales. Pero los responsables de las decisiones de ubicación en Matemáticas también afrontan una responsabilidad legal si las decisiones de la mala ubicación son el resultado no intencionado de aplicar criterios de ubicación aparentemente objetivos que impactan de manera desproporcionada en los estudiantes minoritarios de las escuelas de secundaria.

En otras palabras, puede ser que los profesores de matemáticas no discriminen intencionalmente por motivos raciales o étnicos, pero si utilizan otros criterios, como el pleno cumplimiento de los deberes, que afectan a los estudiantes de color más que a otros estudiantes, están violando la ley. Uno de los grandes logros de los defensores de los derechos civiles en Estados Unidos fue lograr un impacto final en los criterios importantes. Los abogados de San Francisco destacaron el hecho de que la ubicación en Matemáticas que da lugar a desigualdades es un delito.

Espero que los profesores evaluados indirectamente en el estudio no estuviesen obstaculizando el camino de determinados alumnos debido al color de su piel; supongo que lo que se estaba produciendo era un proceso de racismo más sutil, por el que los profesores decidían que las matemáticas de nivel superior «no eran para» ciertos tipos de estudiantes. El director de una escuela de enseñanza intermedia de otra parte de California me pidió que me sentara con él un día y observara sus datos. Le había molestado descubrir que estudiantes que habían aprobado Álgebra en octavo grado en su escuela hubiesen sido ubicados en cursos de álgebra equivalentes en la escuela de secundaria. Cuando observamos los datos juntos, no pudimos ver ninguna relación entre el rendimiento académico y la ubicación, pero sí advertimos otro tipo de relación, de base étnica: los que pasaban a un curso superior eran principalmente blancos, y los que eran retenidos eran principalmente latinos. Reconocí de inmediato el mismo tipo de discriminación racial que la Fundación Noyce había revelado. Le pregunté al director cómo podía estar sucediendo esto. Me explicó que los profesores de la escuela de secundaria les habían dicho a los de la escuela de enseñanza intermedia que «mejor no» promoviesen a ningún alumno que pudiera suspender, y que si los estudiantes entregaban tarde los deberes o no brillaban en clase, debían ser retenidos. Uno de esos profesores logró, más tarde, instaurar la política de que ningún niño al que se le hubiese impuesto una sanción disciplinaria pudiese estudiar Álgebra en el octavo grado de ninguna de las escuelas de enseñanza intermedia del distrito. Estos sucesos pueden parecer increíbles, pero se están dando porque algunos maestros y directivos creen que son los guardianes de las matemáticas y que su trabajo consiste en encontrar a los estudiantes que están realmente hechos para ellas.

Una vez que la Fundación Noyce identificó el problema y la Fundación Silicon Valley asumió la responsabilidad de alentar a los distritos escolares a mejorar, varios de ellos efectuaron cambios en la forma en que ubicaban a los estudiantes, con efectos inmediatos. Algunas de las decisiones que tomaron los distritos escolares fueron prescindir del criterio de los docentes (por muy triste que sea el hecho de que esto fuera necesario) y ubicar a los estudiantes en los cursos de nivel superior basándose solamente en dos criterios: si habían finalizado todo el curso anterior y los resultados de los exámenes. Las escuelas y los distritos también se comprometieron a trabajar rápidamente durante el verano para poder usar los datos de los exámenes que se reciben unas semanas antes del comienzo del año escolar; también se comprometieron a designar un grupo de trabajo para vigilar el problema y tomar medidas para cambiar de clase de matemáticas a los estudiantes dentro de las primeras semanas del curso si habían sido ubicados en clases de un nivel inferior a aquel en el que debían estar. Las disparidades raciales desaparecieron casi de la noche a la mañana.

Por supuesto, hay otra solución al problema de los estudiantes que son ubicados en cursos y pistas (rutas educativas) de bajo nivel, y es que estos cursos y pistas ni siquiera sean una opción. Sabemos que cuando los alumnos suspenden Álgebra y repiten el curso, normalmente sacan unas notas iguales *o peores* en el segundo (Fong, Jaquet y Finkelstein, 2014). Esto no es sorprendente, ya que los alumnos que repiten curso reciben un gran mensaje de fracaso, un mensaje que hace que muchos decidan que las matemáticas no son lo suyo y que nunca lo serán. Mi solución preferida es mantener altas las expectativas y las oportunidades para todos los estudiantes y ubicar a todos ellos en los cursos de Geometría o Matemáticas Integradas en el primer año de la enseñanza secundaria, independientemente del rendimiento que hayan tenido en Álgebra. Muchas personas cuestionarán esto con el argumento de que algunos no habrán aprendido los contenidos necesarios para tener éxito, pero la geometría les ofrece la oportunidad de empezar un nuevo camino en matemáticas, y no es necesario haber hecho álgebra para llevarlas bien. En el capítulo siguiente describo el trabajo de profesores que agrupan a los estudiantes de manera heterogénea y enseñan contenidos de alto nivel a todos los alumnos; ahí podrás ver el impacto impresionante que tiene esta decisión en el rendimiento académico y las estrategias que utilizan estos profesores para fomentar el éxito.

En Inglaterra y otras naciones del Reino Unido, los alumnos de dieciséis años hacen unos exámenes finales extremadamente importantes, pues son los que les permitirán obtener el Certificado General de Educación Secundaria (GCSE, por sus siglas en inglés). Las calificaciones que obtienen en los exámenes del GCSE determinan qué cursos futuros estarán disponibles para ellos e incluso a qué empleos podrán optar. Para ingresar en la carrera docente, por ejemplo, los aspirantes deben sacar una nota alta tanto en inglés como en matemáticas en los exámenes del GCSE. El examen de matemáticas se ofrece en uno de dos niveles. Los estudiantes que hacen el examen de nivel superior pueden obtener cualquier calificación entre A* (sobresaliente alto) y D (aprobado, pero insuficiente para acceder a la universidad), pero los que hacen el examen de nivel inferior solo pueden obtener una calificación de C (aprobado aceptable) o más baja. La decisión relativa a qué examen hará el estudiante es extremadamente importante y se toma a una edad trágicamente temprana para muchos alumnos, que empiezan a prepararse para uno de los dos exámenes cinco años antes de realizarlo, o antes. En mi estudio de dos escuelas de Inglaterra (Boaler, 2002a), una de ellas dividía a los estudiantes en grupos altos y bajos (equivalentes a las pistas de Estados Unidos), y los que estaban en los grupos bajos se preparaban para el contenido del examen de nivel inferior. Durante tres años, los estudiantes de los grupos bajos debían resolver cuestiones matemáticas más fáciles, con las que se manejaban muy bien, y adquirían el convencimiento de que les iría bien con las matemáticas. No sabían que se estaban preparando para un examen de nivel inferior, en el que la calificación más alta posible solo era una C.

Cuando los alumnos se enteraban de que estaban estudiando para un examen de nivel inferior, muchos de ellos se quedaban desolados y sencillamente se rendían. Por el contrario, otra escuela de Inglaterra adoptó lo que algunos pensaron que era una medida drástica y puso a todos sus alumnos en la senda de prepararse para el examen de nivel superior, independientemente de su rendimiento académico o su preparación anterior. El resultado fue espectacular: a partir de ese momento, la tasa de aprobados pasó del 40 % a ser superior al 90 %. El director me explicó que no habían hecho ningún otro cambio en la escuela; tan solo comenzaron a enseñar a todos los alumnos matemáticas de nivel superior. Los estudiantes, al recibir un mensaje y una oportunidad tan positivos, respondieron fantásticamente;

se esmeraron para aprender los contenidos de nivel superior y se dieron la posibilidad de tener un futuro mucho más brillante. Necesitamos que todos los docentes crean en todos los estudiantes, que rechacen la idea de que algunos alumnos pueden estudiar matemáticas de nivel superior y otros no, y que trabajen para que las matemáticas de nivel superior estén disponibles para todos, independientemente de sus logros previos, el color de su piel o su sexo. En este capítulo y el siguiente hablaré sobre las formas en que los profesores pueden hacer esto.

Para los maestros de matemáticas, cambiar sus ideas respecto a quién puede trabajar con las matemáticas de nivel superior no consiste solamente en que reconsideren en qué curso van a ubicar a sus alumnos. En sus clases, toman decisiones a diario sobre lo que pueden hacer los estudiantes que determinan las rutas de aprendizaje que seguirán. Es natural planificar una lección de matemáticas pensando en que algunos estudiantes sobresaldrán en una determinada tarea y tener una idea bastante clara de quiénes son esos estudiantes, pero todos debemos resistirnos a este pensamiento si queremos romper el ciclo del bajo rendimiento en las aulas.

Cada año asisto a mi clase de pregrado en la increíble Life Academy, una escuela pública de Oakland que está comprometida a combatir los patrones de la desigualdad a diario. En la Life Academy hay mucha diversidad étnica: el 74 % de los estudiantes son latinos o hispanos, el 11 % afroamericanos, el 11 % asiáticos, el 2 % filipinos, el 1 % amerindios y el 1 % blancos, y el 92 % son susceptibles de ser elegidos para tener la comida gratis. La escuela está ubicada en una parte de Oakland en que las actividades de las pandillas y los asesinatos son terriblemente frecuentes. Los profesores de la Life Academy trabajan arduamente para hacer que la escuela sea un espacio seguro, para comunicar a todos los alumnos que pueden alcanzar los niveles más altos y para inspirarlos a acceder a la universidad. Los profesores de matemáticas imparten unas clases heterogéneas sirviéndose de unos métodos complejos, lo cual permite a todos los alumnos asistir a los cursos de matemáticas de alto nivel que necesitan para poder elegir universidad. La Life Academy ha obtenido muchos logros: entre todas las escuelas de secundaria de Oakland, cuenta con la tasa más alta de aceptación de estudiantes por parte de las universidades. Y el porcentaje de alumnos que salen de la escuela preparados para ir a la universidad tras haber asistido a los cursos exigidos en California es de un impresionante 87 %, más alto que el obtenido por las escuelas suburbanas de zonas acomodadas cercanas a Stanford. Algunos docentes creen que determinados estudiantes no pueden rendir a un alto nivel en la educación secundaria porque viven en la pobreza o porque no están debidamente preparados. En el capítulo uno puse un ejemplo de profesores de secundaria que presentaron este argumento ante su junta escolar, pero profesores como los de Life Academy están demostrando todos los días que esto no es cierto, al impartir matemáticas de alto nivel y mandar mensajes positivos a todos los estudiantes.

Recientemente, como preparación para mi curso en línea destinado a estudiantes, mis alumnos y yo entrevistamos a diversos transeúntes por las calles de San Francisco. Encuestamos a unas treinta personas de distintas edades y etnias, y con distintos niveles de logros académicos y antecedentes socioeconómicos. La primera pregunta que les hacíamos era: «¿Puede decirme lo que opina de las matemáticas?». Ocurrió algo muy interesante, y fue que todas las personas nos comentaron de inmediato lo bien que llevaban las matemáticas en la escuela. Esto no habría sucedido si les hubiéramos preguntado acerca de las asignaturas que tienen que ver con el arte, la ciencia o la literatura. Pero para las personas educadas en nuestra cultura, que tanto ensalza el rendimiento, las matemáticas han desempeñado un papel brutal como herramienta de medición que han usado para juzgar su valía.

A menudo conozco a padres que están relajados con el aprendizaje del inglés, las ciencias y otras materias escolares por parte de sus hijos, pero que están extremadamente ansiosos con las matemáticas. Normalmente, estos padres quieren que sus hijos aprendan matemáticas de alto nivel y que asistan a clases de alto nivel lo antes posible, como si de alguna manera fueran a quedarse atrás o a perder una ventaja si no avanzasen con la mayor rapidez posible. Es una lástima, porque se sabe que los estudiantes que están adelantados en matemáticas desde una edad temprana tienen más probabilidades de abandonarlas cuando llega el momento en que sacan notas más bajas. Bill Jacob es profesor de Matemáticas y vicepresidente del Senado Académico de la Universidad de California. Cuando los distritos y los padres le preguntan si es conveniente empujar a los estudiantes a niveles más altos de matemáticas, desaconseja hacerlo, e informa de que apresurarse con el cálculo a menudo tiene como resultado una preparación más floja y que los alumnos abandonan los cursos antes, lo que finalmente los perjudica (Jacob, 2015). También informa de que el curso superior de Cálculo, que esencialmente es de nivel universitario, no hace avanzar a los estudiantes en matemáticas, y afirma que a los alumnos les va mejor si se preparan con mayor solidez en los cursos escolares anteriores. Los estudiantes que cursan Cálculo en la enseñanza secundaria son muy valorados por las universidades, pero basta con que asistan a este curso el último año; no tienen por qué apresurarse con las matemáticas para hacerlo antes con el fin de tener un expediente académico más lustroso. Y estudiar Cálculo no es esencial; algunos de mis alumnos de Stanford, incluidos varios que optaron por carreras STEM, no cursaron esta asignatura en la escuela secundaria. Recientemente, una madre vino a verme a mi despacho de Stanford para quejarse de que en su distrito habían eliminado los cursos avanzados, para que todos los estudiantes pudieran aprender matemáticas avanzadas. Comenzó culpándome agresivamente por las decisiones del distrito, pero durante nuestra conversación fue experimentando varias emociones, incluidas las lágrimas y el alivio. Primero me dijo que el futuro de su hija se había arruinado porque no podía realizar cursos avanzados de matemáticas. Le expliqué que la senda educativa en la que habían colocado a su hija en el distrito seguía conduciendo a Cálculo, y que estaba aprendiendo matemáticas de alto nivel. Le dije que si su hija necesitaba más desafíos, se beneficiaría más de trabajar en profundidad con los conceptos que le estaban enseñando que de acceder a contenidos de mayor nivel con mayor rapidez. La madre se calmó en el transcurso de la conversación y quedó hasta cierto punto aliviada, pero no abandonó la idea de «formar en casa» a su hija, solo en matemáticas.

La manera tradicional de impartir las asignaturas de matemáticas y la cultura del rendimiento que ha penetrado en la trama de la enseñanza y el aprendizaje de esta disciplina perjudican a los estudiantes que obtienen buenas calificaciones en la misma medida que a los que tienen dificultades. Los estudios nos muestran que muchos alumnos que presentan un buen rendimiento académico abandonan las matemáticas, y ven reducida su comprensión conceptual, cuando son ubicados en cursos y pistas superiores (Paek y Foster, 2012). Recientemente, Geoff Smith, presidente de la Olimpiada de Matemáticas británica e internacional, habló públicamente acerca de impulsar a los estudiantes a niveles más altos; dijo que forzar el progreso de los alumnos a través del sistema era un «desastre» y un «error», y que los estudiantes que sacan buenas notas deberían explorar las matemáticas en profundidad en lugar de correr hacia niveles más altos. Pero hay otra manera en que la elitista cultura del rendimiento perjudica a los alumnos que obtienen buenas calificaciones, lo cual vemos en la cantidad de estudiantes que toman las decisiones equivocadas para su futuro. Un estudio realizado en Inglaterra mostró que estudiantes universitarios de Matemáticas habían elegido esta carrera porque siempre habían sido buenos en esta materia. Pero cuando llegaron a la universidad descubrieron que estaban rodeados de otros alumnos tan buenos en matemáticas como ellos (Solomon, 2007). En ese momento experimentaron una crisis de confianza y de identidad (Wenger, 1998). Esos estudiantes no habían aprendido a amar las matemáticas ni a apreciar su belleza, sino que las habían elegido porque podían hacerlo y porque les habían hecho sentir que eran especiales. Rodeados por otras personas aparentemente tan «especiales» como ellos, perdieron su motivación y decidieron abandonar las matemáticas, al darse cuenta de que nunca habían llegado a interesarse por la materia en sí (Solomon, 2007). Ahora bien, por cada estudiante que se encuentra estudiando matemáticas en la universidad cuando no era lo que realmente quería, probablemente haya otros cien que podrían estar estudiándolas y disfrutándolas pero que han sido disuadidos por la imagen errónea que se da en las escuelas de esta disciplina.

Cathy Williams, la directora ejecutiva de Youcubed, fue directora de matemáticas en el ámbito del distrito durante muchos años antes de trasladarse a Stanford. Como parte de su trabajo, conoció a muchos padres que argumentaban que a sus hijos se les deberían enseñar contenidos de un nivel superior porque iban muy adelantados y eran muy inteligentes. En todos estos casos, Cathy ofrecía reunirse con esos estudiantes y los evaluaba con el fin de comprender cuáles podían ser sus necesidades. Invariablemente, se daba cuenta de que los alumnos en cuestión eran rápidos en los procedimientos pero no podían encontrar sentido a las matemáticas o explicar por qué funcionaban las ideas. Podían, por ejemplo, dividir 1 por 3/4 y hallar la solución (uno y un tercio), pero no podían explicar por qué su respuesta tenía sentido.

Cathy les mostraba a los padres que las matemáticas son una materia amplia que va más allá de la velocidad de cálculo y de la velocidad a la que se aplican procedimientos, y que implica la comprensión de las ideas. Y les mostraba una imagen visual que destaca los tres aspectos que componen las matemáticas (ver la figura 6.1).

A continuación les explicaba que sus hijos solo llevaban muy bien una de las tres áreas y que solo estaban empezando a familiarizarse con las otras dimensiones matemáticas importantes. Esos estudiantes no necesitaban tanto más contenidos matemáticos como comprender los que habían aprendido. Debían ir más allá de la repetición de los procedimientos y poder aplicar las ideas matemáticas. Estos son los aspectos del pensamiento matemático que encabezan la lista de requisitos de los empresarios, como se mostró en el capítulo tres.

HABILIDADES PARA
EL CÁLCULO Y PARA
APLICAR PROCEDI-
MIENTOS

COMPRENSIÓN
CONCEPTUAL

RESOLUCIÓN DE
PROBLEMAS

FIGURA 6.1. Se trata de equilibrar los distintos aspectos que componen las matemáticas.

No es culpa de los profesores que una cultura elitista que rinde culto al rendimiento haya penetrado en las matemáticas, puesto que los profesores de matemáticas, tanto como sus alumnos, son juzgados por sus calificaciones. La culpa es de nuestra cultura, que ha favorecido que las matemáticas constituyan un mecanismo de clasificación y un indicador de quién está dotado. Hay una necesidad imperiosa de que las matemáticas pasen de ser una asignatura elitista centrada en el rendimiento utilizada para clasificar a los alumnos (y a los profesores) a ser una asignatura abierta y centrada en el aprendizaje, tanto para los alumnos que obtienen altas calificaciones, que actualmente se están alejando de las matemáticas en cifras récord, como para los que obtienen bajas calificaciones, a quienes se les está negando el acceso a ideas que son totalmente capaces de aprender. Mucha gente está de acuerdo en que los estudiantes necesitan incorporar creencias propias de una mentalidad positiva, pero si realmente queremos inculcar estas ideas en los alumnos, necesitamos cambiar de raíz la forma en que se presentan y enseñan las matemáticas en el seno de la sociedad estadounidense (y de otros países). Termino todos mis correos electrónicos a nuestros suscriptores de Youcubed con las palabras «¡Viva la revolución!». Hago esto porque tengo claro que necesitamos una revolución, que implique cambiar las creencias que tenemos sobre las matemáticas, la asignatura, y también el potencial y la mentalidad de los estudiantes. Esta revolución debe implicar el rechazo del elitismo que impregna esta materia, y pasar del rendimiento al aprendizaje; también debe implicar contemplar las matemáticas como una materia hermosa y multidimensional disponible para todos.

Estrategias para la equidad

¿Cómo podemos hacer que la formación en matemáticas sea más equitativa? En los próximos capítulos hablaré más sobre estrategias beneficiosas para todos los estudiantes, pero aquí hay algunas destinadas a hacer que las matemáticas sean más inclusivas.

1. Ofrecer a todos los alumnos contenidos de alto nivel

En el próximo capítulo profundizaré en las investigaciones y sugeriré estrategias para aumentar la cantidad de estudiantes que tengan la oportunidad de aprender contenidos de matemáticas de alto nivel. Las comparaciones internacionales han demostrado que Estados Unidos ofrece matemáticas de alto nivel a menos estudiantes que la mayoría de los otros países (McKnight y otros, 1987; Schmidt, McKnight y Raizen, 1997). Una manera clara de mejorar el rendimiento académico y promover la equidad es incrementar la cantidad de estudiantes a quienes se les dé la oportunidad de acceder a los contenidos matemáticos de alto nivel. Dedico el siguiente capítulo a explicar las mejores maneras de ofrecer matemáticas de alto nivel a tantos estudiantes como sea posible.

2. Trabajar para cambiar las ideas relativas a quiénes pueden tener éxito con las matemáticas

Los estudios de Carol Dweck, como he señalado anteriormente en este capítulo, nos muestran que según en qué mentalidad se inscriban las creencias de los profesores, estos abren o cierran caminos para los estudiantes, y que la forma de pensar y enseñar propia de la mentalidad fija constituye gran parte de la razón por la que las desigualdades siguen presentes, para las mujeres y los estudiantes de color, en el campo de las matemáticas y en el de las ciencias. Los estudios también muestran, y esto es alentador, que los alumnos que tienen una mentalidad de crecimiento son capaces de ignorar

LAS MATEMÁTICAS Y EL CAMINO HACIA LA EQUIDAD

los mensajes estereotipados y mantener su buen rendimiento; esto indica, nuevamente, la gran necesidad que hay de que los estudiantes y los docentes desarrollen creencias afines a la mentalidad de crecimiento en relación con sus asignaturas, y, en el caso de los profesores, lo conveniente que es que transmitan mensajes propios de la mentalidad de crecimiento a sus alumnos. Dichos mensajes deben darse a los estudiantes lo antes posible y con la mayor frecuencia posible; los capítulos uno, dos y nueve ahondan en esta cuestión. Las creencias relativas al aprendizaje de las matemáticas que se inscriben dentro de la mentalidad de crecimiento pueden ser fundamentales en la búsqueda de una sociedad más igualitaria.

3. Alentar a los estudiantes a pensar profundamente sobre las matemáticas

En 2014 me pidieron que hablara ante la Comisión sobre Mujeres y Niñas en la Casa Blanca. El eje de la jornada eran las formas en que se podía alentar a más mujeres a optar por cursar las carreras STEM. Le dije al grupo ahí reunido que gran parte de la razón por la que no tenemos un número igual de mujeres y hombres en las carreras STEM son las matemáticas.

He descubierto, a través de mi propia investigación (Boaler, 2002b) y otros estudios que han confirmado el mismo hallazgo (Zohar y Sela, 2003), que las niñas, más que los niños, desean una comprensión profunda que no suele ofrecerse en las clases de matemáticas. Esto no quiere decir que todas las niñas la deseen y todos los niños no; es una tendencia. Ellas quieren, más que ellos, saber por qué funcionan los métodos, cuál es su origen y cómo se conectan con dominios conceptuales más amplios (Boaler, 2002b). Este es un objetivo que vale la pena y se trata de que lo tengan todos los estudiantes. Desafortunadamente, la forma de enseñar basada en los procedimientos que impera en muchas aulas significa que la comprensión profunda a menudo no está disponible, y cuando las niñas no pueden obtener dicha comprensión, sacan notas bajas, se alejan de las matemáticas y, a menudo, sienten ansiedad. Las niñas tienen niveles mucho más altos de ansiedad con respecto a las matemáticas que los niños (Organización para la Cooperación y el Desarrollo Económicos [OCDE], 2015), y la falta de comprensión profunda es una de las razones principales de este fenómeno (Boaler, 2014a). Esto es paradójico, porque el deseo de pensar profundamente y comprender realmente los conceptos es admirable, y los estudiantes que expresan esta necesidad son los más adecuados para el trabajo de alto nivel en los campos de las matemáticas, las ciencias y la ingeniería. Estos son los estudiantes que, precisamente, podrían ser muy buenos en las disciplinas STEM y acabar con los ciclos de enseñanza no equitativa. Pero cuando las matemáticas son impartidas sobre la base de los procedimientos, a los alumnos que desean una comprensión profunda, la mayoría de los cuales son niñas, se les niega el acceso a las materias STEM.

En un metaanálisis de ciento veintitrés programas STEM informales para niñas, que incluyen clubes de verano y de actividades extraescolares, los investigadores resumieron las características que, según las niñas, fomentaban la implicación y la formación de una identidad positiva. Las cuatro características principales elegidas por las chicas fueron estas:

- Experiencias prácticas.
- Currículo basado en proyectos.
- Currículo con aplicaciones en la vida real.
- Oportunidades de trabajar en equipo.

También citaron, como característica, los modelos a seguir, pero creían que eran menos importantes que las oportunidades de trabajar en colaboración y de efectuar indagaciones (GSUSA, 2008). El resultado de este estudio a gran escala es coherente con las investigaciones que destacan la preferencia de las niñas por un enfoque de las matemáticas basado en las interconexiones, en el que puedan hacer preguntas sobre por qué, cuándo y cómo funcionan los métodos. Las niñas no son las únicas que prefieren este enfoque, que también está vinculado a un rendimiento académico más alto, pero sí parece que necesitan este enfoque más que los niños, ya que si no se les ofrece es probable que se desentiendan de las matemáticas.

Aprender no consiste solamente en acumular conocimientos; es un proceso de desarrollo de la identidad, por medio del cual los estudiantes deciden quiénes son y quiénes quieren ser (Wenger, 1998). En el caso de muchas niñas y niños, las identidades que ven que se ofrecen en las clases de matemáticas y ciencias son incompatibles con la identidad que quieren para sí mismas y para sí mismos (Boaler y Greeno, 2000). Muchos estudiantes se ven como pensadores, comunicadores y personas que pueden aportar algo al mundo (Jones, Howe y Rua, 2000), y cuando se ven en cursos centrados en los procedimientos, a menudo llegan a la conclusión de que no encajan. Esto tiene que ver con las formas de adquisición de conocimientos que se priorizan en muchas aulas de matemáticas y ciencias, que no dejan espacio para la indagación, las conexiones o la comprensión profunda.

Cuando las matemáticas se imparten como una materia en la que priman las conexiones y la indagación, las desigualdades desaparecen y las notas mejoran en general. En el capítulo cuatro se han ofrecido muchas ideas coherentes con este enfoque de la enseñanza de las matemáticas, y en el capítulo nueve se exponen muchos más ejemplos de tareas, métodos y estrategias que permiten ofrecer a los estudiantes unas matemáticas abiertas y equitativas.

4. Enseñar a los estudiantes a trabajar juntos

Muchos estudios de investigación han demostrado las ventajas que tiene que los estudiantes trabajen juntos para comprender las matemáticas (Boaler y Staples, 2005; Cohen y Lotan, 2014), y el trabajo en grupo es una estrategia que considero fundamental para trabajar bien con las matemáticas. Pero un estudio fascinante demostró que el trabajo en grupo también puede ser determinante para contrarrestar las desigualdades raciales en el rendimiento en matemáticas y en la decisión de qué cursos elegir.

Uri Treisman es un matemático que trabajó durante muchos años en la Universidad de California en Berkeley y que actualmente está en la Universidad de Texas. Cuando estuvo en Berkeley, se alarmó al descubrir que el 60 % de los estudiantes afroamericanos suspendían Cálculo, lo que para muchos de ellos significaba abandonar la universidad. Comparó la experiencia de los estudiantes afroamericanos con la de los estudiantes estadounidenses de origen chino, quienes tenían unos índices de éxito mucho más altos, y estudió las razones de esta diferencia en cuanto al éxito que había entre los distintos grupos étnicos. Descubrió que muchas de las teorías que ofrecían los profesores no eran correctas: los estudiantes afroamericanos no tenían, como pensaban algunos docentes, una preparación más floja, ni la nota media que les permitió acceder a la universidad era más baja, ni habían crecido en entornos sociales más humildes. Pero sí había una diferencia clara entre esos dos grupos culturales: los estudiantes estadounidenses de origen chino trabajaban juntos en las matemáticas. Se reunían por la tarde después de las clases y resolvían juntos los problemas. Cuando tenían dificultades con las matemáticas, obtenían apoyo. Este apoyo consistía, primero, en que tomaban conciencia de que todos sus compañeros también tenían que esforzarse y, segundo, en que no trabajaban solos en la resolución de los problemas. En contraste, los estudiantes afroamericanos trabajaban solos en las matemáticas; su experiencia era solitaria, y cuando tenían dificultades decidían que las matemáticas no eran lo suyo. A partir de estos resultados, Treisman promovió un nuevo enfoque en Berkeley: pasaron a ofrecerse a los alumnos talleres de trabajo en los que abordaban juntos las tareas de matemáticas y recibían mensajes positivos sobre su potencial. El impacto fue drástico: las tasas de fracaso se redujeron a cero en dos años y los estudiantes afroamericanos pasaron a sacar mejores notas que los estadounidenses de origen chino que no asistieron a los talleres (Treisman, 1992).

Este hallazgo no es único. Hay también otros estudios que indican que cuando los alumnos trabajan en las matemáticas en colaboración, lo que también les brinda oportunidades de ver y comprender las conexiones que se dan en el seno de esta disciplina, el resultado es la equidad (Boaler y Staples, 2005).

5. Brindar a las niñas y a los estudiantes de color un estímulo adicional para que aprendan matemáticas y ciencias

Muchos maestros de primaria experimentan ansiedad en relación con las matemáticas, generalmente porque a ellos mismos se les han dado mensajes estereotipados y propios de la mentalidad fija sobre esta materia y su potencial. En mi curso en línea para profesores, expliqué que las matemáticas son una disciplina multidimensional que todo el mundo puede aprender. Esto supuso una revelación para muchos de los maestros de primaria asistentes, que afirmaron que les cambió la vida y los llevó a abordar las matemáticas de manera diferente desde entonces. Alrededor del 85 % de los maestros de primaria de Estados Unidos son mujeres, y Beilock, Gunderson, Ramírez y Levine (2009) encontraron algo muy interesante e importante: que los niveles de ansiedad de las maestras de educación elemental permitían predecir el grado de rendimiento académico de las niñas que había en sus clases, pero no de los niños (Beilock *et al.*, 2009). Las niñas admiran a sus maestras y se identifican con ellas, pero estas a menudo, y lamentablemente, transmiten la idea de que las matemáticas les resultan difíciles o, incluso, de que no son lo suyo. Muchas maestras tratan de consolar a sus alumnas y de mostrarse comprensivas con ellas con respecto a las matemáticas, y les dicen que no se preocupen, que seguro que habrá otras materias que se les darán bien. Actualmente se sabe que estos mensajes son extremadamente dañinos. Unos investigadores descubrieron que cuando las madres les decían a sus hijas que a ellas mismas no se les daban bien las matemáticas en la escuela, las notas de las hijas bajaban *de inmediato* (Eccles y Jacobs, 1986). Los maestros deben reemplazar los mensajes comprensivos del estilo «no te preocupes; las matemáticas no son lo tuyo» por mensajes positivos del estilo «puedes hacerlo; creo en ti; con las matemáticas hay que esforzarse y trabajar duro».

Tanto las niñas como los estudiantes de color, que son grupos especialmente poco representados, no necesitan solamente estrategias educativas que fomenten la igualdad, como los enfoques basados en la colaboración y la indagación, sino que también necesitan que se les envíen mensajes atentos y positivos sobre su valiosa presencia en cuanto estudiantes de matemáticas. Necesitan esto más que otros alumnos debido a los estereotipos sociales prevalecientes sobre las matemáticas. Las investigaciones realizadas sobre la «amenaza de los estereotipos», lideradas por el trabajo de Claude Steele, muestran claramente el daño causado por estos. Steele y sus colegas mostraron que cuando a las niñas se les dio el mensaje de que las niñas sacaban peores notas que los niños en un determinado examen de matemáticas, ellas obtuvieron realmente calificaciones más bajas; en cambio, las que no recibieron ese mensaje rindieron al mismo nivel que los niños en el mismo examen. Steele y sus colegas mostraron a continuación que ni siquiera tenía que darse un mensaje sobre el bajo rendimiento asociado al género. Experimentos posteriores mostraron que las chicas a las que se les indicó que marcaran su sexo en una casilla antes de hacer el examen manifestaron un rendimiento inferior que las que no tuvieron que hacer eso. Steele expuso, a través de este y muchos otros estudios, que los estereotipos están siempre «en el ambiente» y reducen las oportunidades de forma significativa. En experimentos posteriores, mostró el mismo impacto en hombres blancos que jugaron al golf con hombres afroamericanos, al creer, los primeros, que no estaban tan dotados para los deportes. Cuando, antes de jugar al golf, se les hizo notar que había diferencias en cuanto al desempeño según la raza, obtuvieron peores resultados. El trabajo de Steele y sus colegas ha mostrado que cualquier grupo puede verse afectado por los estereotipos cuando trabaja en un área en la que se cree que otro grupo se maneja mejor (Steele, 2011).

Nala Scott, a la izquierda, alumna del penúltimo curso de secundaria, y Dania Allgood, alumna del último curso, son miembros de RoboDoves, un equipo de robótica de la Western High School integrado solamente por mujeres, y están posando con su último robot, Juana de Arco.

Fuente: Baltimore Sun. Foto utilizada con permiso.

Un equipo de robótica de Baltimore compuesto únicamente por mujeres afroamericanas tiene un estante lleno de premios que les han concedido por los robots operados con control remoto que han concebido y construido.

El equipo RoboDoves ha tenido tanto éxito que ha aparecido en la revista *Scientific American*. Compiten contra otros equipos de robótica de escuelas de secundaria, y las chicas muestran un espíritu competitivo combinado con el amor por las matemáticas y las otras materias STEM, una creatividad y un gusto por el diseño que podrían inspirar a muchos. Los estudiantes podrían explorar varios reportajes que se han escrito sobre este equipo de robótica (ver Lee, 2014; Zaleski, 2014).

Desafortunadamente, en las aulas de matemáticas las creencias generalizadas sobre los logros naturalmente altos de los alumnos de sexo masculino y de los estudiantes blancos o asiáticos están muy «en el ambiente». Esto hace que sea fundamental abordar estos estereotipos, y una manera de hacerlo es destacando los logros de las mujeres y las minorías insuficientemente representadas en el campo de las matemáticas y las otras disciplinas STEM. En el recuadro anterior presento, a modo de ejemplo, un caso que podría usarse para debatir esta cuestión en clase. Hay muchos más. Una forma ideal de estructurar este debate sería pedirles a los alumnos que se conviertan en expertos en el ejemplo del que se va a hablar, a través del método del puzle que describo con más detalle en el capítulo ocho (ver el apartado dedicado a los grupos-puzle), y que después compartan sus hallazgos con otros estudiantes.

Los modelos a seguir son extremadamente importantes para los estudiantes, y una de las razones por las que es fundamental diversificar la fuerza docente.

Además de destacar los modelos a seguir, aprovecha otras oportunidades para alentar a los estudiantes que puedan necesitar un estímulo adicional. En mi segundo año como profesora de matemáticas en una escuela integral de Londres, comencé a celebrar el Día Internacional de la Mujer en la escuela realizando sesiones de matemáticas para chicas en las que trabajábamos juntas en cuestiones matemáticas interesantes y en las que ponderábamos a matemáticas famosas. En esos momentos impartía clase en la escuela Haverstock, una escuela de secundaria del interior de Londres en la que había una diversidad cultural considerable y en la que los alumnos hablaban, en conjunto, más de cuarenta idiomas. Un resultado notable que se obtenía ese día de celebración era que muchas de las chicas más calladas, especialmente las de origen indio, ganaban confianza y estaban más participativas; esta mayor implicación se trasladaba, después, a las clases de matemáticas.

Hay otras formas de alentar a las niñas y a las minorías poco representadas a que perseveren con las matemáticas. Mi idea principal es que tal vez no sea suficiente que, como profesores de esta asignatura, tratemos a los estudiantes por igual en la búsqueda de la equidad. Algunos alumnos se enfrentan a unos obstáculos y unas desventajas adicionales, que debemos abordar de forma deliberada si queremos tener una sociedad más igualitaria.

6. Prescindir de los deberes, o al menos cambiar la orientación de estos

PISA, el grupo de evaluación internacional que maneja datos relativos a trece millones de estudiantes, efectuó una declaración importante en 2015. Después de estudiar las relaciones existentes entre los deberes, el rendimiento académico y la equidad, anunció que los deberes perpetúan las desigualdades en el ámbito de la educación (Programa Internacional para la Evaluación de los Alumnos [PISA], 2015). Además, el grupo PISA cuestionó que los deberes presentasen algún valor académico, ya que no parece que mejoren las notas de los estudiantes. Este no es un hallazgo aislado; la investigación académica ha encontrado constantemente que los deberes afectan negativamente al rendimiento académico o no lo afectan en absoluto. Baker y LeTendre (2005), por ejemplo, compararon las notas estandarizadas de matemáticas en varios países y no encontraron un vínculo positivo entre la frecuencia en que se ponían deberes de matemáticas y el rendimiento de los estudiantes en esta materia. Mikki (2006) halló que los alumnos de los países en los que se ponían más deberes de matemáticas obtenían, globalmente, notas más bajas en los exámenes que los de los países en los que se ponían menos deberes en esta asignatura. Kitsantas, Cheema y Ware (2011) examinaron a cinco mil niños de quince y dieciséis años pertenecientes a familias con distintos niveles de ingresos y a distintas etnias y también encontraron que cuanto más tiempo pasaban los estudiantes haciendo deberes de matemáticas peores eran sus calificaciones en esta disciplina; esto ocurría con todos los grupos étnicos.

Es fácil ver por qué los deberes incrementan la desigualdad: los alumnos que viven en hogares menos privilegiados rara vez disponen de un lugar tranquilo en el que estudiar; a menudo tienen que hacer los deberes por la noche, ya sea en el hogar, mientras sus padres están en el trabajo, o en el contexto de un empleo remunerado que ellos mismos tienen; y es menos probable que dispongan de recursos como libros y dispositivos con Internet en el hogar. Cuando les mandamos deberes a los estudiantes, estamos poniendo obstáculos a aquellos que necesitan más nuestro apoyo. Este solo hecho basta para que los deberes sean indefendibles desde mi punto de vista.

Como madre que ve a sus hijas estresadas a causa de los deberes muchas noches de la semana, que no les permiten dedicar tiempo a jugar o a la familia, tengo un problema personal con los deberes sobre el cual quiero ser muy franca. Cuando mi hija de ocho años me dijo la semana pasada que no quería hacer los deberes sino que, en lugar de ello, prefería sentarse y jugar, en las dos horas a las que se reducen nuestras noches, no se me ocurrió decirle más que esto: «Voy a escribirle una carta a tu maestra para decirle que hoy no vas a hacer los deberes». ¿No es razonable que una niña de ocho años pida pasar las últimas horas de la tarde participando en actividades con su familia? Mis hijas pertenecen a una familia en la que sus padres trabajan mucho; ni siquiera las vemos hasta las cinco y media, que es cuando empezamos a preparar la cena. Cuando hemos acabado de cenar, disponemos de una o dos horas antes de acostarnos, pero rara vez dedicamos este tiempo a hablar o jugar, ya que la presión de los deberes irrumpe cada noche. Esos no son buenos momentos para que mis hijas se encuentren con problemas difíciles; a menudo están muy cansadas, por lo que terminan pensando que esos problemas son demasiado para ellas. Es injusto e imprudente presentar problemas difíciles a los estudiantes para que los resuelvan cuando están cansados, a veces incluso agotados, al final del día. Me pregunto si los profesores que preparan los deberes piensan que los niños disponen de horas para hacerlos por la tarde, acompañados de un padre cariñoso que no trabaja. Si no piensan esto, no entiendo por qué creen que pueden determinar cómo los niños deben pasar el tiempo en familia por las noches.

Además de las desigualdades provocadas por los deberes, el estrés que causan (Conner, Pope y Galloway, 2009; Galloway y Pope, 2007), el tiempo que impiden pasar en familia y su impacto nulo o negativo en las calificaciones (PISA, 2015), ocurre que la calidad de los deberes de matemáticas suele ser baja, en el mejor de los casos. En todos los años que mi hija mayor estuvo en la escuela de primaria, rara vez vi que le pusiesen unos deberes que la ayudaran a entender los contenidos matemáticos, pero sí fui testigo de muchos deberes que le causaron un estrés considerable. Por alguna razón, los maestros de matemáticas, y sus libros de texto, parecen reservar las tareas matemáticas más aburridas para ponerlas como deberes. Le han dado tablas de multiplicar para memorizar; páginas con cuarenta operaciones matemáticas por resolver, todas basadas en el mismo concepto, y muchas preguntas que aprendió a responder correctamente en clase y no tenía por qué abordar de nuevo en casa. La utilidad de la mayoría de los deberes de matemáticas que se ponen en Estados Unidos y otros países es baja, y el daño que provocan es significativo.

Cuando las clases comienzan con el repaso de los deberes, las desigualdades se intensifican, pues algunos alumnos empiezan el tiempo que cada día dedican a las matemáticas en el aula por detrás de los demás. Cuando me mudé a Estados Unidos, me sorprendió ver que los profesores dedican entre veinte y treinta minutos, en cada clase, a repasar los deberes. Esto no sucede nunca en Inglaterra, donde los deberes se abordan de manera muy diferente. En las escuelas de enseñanza intermedia y secundaria estadounidenses que conozco, cada día se ponen deberes de todas las asignaturas para que los alumnos los hagan por la noche. En Inglaterra, los profesores de las distintas asignaturas mandan deberes una vez por semana. A lo largo de mi vida escolar, normalmente tenía deberes de una materia cada noche, y tardaba una hora en hacerlos, aproximadamente, en los últimos años de la educación secundaria. En Estados Unidos, al menos en mi distrito escolar, los alumnos de las escuelas de secundaria permanecen regularmente hasta las dos de la madrugada haciendo los deberes. Los niveles de estrés que afirman experimentar los estudiantes son muy altos, y uno de los principales factores que causan estrés son los deberes. La cantidad significativamente menor de deberes que se ponen en el Reino Unido es probablemente una de las razones principales por las que los deberes reciben menos atención allí y por las que ocasionan mucho menos estrés que en Estados Unidos.

Si como docente o director de escuela quieres promover la equidad y dar el paso valiente de erradicar los deberes, hay muchos recursos que exponen los resultados de las investigaciones al respecto para ayudarte, como *El mito de los deberes*, de Alfie Kohn, los argumentos de Salman Khan en *The One World School House* [La escuela «un solo mundo»] y muchos recursos de Challenge Success (por ejemplo, Challenge Success, 2012).

Si no puedes prescindir de poner deberes, te recomiendo que cambies su orientación: en lugar de plantear problemas y operaciones a tus alumnos centrados en el desempeño, plantéales cuestiones que los animen a repasar los contenidos matemáticos de la lección y a centrarse en las ideas importantes. Está constatado que este enfoque es importante para su rendimiento académico (PISA, 2012). Los cuadros 6.1 y 4.2 (en las páginas 84-85) ofrecen ejemplos de deberes que inducen a la reflexión.

Como alternativa, los deberes podrían ser una oportunidad para ofrecerles a los estudiantes proyectos de investigación; por ejemplo, podrían buscar ejemplos de Fibonacci en el hogar y en el exterior. Solo deberían ponerse deberes si la tarea es valiosa e induce la reflexión o la investigación activa en el hogar. Si los deberes se abordasen de esta manera, y prescindiésemos de las páginas de ejercicios mecánicos que se envían a las casas a diario, permitiríamos que millones de estudiantes empleasen su tiempo de manera más productiva y experimentasen menos estrés; también daríamos un paso de gigante para promover escuelas más equitativas.

Mis deberes
Mis reflexiones

¿Cuál ha sido la idea principal que has aprendido hoy?

AMO LAS

MATEMÁTICAS

Anota algo con lo que tengas dificultades o sobre lo cual tengas preguntas.

¿Cómo podrían utilizarse en la vida las ideas de la lección de hoy?

CUADRO 6.1

Conclusión

Las distintas estrategias favorables a la equidad que he sugerido en la segunda parte de este capítulo (cambiar los mensajes relativos a quiénes pueden tener éxito con las matemáticas; proporcionar más oportunidades para la indagación; eliminar, reducir o reorientar los deberes, y alentar el trabajo en grupo) no son las estrategias habituales que se recomiendan a los profesores en los debates centrados en las desigualdades que afectan a las materias STEM. Cuando hablé recientemente ante la Comisión sobre Mujeres y Niñas en la Casa Blanca, argumenté que la enseñanza a menudo se ha quedado fuera de los debates sobre la promoción de la equidad. Las organizaciones se preocupan por los modelos a seguir, y en ocasiones son conscientes de la importancia de la mentalidad, pero rara vez toman en consideración el enorme papel que desempeñan la enseñanza y los métodos de enseñanza, sobre lo cual me he extendido en este capítulo. Los docentes pueden ser determinantes para los estudiantes que se han encontrado con obstáculos y desigualdades en su vida, a través de la manera en que presentan las matemáticas y de aprovechar las oportunidades que tengan de alentar a los alumnos vulnerables. Las matemáticas son una asignatura fundamental para el futuro de todos los estudiantes, ya que constituyen un prerrequisito para el acceso a la universidad y a muchos campos. Esto significa que los profesores de matemáticas tienen la responsabilidad y la oportunidad de hacer que esta materia sea accesible para todos. Nuestra sociedad ha favorecido un enfoque elitista de las matemáticas, pero los profesores y los padres pueden rechazar dichos mensajes y abrir un camino diferente para los estudiantes, uno que empiece con mensajes positivos sobre el éxito y el valor de la persistencia y el trabajo, y que continúe con estrategias de enseñanza promotoras de la equidad que posibiliten que todos los estudiantes puedan lograr sus objetivos.

CAPÍTULO 7

Del sistema de pistas a la agrupación favorable a la mentalidad de crecimiento

Oportunidades de aprender

Aún recuerdo claramente la primera lección de matemáticas que impartí. Fue en la escuela Haverstock, en Camden Town (Londres). He descrito esta escuela en el capítulo seis. Cuando llegué ahí, el departamento de Matemáticas usaba un sistema de pistas según el cual los alumnos trabajaban de manera heterogénea hasta el noveno grado (equivalente a tercero de ESO), momento en el cual eran ubicados en uno de cuatro grupos. Entré en el aula emocionada ante la perspectiva de dar clase a mis alumnos de noveno ese día, armada de conocimientos teóricos sobre las formas de enseñar eficaces. Pero a mis alumnos acababan de ubicarlos en el grupo inferior. Cuando los saludé ese día, el primer mensaje que obtuve de ellos fue de cuestionamiento de su aprendizaje de las matemáticas: «Total, ¿para qué?». Ese año trabajé arduamente para darles mensajes inspiradores y usar los métodos de enseñanza que había aprendido, pero los habían incluido en la ruta de bajo nivel a su pesar, y no había mucho que yo pudiese hacer para cambiar esa realidad. Al año siguiente, trabajé con el resto del departamento de Matemáticas para acabar con la discriminación por grupos, y esa escuela ha continuado ofreciendo matemáticas de alto nivel a todos los estudiantes desde entonces.

Un factor clave en el rendimiento académico de los estudiantes se conoce como *oportunidad de aprender*. Explicado en pocas palabras, si los alumnos pasan tiempo en clases donde se imparten contenidos de alto nivel, alcanzan niveles más altos. Por supuesto, esto no nos sorprende a ninguno de nosotros, pero sí es sorprendente el hecho de que, aunque se sabe que la oportunidad de aprender es la condición más importante para el aprendizaje (Wang, 1998; Elmore y Fuhrman, 1995), a millones de estudiantes se les niega la oportunidad de aprender los contenidos que necesitan, y que podrían dominar, al ser ubicados en clases de bajo nivel, a veces desde una edad muy temprana.

Me impactó una estadística de Inglaterra según la cual el 88 % de los estudiantes colocados en pistas (o grupos de distinto nivel) a la edad de cuatro años permanecían en la misma pista durante el resto de su vida escolar (Dixon, 2002). El hecho de que el futuro de los niños se decida por ellos cuando tienen cuatro años, o incluso catorce, supone un desprecio hacia el trabajo de los maestros y las escuelas y va en sentido contrario a las informaciones básicas que ofrecen los estudios realizados sobre el desarrollo y el aprendizaje infantil. Los niños se desarrollan a unos ritmos y tiempos diferentes, y revelan distintos intereses, puntos fuertes y propensiones según la etapa en la que se encuentren en su desarrollo. No podemos saber de qué es capaz un niño de cuatro o catorce años, y los mejores entornos que podemos ofrecer a los estudiantes son aquellos en los que puedan aprender contenidos de alto nivel, sus intereses puedan ser despertados y fomentados, y los profesores estén preparados para reconocer, cultivar y desarrollar su potencial en cualquier momento. La nueva ciencia del cerebro nos habla de la increíble capacidad que tiene este órgano de crecer y reconfigurarse en cualquier momento; esto, junto con las pruebas existentes sobre lo importantes que son las ideas que tienen los estudiantes sobre su propio potencial, se suma a la gran cantidad de indicios que apuntan a la necesidad de ir más allá de los sistemas obsoletos de las pistas. Estos sistemas, desarrollados en tiempos en los que no se tenían ciertos conocimientos que se tienen en la actualidad, continúan limitando el rendimiento académico de los estudiantes, independientemente del grado de rendimiento que hubiesen mostrado con anterioridad.

En uno de estos últimos años, en una ocasión en la que estaba hablando ante un grupo de más de ochocientos profesores de matemáticas que tenían roles de liderazgo en su materia, les pregunté: «¿Qué prácticas escolares transmiten a los alumnos mensajes afines a la mentalidad fija?». Cada uno escribió el nombre de la práctica que, según él o ella, transmitía más este tipo de mensajes, y recopilé las respuestas. Destacaron algunas prácticas sobre las que he escrito en este libro, especialmente la evaluación y la calificación (sobre las que me extiendo en el capítulo ocho), pero hubo una clara vencedora: la agrupación de los alumnos en función de sus supuestas capacidades. Estoy de acuerdo con esta valoración. No podemos ofrecerles a los estudiantes un mensaje de mentalidad fija más sólido que el que les damos al meterlos en determinados grupos en función de su rendimiento actual y enseñarles en consecuencia. Los fuertes mensajes asociados con las pistas son perjudiciales para ellos, tanto si son ubicados en los grupos de menor nivel como si son colocados en los grupos de mayor nivel (Boaler, 1997; Boaler, 2013a; Boaler y Wiliam, 2001; Boaler, Wiliam y Brown, 2001). Carissa Romero, una estudiante de doctorado que trabajó con Carol Dweck y acabó por tener un cargo directivo en Stanford, descubrió que los estudiantes afectados más negativamente por los mensajes afines a la mentalidad fija cuando entraron en el sistema de pistas fueron los que ingresaron en la pista superior (Romero, 2013).

Acabar con las pistas

En muchas escuelas estadounidenses, a los estudiantes se los incluye en grupos de distinto nivel, en la asignatura de matemáticas, en el séptimo grado (equivalente a primero de ESO). Cuando hablo de pistas, me refiero a la constitución de clases separadas que proporcionan contenidos de mayor o menor nivel a los alumnos. Un hallazgo importante de los analistas internacionales que estudian el rendimiento académico en matemáticas es que los países en que los alumnos llevan mejor la asignatura son aquellos que los agrupan menos en función de sus presuntas capacidades. En el Tercer Estudio Internacional de Matemáticas y Ciencias, por ejemplo, se encontró que Estados Unidos es el país en el que existe mayor variabilidad en el rendimiento académico de los estudiantes, es decir, más separación por pistas. Y el país que presenta el mayor rendimiento académico es Corea; este es también el país en el que hay menos separación por pistas y en el que el rendimiento es más igualado. Estados Unidos también presenta los vínculos más fuertes entre el rendimiento y el estatus socioeconómico, lo cual se ha atribuido al sistema de pistas (Beaton y O'Dwyer, 2002). Países tan diferentes como Finlandia y China encabezan el mundo en rendimiento en matemáticas, y ambos rechazan la agrupación de los alumnos en función de su teórica capacidad; les imparten a todos contenidos de alto nivel.

El Distrito Escolar Unificado de San Francisco, uno de los distritos escolares más grandes de California, tomó la valiente decisión de eliminar todos los tipos de pistas y todas las clases avanzadas antes del décimo grado (equivalente a cuarto de ESO). Hasta el décimo grado, se anima a todos los alumnos a alcanzar el nivel más alto que puedan. Todos los estudiantes pueden cursar Cálculo, y las mismas clases de alto nivel están disponibles para todos en los últimos años. La decisión que se tomó en San Francisco es muy inusual y admirable; la junta escolar aprobó por unanimidad la moción para eliminar las pistas tempranas tras examinar cuidadosamente los resultados de las investigaciones. En la mayoría de los distritos escolares, los estudiantes son separados en vías inferiores y superiores mucho antes. En un distrito escolar cercano a Stanford, en una comunidad que presenta un rendimiento académico extremadamente alto, a la mitad de los estudiantes se los coloca en pistas de bajo nivel en el séptimo grado, lo cual les impedirá cursar Cálculo más adelante. Es entonces cuando los padres oyen un sonido extraño y desagradable: el que hace la puerta que da acceso al futuro de sus hijos al cerrarse. Si queremos entrar en una nueva época en la que todos los estudiantes aspiren a conocer las matemáticas de alto nivel, debemos optar por formas de agrupación más flexibles y basadas en los resultados de las investigaciones. Más adelante en este capítulo describiré estos tipos de agrupación.

Es difícil para los docentes darles a todos los alumnos ejercicios de un nivel apropiado para cada uno de ellos. Saben que hay un punto ideal en el que los ejercicios son difíciles para los estudiantes pero no tanto como para que no puedan abordarlos; en este punto, la implicación del conjunto de los estudiantes es óptima. Puede parecer lógico que el punto ideal sea más fácil de lograr si los estudiantes son agrupados en función de su rendimiento. Pero una de las razones por las que los alumnos rinden menos en los grupos divididos por pistas es que dentro de estos grupos siguen teniendo unas necesidades muy diferentes y viviendo unas realidades sociales muy dispares; sin embargo, los profesores tienden a pensar que todos los estudiantes son iguales, y eligen unas tareas acotadas y consistentes en ejercicios breves, que son demasiado fáciles para algunos y demasiado difíciles para otros. Este es el motivo por el cual ofrecer tareas «de suelo bajo y techo alto» en las clases de matemáticas es tan importante para el futuro de esta materia en Estados Unidos, y también es pertinente en otros países. La otra razón por la que las pistas mitigan el rendimiento, más obvia, es el mensaje afín a la mentalidad fija que esta división comunica en voz alta a todos los estudiantes.

Ha habido investigaciones que han mostrado lo que sucede cuando las escuelas y los distritos deciden prescindir de las pistas. Un importante estudio mostró el impacto de esta medida en el distrito escolar de la ciudad de Nueva York. Ahí, los estudiantes asistían a clases normales o avanzadas en la enseñanza intermedia. Hasta que el distrito decidió acabar con los cursos avanzados y que se impartiesen matemáticas avanzadas a todos los alumnos de esta etapa educativa. Los investigadores pudieron hacer el seguimiento de la evolución de tres grupos de estudiantes desde el momento en que entraron en la enseñanza secundaria, en tres años consecutivos, que habían sido ubicados en pistas al principio de la enseñanza intermedia; y, a continuación, hicieron el seguimiento de la evolución de tres grupos de estudiantes que ya no habían seguido el sistema de pistas en la educación intermedia, también desde el momento en que entraron en la enseñanza secundaria, en tres años consecutivos. Es decir, los estudiantes de tres grupos de edad habían entrado en el sistema de pistas y los estudiantes de los tres grupos de edad siguientes solo habían estado en aulas heterogéneas. El seguimiento se prolongó desde que estos distintos grupos empezaron la educación secundaria hasta que la acabaron. Lo que hallaron los investigadores fue que los estudiantes que no asistían a los cursos avanzados característicos del sistema de pistas —porque la distinción entre el curso avanzado y el de menor nivel se había erradicado en favor de la heterogeneidad— aprendieron contenidos matemáticos más avanzados y disfrutaron más la asignatura que aquellos que habían sido ubicados en las pistas; además, aprobaron el examen estatal de Nueva York *un año antes* que estos. Los investigadores también constataron que salieron beneficiados los estudiantes que presentaban cualquier grado de rendimiento académico, desde el más bajo hasta el más alto (Burris, Heubert y Levin, 2006). Estos mismos hallazgos se han obtenido también en los sucesivos estudios en los que se ha evaluado esta cuestión (ver, por ejemplo, Boaler, 2013b). Una cantidad significativa de datos procedentes de las investigaciones apunta a los efectos perjudiciales del sistema de pistas, pero este sigue vigente en la mayoría de las escuelas de todo Estados Unidos. En el resto de este capítulo explicaré que pueden utilizarse formas de agrupar a los alumnos más modernas y efectivas, que brinden a todos ellos oportunidades y mensajes afines a la mentalidad de crecimiento.

La agrupación favorable a la mentalidad de crecimiento

Jill Barshay es una reportera del *Hechinger Post*. Su popular columna «Educación por medio de los números» se publica semanalmente en el *U.S. News & World Report*. Jill me dijo que después de leer mi libro *What's Math Got to Do with It?* y hacer mi curso en línea para profesores, se inspiró para impartir matemáticas. Comenzó a enseñar álgebra a los alumnos de noveno grado (el equivalente a tercero de ESO) en una escuela de Brooklyn. Pero no había previsto que iba a encontrarse con una clase integrada por estudiantes desmoralizados que se habían rendido con las matemáticas y en general porque no los habían elegido para cursar Álgebra en el octavo grado. Le dijeron a Jill que no eran «los niños inteligentes» y manifestaron un mal comportamiento todo el curso. Desafortunadamente, este es uno de los resultados de ubicar a los alumnos en pistas. La mayor parte de los comportamientos malos y apáticos que se dan en las aulas los tienen estudiantes que no creen que puedan tener éxito. A los profesores les preocupa que prescindir de las pistas sea problemático porque los alumnos que tienen malos comportamientos van a mezclarse con los demás, pero la realidad es que los estudiantes comienzan a comportarse mal cuando reciben el mensaje de que no dan la talla. ¿Quién puede culparlos? En toda mi experiencia como profesora de grupos heterogéneos de estudiantes, he descubierto que cuando estos empiezan a creer que pueden llevar bien las matemáticas y entienden que creo en ellos, el mal comportamiento y la falta de motivación desaparecen.

Durante muchos años he trabajado en una escuela de enseñanza intermedia increíble que está muy comprometida con el fomento de la mentalidad de crecimiento y siempre había agrupado a los estudiantes de manera heterogénea. Hace unos años, algunos padres presionaron para que sus hijos pudieran llegar a la enseñanza secundaria habiendo hecho un curso que siempre ha pertenecido a ese nivel: Geometría. Finalmente, la escuela sucumbió a la presión y comenzó a agrupar a los estudiantes en clases de matemáticas ordinarias y avanzadas. Este cambio fue desastroso; dio lugar a un gran incremento de la desmotivación en todos los niveles de rendimiento. La escuela informó de que alumnos con un rendimiento académico similar que habían sido ubicados en grupos diferentes experimentaron grandes problemas, y muchos de ellos desarrollaron una mentalidad fija en relación con su capacidad. También descubrieron que estudiantes avanzados empezaron a sentir antipatía hacia las matemáticas, y muchos optaron por abandonar el curso avanzado, lo que los perjudicó aún más. En dos años, la escuela abandonó el sistema de pistas y volvió a ubicar a los alumnos en grupos heterogéneos. En la actualidad ofrece Geometría como una materia opcional para cualquier persona que quiera cursarla antes de entrar en la enseñanza secundaria. Esta es una excelente estrategia para lidiar con la presión de los padres, ya que ofrece una opción a los estudiantes que desean hacer un curso más avanzado sin comunicar mensajes perjudiciales afines a la mentalidad fija a todos los alumnos acerca de su potencial. Era muy importante que Geometría se ofreciera como opción para todos los estudiantes de la escuela.

Los docentes que deseen ofrecer oportunidades de alto nivel a todos los estudiantes pero estén obligados a impartir sus clases dentro del sistema de pistas pueden elegir enseñarles a todos contenidos de alto nivel, sea cual sea la pista en la que se encuentren. Los profesores con los que he trabajado que han hecho esto saben que las pistas limitan el rendimiento académico de los alumnos, y que los que se encuentran en las clases del nivel inferior podrían seguir las del nivel superior si se les diesen los mensajes correctos y se beneficiasen de los métodos de enseñanza adecuados.

En otra excelente escuela de enseñanza intermedia de una zona urbana, que también estaba comprometida con la enseñanza afín a la mentalidad de crecimiento, los profesores decidieron abandonar el sistema de pistas y ofrecieron la opción de un curso destinado a apoyar a los estudiantes que presentaban un rendimiento menor. También en este caso el curso se ofreció a todos, a cualquiera que quisiera dedicar algo más de tiempo a profundizar. Las clases de este curso adicional se impartían a continuación de las clases de matemáticas ordinarias y no eran de recuperación: ofrecían la oportunidad de repasar los contenidos matemáticos impartidos en el curso ordinario y hablar de ellos; se regresaba a las ideas de la clase principal y se profundizaba un poco más. Muchos alumnos optaban por asistir al curso adicional: todos los que tenían dificultades con las matemáticas, pero también los que no las tenían pero querían obtener comprensiones más profundas. Es importante tener en cuenta que estas clases podía elegirlas cualquier estudiante, y que su nombre no indicaba que estuviesen destinadas a los alumnos que podían tener dificultades.

Los profesores que están comprometidos con un futuro diferente, en el que todos los alumnos tengan oportunidades y una mentalidad de crecimiento, y que eligen dar clase a aulas heterogéneas, son admirables. Pero la enseñanza a grupos de estudiantes cuyos logros previos son más diversos requiere unos conocimientos específicos. No basta con eliminar las pistas y luego enseñar a través de ejercicios matemáticos encorsetados que solo puedan resolver unos pocos estudiantes. A lo largo de los años he tenido la suerte de trabajar con muchos profesores increíbles, comprometidos con la equidad, que dan clase a grupos compuestos por estudiantes de rendimientos diversos con gran éxito. En lo que resta de capítulo, compartiré algunas estrategias importantes para impartir clase a grupos heterogéneos de manera efectiva. Todas estas estrategias están respaldadas por lo que revelan las investigaciones.

Cómo impartir clase a grupos heterogéneos de manera efectiva: las tareas de matemáticas

Al eliminar las pistas de las clases de matemáticas, es muy importante que les ofrezcamos a los alumnos la oportunidad de llevar las matemáticas a diferentes niveles y no darles tareas adecuadas solamente para un pequeño subconjunto de ellos. Hay varias maneras en que se puede alentar a los estudiantes a llevar las matemáticas a distintos niveles.

1. Proporcionar tareas abiertas

Como he explicado en el capítulo cinco, si se hacen preguntas cerradas a los estudiantes que están en grupos heterogéneos, muchos o bien fallarán o bien lo tendrán demasiado fácil. Por esta razón es imperativo que las tareas sean abiertas, que tengan «el suelo bajo y el techo alto» (ver la figura 7.1). Las tareas de suelo bajo y techo alto permiten a todos los alumnos acceder a las ideas y llevarlas a niveles muy altos. Afortunadamente, este tipo de tareas son también las más atractivas e interesantes, y son valiosas más allá del hecho de que son apropiadas para estudiantes con distintos niveles de logros anteriores. Muestran contenidos matemáticos importantes, inspiran interés y fomentan la creatividad. En el capítulo cinco se exponen una serie de ejemplos de dichas tareas y enlaces a sitios web que las proporcionan.

En Phoenix Park, una escuela inglesa de mucho éxito que usaba métodos basados en los proyectos, los profesores habían reunido diversas tareas de suelo bajo y techo alto que los estudiantes podían llevar a cualquier nivel. Algunos alumnos llevaban las tareas a niveles muy altos algunos días, y otros alumnos otros días. Era imposible predecir cuáles llevarían las tareas a niveles más altos en un día determinado. Como debe ser. En el capítulo cinco ponía el ejemplo del problema del área máxima encerrada por una cerca:

El juego de los sobrecitos

Círculos y estrellas

La bola de helado

FIGURA 7.1. Tareas abiertas. *Fuente*: Youcubed.

para algunos estudiantes, esto significó aprender sobre trigonometría; para otros, aprender sobre Pitágoras; para otros, aprender sobre la forma en relación con el área. El rol del docente en el aula era comentar los contenidos matemáticos en los que trabajaban los estudiantes, para guiarlos y ampliar su pensamiento. En el aula tradicional, el libro de texto tiene esta finalidad, a través de los contenidos matemáticos que presenta, pero se trata de un instrumento muy contundente que no puede decir lo que un determinado alumno sabe o necesita saber. En una clase articulada alrededor de la mentalidad de crecimiento, el profesor es quien toma estas decisiones, para desafiar a los individuos o los grupos de estudiantes, apoyarlos y hacer que lleguen exactamente al nivel pertinente. Las oportunidades que tienen los docentes de interactuar con sus alumnos mientras trabajan en tareas abiertas y de presentarles contenidos y mantener debates importantes con ellos son algunas de las razones por las que los alumnos se manejan bien en estos entornos educativos. Esta forma de enseñar, aunque exigente, también es extremadamente satisfactoria para los profesores, especialmente cuando ven que estudiantes que carecían de confianza y sacaban malas notas despegan y alzan el vuelo.

Hace unos años, en Inglaterra, trabajé con un grupo de profesores que habían decidido prescindir del sistema de pistas en sus clases de la enseñanza intermedia y secundaria después de aprender el método de la *instrucción compleja* que describo un poco más adelante. No habían recibido ninguna formación especial y no habían desarrollado el maravilloso plan de estudios utilizado en Phoenix Park, pero habían aprendido sobre la instrucción compleja y recopilado algunas tareas de suelo bajo y techo alto. Al final de la primera semana de aplicar la nueva modalidad de enseñanza, un profesor exclamó con asombro que un alumno que en el sistema de pistas «habría estado en el grupo inferior» fue el primero en resolver una tarea que les dio a los estudiantes. Con el tiempo, los profesores continuaron sorprendiéndose y alegrándose por los variados métodos creativos mostrados por todo el espectro de alumnos, desde los que habían obtenido calificaciones más altas hasta los que habían obtenido calificaciones más bajas. Estaban encantados con la forma en que los estudiantes estaban respondiendo a la eliminación de las pistas, y también con el hecho de que los problemas disciplinarios, que habían temido que aumentasen, desaparecieron casi de la noche a la mañana. Esto me pareció interesante, ya que los profesores se habían mostrado bastante preocupados por acabar con las pistas y respecto a si los estudiantes trabajarían bien juntos. Descubrieron que cuando daban tareas abiertas, todos mostraban interés y se sentían a la vez desafiados y apoyados. Con el tiempo, los que tenían dificultades empezaron a manejarse en niveles más altos, y en el aula no había ninguna distinción entre alumnos «que podían» y alumnos «que no podían», sino que era un espacio lleno de estudiantes entusiasmados que aprendían juntos y se ayudaban entre sí.

2. Ofrecer tareas para elegir

Los estudiantes que se encuentran en aulas en las que se fomenta una mentalidad de crecimiento no siempre tienen que trabajar en las mismas tareas; se les pueden dar distintas tareas asociadas a distintos niveles y aspectos de las matemáticas. Lo importante es que puedan elegir la tarea en la que quieran trabajar en lugar de que lo decida el profesor. En una ocasión, cuando estaba de observadora en la escuela Phoenix Park, se ofreció a los alumnos elegir entre dos tareas: investigar formas que tuviesen un área de 64 o investigar formas que tuviesen un volumen de 216. En una clase de cuarto de primaria, un maestro les pidió a los estudiantes que usaran tiras de fracciones o regletas de Cuisenaire para encontrar tantas fracciones como pudieran equivalentes a 1/4, y, como desafío adicional, que buscaran fracciones equivalentes a 2/3. Probablemente en todas las lecciones deberían proporcionarse tareas que supongan una extensión de las principales y que impliquen un reto adicional, para que las asuman todos los estudiantes que quieran.

Algunos alumnos, a veces, pueden necesitar unas palabras de aliento para elegir la tarea de mayor nivel. Lo que es importante, cuando se ofrecen las tareas, es que nunca tengan la idea de que solo pueden asumir la tarea de bajo nivel o la impresión de que el profesor no cree en ellos. Es decir, deben sentir que el profesor cree que son capaces de afrontar la tarea de nivel superior. Cuando he visto aplicar la estrategia de la duplicidad de tareas a distintos docentes, les han comunicado a los estudiantes que las tareas abordan cuestiones distintas, o que algunas ofrecen un reto adicional, y los alumnos están felices de tener la oportunidad de decidir en qué quieren trabajar y emocionados por el hecho de que se les plantee un desafío extra.

3. Vías individualizadas

Cuando estaba impartiendo clase a los grupos compuestos por estudiantes de rendimiento heterogéneo de la escuela Haverstock, empleé una serie de matemáticas que se había diseñado para su uso en este tipo de grupos en entornos urbanos. Esta serie se llama SMILE ('sonrisa'), acrónimo, en inglés, de *experiencia de aprendizaje individualizado en las matemáticas de secundaria*. Londres es una ciudad asombrosa y diversa con una alta tasa de rotación estudiantil. Los profesores del centro de Londres saben que pueden tener un grupo de alumnos un día y otro panorama al día siguiente, es decir, algunos alumnos están ausentes o han dejado la clase, y otros se han incorporado. Muchos de estos profesores estaban comprometidos con los grupos integrados por estudiantes de rendimiento heterogéneo. SMILE era un recurso inusual: un conjunto de «tarjetas» de matemáticas (de tamaño folio) diseñadas por los profesores para ser atractivas; también reflejaban sensibilidad hacia distintas culturas (ver la figura 7.2). Se crearon miles de tarjetas, cada una de ellas asociada a un contenido de matemáticas. Cualquier profesor del centro de Londres podía enviar una nueva, y con el tiempo llegaron a reunirse más de tres mil tarjetas interesantes, todas elaboradas por profesores. Los que empleaban este sistema le daban diez tarjetas a cada estudiante; estos trabajaban con sus contenidos y las mostraban al profesor, que después le daba al alumno diez tarjetas más. Las tarjetas se entregaban individualmente, pero muchos profesores les pedían a los alumnos que encontraran un compañero con el que trabajar conjuntamente en los conceptos matemáticos propuestos.

FIGURA 7.2. Tarjetas SMILE.

Puesto que las tarjetas se repartían de forma individual, los estudiantes podían trabajar con ellas a su propio ritmo; mientras tanto, el profesor paseaba por el aula y los ayudaba. En la experiencia que he tenido con este recurso educativo, he observado que los alumnos recogían sus tarjetas muy interesados y entusiasmados, sabedores de que tenían el éxito en sus manos. Algunos días no trabajábamos con las tarjetas, sino que dedicábamos toda una clase a investigar un contenido matemático. El sistema SMILE era muy efectivo en las aulas urbanas compuestas por alumnos con rendimientos dispares, ya que permitía el trabajo individualizado, y las ausencias de los estudiantes no causaban problemas en la dinámica de la clase. Muchas de las tarjetas SMILE (disponibles en https://www.stem.org.uk/resources/collection/2765/smile-cards) son excelentes, aunque es posible que necesiten adaptarse a otras ubicaciones, ya que están escritas para estudiantes de Londres y contienen muchos ejemplos de esta ciudad.

El advenimiento de la tecnología ha significado que las matemáticas individualizadas están más ampliamente disponibles. Salman Khan, el fundador de la Academia Khan, es un famoso defensor del aprendizaje individualizado. Subraya, con toda la razón, la crudeza del sistema de pistas, y muestra que los estudiantes que pueden elegir sus contenidos y su ruta de aprendizaje tienen la capacidad de alcanzar niveles increíblemente altos, desde cualquier punto de partida (Khan, 2012). Otras empresas de base tecnológica han elaborado productos que permiten a los estudiantes trabajar en su propio nivel. Lamentablemente, sin embargo, todavía tengo que encontrar un producto que ofrezca oportunidades individualizadas y que también transmita bien los contenidos de matemáticas. En cualquier caso, el principio de permitir que los estudiantes conformen sus propias vías de aprendizaje y afronten contenidos individualizados da pie a que todos puedan trabajar con contenidos de alto nivel, siempre que este principio vaya acompañado de oportunidades de trabajar en equipo.

Cómo impartir clase a grupos heterogéneos de manera efectiva: la instrucción compleja

Las tareas de matemáticas que se dan en las aulas heterogéneas son extremadamente importantes, pero también lo son las normas y expectativas que se establecen para que los alumnos trabajen juntos. Los docentes experimentados saben que el trabajo en equipo que se desarrolla en las aulas puede fallar cuando los estudiantes participan de manera desigual en los grupos. Si se deja que se rijan por sus propios criterios y no se los alienta a establecer unas normas productivas, es muy probable que ocurra esto: algunos alumnos harán la mayor parte del trabajo, otros estarán ahí sentados «en plan relax» y a otros no se les dejará participar por tener un estatus social diferente. Elizabeth Cohen, socióloga de Stanford, observó determinados tipos de desigualdades en el trabajo en equipo y se dio cuenta de que se debían a las diferencias sociales existentes en los grupos, ya que había integrantes de estos a quienes se les concedía un papel protagonista (o lo asumían por su cuenta), mientras que había otros integrantes que eran poco valorados (Cohen, 1994). Jennifer Langer-Osuna, colega mía en Stanford, ha estudiado muchos casos de trabajo grupal en los que el estatus percibido del estudiante que lleva la voz cantante es la razón por la que se adoptan sus ideas, en lugar de que estas se acepten por su valor intrínseco (Engle, Langer-Osuna y McKinney de Royston, 2014). También descubrió que las diferencias de estatus a menudo provienen de los estereotipos extendidos en relación con los estudiantes de cierta raza, clase o sexo (Esmonde y Langer-Osuna, 2013; Langer-Osuna, 2011). Elizabeth Cohen diseñó, junto

con Rachel Lotan, la *instrucción compleja*, un enfoque pedagógico concebido para fomentar la igualdad en el trabajo en equipo, que puede usarse en
cualquier curso de la enseñanza escolar y en cualquier asignatura (Cohen
y Lotan, 2014).

En un estudio de investigación de cuatro años de la Fundación Nacional para la Ciencia estadounidense (NSF, por sus siglas en inglés) comparé
varios enfoques de la enseñanza de las matemáticas. Mi equipo de estudiantes graduados y yo hicimos el seguimiento de más de setecientos alumnos
durante cuatro años en varias escuelas de secundaria (Boaler, 2008; Boaler
y Staples, 2005). Aproximadamente la mitad de los estudiantes estaban en
escuelas que tenían implantado el sistema de pistas y en las que se seguían
los procedimientos habituales de enseñanza y evaluación de los contenidos matemáticos. La otra mitad estudiaban en una escuela de secundaria
de California ubicada en un entorno urbano, a la que llamo Railside, en la
que los profesores pusieron fin al sistema de pistas y estaban impartiendo la
asignatura de matemáticas utilizando la instrucción compleja. Existía una
gran diversidad racial entre los alumnos de Railside; había más estudiantes del idioma inglés y más diversidad cultural que en las otras escuelas que
incluimos en el estudio: aproximadamente el 38 % de los estudiantes eran
latinos, el 23 % afroamericanos, el 20 % blancos, el 16 % asiáticos o habitan-
tes de islas del Pacífico y el 3 % pertenecían a otros grupos. En las escuelas
en que las matemáticas se impartían de la forma tradicional, el 75 % de los
alumnos eran blancos y el 25 % latinos. Al comienzo del estudio, cuando

Evaluación preliminar antes del primer curso de secundaria

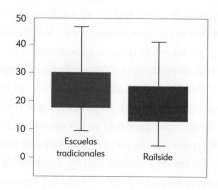

FIGURA 7.3. Resultados de la prueba de evaluación preliminar, antes del primer año.

Evaluación preliminar antes del segundo curso de secundaria

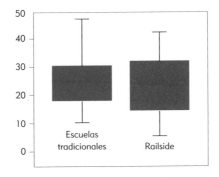

FIGURA 7.4. Resultados de la prueba de evaluación preliminar, antes del segundo año.

Evaluación preliminar antes del tercer curso de secundaria

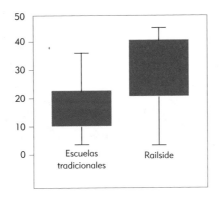

FIGURA 7.5. Resultados de la prueba de evaluación preliminar, antes del tercer año.

acababan de finalizar la enseñanza intermedia, evaluamos sus conocimientos de matemáticas. En esos tiempos, los estudiantes de Railside obtenían unas calificaciones significativamente más bajas que los de las otras escuelas suburbanas que incluimos en el estudio, lo cual no es nada atípico en los entornos urbanos donde los estudiantes tienen muchos problemas con los que lidiar en su vida (consulta la figura 7.3).

Un año después, los alumnos de Railside habían alcanzado a los que trabajaban según los métodos tradicionales (figura 7.4). Dos años después, su rendimiento académico era significativamente superior (figura 7.5).

Además de presentar un mayor rendimiento, los estudiantes de Railside disfrutaban más las matemáticas y optaron en mayor medida por los cursos más avanzados: el 41 % de ellos se apuntaron a los cursos avanzados de Precálculo y Cálculo, mientras que solo el 27 % de los alumnos de las otras escuelas evaluadas hicieron lo mismo. Además, todas las diferencias en el rendimiento correlacionadas con las diferencias raciales disminuyeron o desaparecieron mientras los alumnos estuvieron en la escuela Railside (Youcubed en la Universidad Stanford, 2015a).

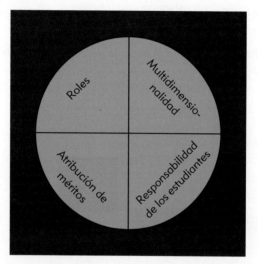

FIGURA 7.6. La instrucción compleja.

Recientemente se ha publicado un libro importante dedicado a comprender Railside y todas sus prácticas equilibradoras, escrito por investigadores y profesores de la misma escuela (Nasir, Cabana, Shreve, Woodbury y Louie, 2014).

Dedicaré el resto del capítulo a analizar cómo obtuvo Railside estos logros impresionantes, bajo los cuatro principios de la instrucción compleja: la multidimensionalidad, los roles, la atribución de méritos y la responsabilidad compartida de los estudiantes (consulta la figura 7.6).

Multidimensionalidad

En las clases de matemáticas unidimensionales, que abundan mucho en Estados Unidos y otros países, una práctica se valora por encima de todas las demás, generalmente la de ejecutar los procedimientos correctamente. Este concepto del éxito tan limitado implica que algunos alumnos ascienden a la cima de las clases unidimensionales y obtienen buenas calificaciones y los elogios del profesor, mientras que otros se hunden hasta el fondo. Y la mayoría de los estudiantes saben en qué nivel se encuentran en la jerarquía. Este tipo de aulas son unidimensionales, porque en ellas solo hay una manera de tener éxito. En cambio, en las clases de matemáticas multidimensionales, los docentes piensan en *todos* los aspectos de las matemáticas. Si tomamos en consideración el trabajo de los matemáticos, por ejemplo, sabemos que realizan cálculos en algunos momentos, pero también tienen que hacer buenas preguntas, proponer ideas, conectar distintos métodos, usar muchas representaciones diferentes, razonar diversas posibilidades y realizar muchos otros actos matemáticos. Las matemáticas son una disciplina amplia y multidimensional. En las aulas en las que se aplica la instrucción compleja (IC), se valora y se evalúa a los alumnos en las distintas dimensiones de las matemáticas. El mantra del enfoque de la IC, que se puso en las paredes de las aulas en Railside, es este:

Nadie es bueno en todos los tipos de trabajo, pero cada persona es buena en algunos de ellos.

Cuando entrevistamos a alumnos en nuestro estudio, les preguntamos: «¿Qué se necesita para tener éxito con las matemáticas?». Un espectacular 97 % de los que seguían el método tradicional de enseñanza dijeron lo mismo: «Prestar mucha atención». Este es un acto pasivo de aprendizaje que está asociado con un bajo rendimiento académico (Bransford, Brown y Cocking, 1999). Cuando les hicimos la misma pregunta a los estudiantes de Railside, se les ocurrieron diversas respuestas, que hacían referencia a varias formas de trabajar:

- Hacer buenas preguntas.
- Replantear los problemas.
- Explicar.
- Usar la lógica.
- Justificar los métodos.
- Utilizar materiales manipulativos.
- Conectar ideas.
- Ayudar a otros.

Un estudiante llamado Rico dijo en una entrevista: «En la escuela intermedia, lo único en lo que trabajábamos eran nuestras habilidades matemáticas. Pero aquí trabajamos socialmente y también intentamos aprender a ayudar a los demás y obtener ayuda. Es como que mejoramos nuestras habilidades sociales, matemáticas y lógicas» (alumno de Railside de primer año [es decir, de noveno grado, equivalente a tercero de ESO]).

Rico eligió hablar con nosotros sobre la amplitud de las matemáticas que estaba estudiando. Otra alumna, Jasmine, también destacó el aspecto social de las matemáticas: «Con las matemáticas tienes que interactuar con todos, hablar con ellos y responder sus preguntas. No puedes limitarte a abrir el libro, mirar los números y hacer los ejercicios». Cuando le preguntamos qué supone esto de diferente en el aprendizaje de las matemáticas, respondió: «No hay una sola forma de proceder. Las interpretaciones tienen un papel. No hay una sola respuesta; hay más de una manera de llegar al mismo resultado. Y tenemos que saber por qué funciona el procedimiento que hemos aplicado» (alumna de Railside de primer año). Las palabras de Jasmine reflejan que los alumnos deben encontrarles sentido a las ideas matemáticas, tomar en consideración varios enfoques y justificar sus razonamientos.

En Railside, los profesores diseñaron clases multidimensionales valorando muchas dimensiones del trabajo matemático. Lo lograron dándoles a los alumnos tareas complejas que los docentes describieron como problemas dignos de ser abordados en grupo, debido a lo difícil que era que los pudiese resolver un alumno en solitario. Lani Horn describe las tareas «dignas de un grupo» como aquellas que «ilustran conceptos matemáticos importantes, permiten múltiples representaciones, incluyen tareas que requieren que salgan a flote los recursos colectivos de un grupo y tienen varias vías de solución posibles» (Horn, 2005, p. 22). Los cuadros 7.1 y 7.2 presentan dos ejemplos de tareas que se considerarían «dignas de un grupo», obtenidas de nrich.maths.org. Las tareas completas, en un formato más apropiado para su uso en el aula, se pueden encontrar en el apéndice.

El tercer ejemplo (el del cuadro 7.3) proviene de Railside; los profesores empezaron por darles a los alumnos tareas sobre funciones lineales que mostraban una determinada figura y les indicaban que predijeran, por ejemplo, cómo sería la figura número 10.

Algunos equipos respondían geométricamente al problema; otros lo hacían numéricamente, creando una tabla, y otros ofrecían una respuesta algebraica. Tras pedirles a algunos alumnos que expusiesen sus soluciones, los profesores preguntaban: «¿Alguien lo ha contemplado de una manera diferente?».

Ordenar números

¿Qué tal si hacemos un simple puzle?

Este problema se ha diseñado para un grupo compuesto por unas cuatro personas. (En https://nrich.maths.org/6947&part=note hay algunas indicaciones para los profesores e ideas para ampliar esta tarea).

1. Hay dos puzles que vuestro profesor puede imprimir para vosotros (ver más adelante).
Completad cada puzle y después colocad las piezas en los cuadros vacíos siguientes, que pueden imprimirse:

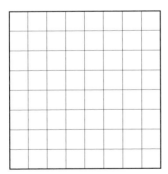 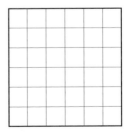

CUADRO 7.1

2. Colocad el cuadro de números más pequeño encima del cuadro más grande de la forma que queráis, de tal manera que los cuadrados pequeños combinen. (Tal vez os será más fácil copiar los números del cuadro más pequeño en una hoja transparente).

3. Explorad qué ocurre cuando sumáis los números que aparecen unos encima de otros.

4. Explorad cualquier otra idea que se os ocurra.

Cuando hayáis contemplado las 36 combinaciones, probablemente necesitaréis preguntar qué pasaría si cambiaseis algo. Efectuad un pequeño cambio, explorad eso y comparad después los dos conjuntos de resultados.

Tal vez queráis hacer y responder más preguntas.

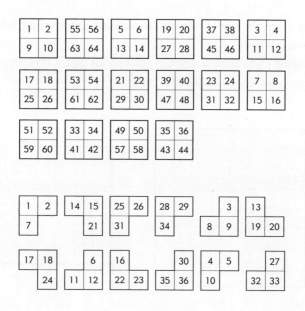

CUADRO 7.1 (continuación)

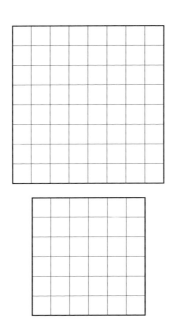

Fuente: NRICH (https://nrich.maths.org/6947).

CUADRO 7.1 (continuación)

Expandir rectángulos

Imaginad un rectángulo con un área de 20 cm².

¿Cuáles podrían ser su longitud y su anchura? Haced una lista con cinco combinaciones *diferentes* por lo menos.

Imaginad que ampliáis cada uno de vuestros rectángulos por un factor de escala de 2:

CUADRO 7.2

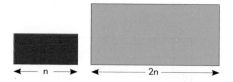

Haced una lista con las dimensiones de vuestros rectángulos ampliados y averiguad sus áreas. ¿Qué advertís?

Empezad ahora con rectángulos que tengan otra área y ampliadlos también según un factor de escala de 2. ¿Qué ocurre ahora?

¿Podéis explicar lo que sucede?

¿Qué ocurre con el área de un rectángulo si lo ampliáis por un factor de escala de 3? ¿O de 4? ¿O de 5? ¿Y qué ocurre con el área de un rectángulo si lo ampliáis por un factor de escala consistente en una fracción?

¿Qué ocurre con el área de un rectángulo si lo ampliáis por cualquier factor de escala?

Explicad y justificad cualesquiera conclusiones a las que lleguéis.

¿Se pueden aplicar vuestras conclusiones a otras formas planas que no sean rectángulos?

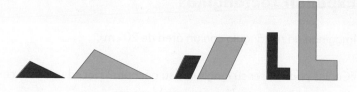

Explorad ahora qué ocurre con el área de superficie y el volumen de distintos paralelepípedos cuando se amplían por varios factores de escala.

CUADRO 7.2 (continuación)

Explicad y justificad las conclusiones a las que lleguéis.

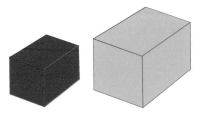

¿Se pueden aplicar vuestras conclusiones a sólidos distintos de los paralelepípedos?

Fuente: NRICH (https://nrich.maths.org/6923).

CUADRO 7.2 (continuación)

Función lineal

¿Cómo van aumentando las formas?

¿Cómo será la figura número 100?

¿Qué fórmula sigue la progresión?

CUADRO 7.3

Posteriormente, los profesores de Railside pasaron a ofrecerles a los alumnos tareas difíciles que no proporcionaban toda la información que estos necesitaban, por lo que tuvieron que trabajar juntos para generar los elementos que faltaban en la tabla, la gráfica, la ecuación y las representaciones geométricas del patrón, como se muestra en la figura 7.7.

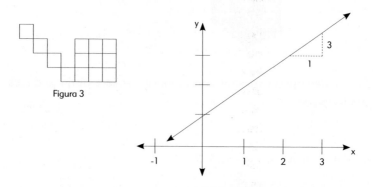

Figura 3

FIGURA 7.7. Tarea incluida en el currículo estadounidense de las matemáticas preuniversitarias (CPM, por sus siglas en inglés).

Se dan más detalles sobre estas y otras tareas utilizadas en Railside en Nasir *et al.* (2014), y muchas de las tareas están disponibles en la serie CPM Connections. Anteriormente, los profesores de Railside habían enseñado en el sistema de pistas usando los métodos tradicionales, pero había un alto porcentaje de suspensos en matemáticas entre los estudiantes. Los docentes no dieron por sentado que el bajo rendimiento en esta asignatura se debiese a la ineptitud de los alumnos, a pesar de que muchos llegaron a esta escuela de secundaria con unos conocimientos de matemáticas equivalentes a los que se imparten en segundo de primaria. En lugar de ello, solicitaron una beca que les permitió pasar un verano planificando un nuevo plan de estudios y un nuevo enfoque. Habían aprendido sobre la instrucción compleja, por lo que decidieron prescindir del sistema de pistas y diseñaron un curso de introducción al álgebra al que asistirían todos los estudiantes de noveno grado. Lo diseñaron para que fuese considerablemente más profundo que los cursos tradicionales, con el fin de proporcionar una experiencia que les valiese la pena a todos los alumnos, incluso a los que hubiesen estudiado álgebra anteriormente. Como los profesores de Railside estaban profundamente comprometidos con la equidad y la enseñanza heterogénea, trabajaron juntos para desarrollar e implementar un plan de estudios que proporcionara múltiples puntos de acceso a las matemáticas. Los libros de texto convencionales suelen estar organizados en torno a métodos matemáticos como las gráficas de funciones lineales o descomponer en factores los polinomios. En cambio, los profesores de Railside organizaron su currículo en torno a las ideas importantes, como la definición del concepto de función lineal. Y no diseñaron tareas; en lugar de ello, eligieron tareas matemáticas profundas y conceptuales de varios planes de estudio publicados, como el currículo de las matemáticas preuniversitarias (CPM) y el programa de matemáticas interactivas (IMP), y optaron por representar el álgebra de forma no solo visual sino también física, de manera que construyeron el plan de estudios alrededor del recurso didáctico denominado *algebra lab gear* ('equipo de laboratorio de álgebra'), consistente en un juego de piezas variadas que pueden disponerse de muchas maneras con el fin de facilitar la comprensión del álgebra, como puede verse en la figura 7.8 (Picciotto, 1995).

FIGURA 7.8. Unos alumnos trabajan para encontrar el perímetro de una figura construida con piezas del recurso didáctico *algebra lab gear*.

Un tema del curso de Álgebra, y después de todos los cursos de la escuela, fueron las representaciones múltiples: a los estudiantes se les pedía con frecuencia que representaran sus ideas de distintas maneras; por ejemplo, mediante palabras, gráficas, tablas, símbolos y diagramas. También se los alentó a usar códigos de colores para representar determinadas ideas;

por ejemplo, debían usar el mismo color para representar la x en una expresión, un diagrama, una gráfica, una tabla y un párrafo (ver el cuadro 7.4).

Función matemática

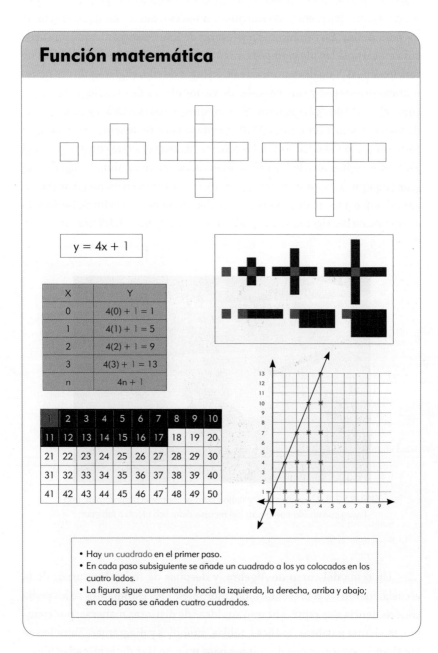

$$y = 4x + 1$$

X	Y
0	4(0) + 1 = 1
1	4(1) + 1 = 5
2	4(2) + 1 = 9
3	4(3) + 1 = 13
n	4n + 1

1	2	3	4	5	6	7	8	9	10
11	12	13	14	15	16	17	18	19	20
21	22	23	24	25	26	27	28	29	30
31	32	33	34	35	36	37	38	39	40
41	42	43	44	45	46	47	48	49	50

- Hay un cuadrado en el primer paso.
- En cada paso subsiguiente se añade un cuadrado a los ya colocados en los cuatro lados.
- La figura sigue aumentando hacia la izquierda, la derecha, arriba y abajo; en cada paso se añaden cuatro cuadrados.

CUADRO 7.4

El carácter multidimensional de las clases de Railside fue un factor extremadamente importante para que los estudiantes pasasen a llevar mucho mejor las matemáticas. Cuando analizamos las razones del alto rendimiento generalizado de los alumnos de este centro, nos dimos cuenta de que, en esencia, muchos más alumnos tenían éxito porque había muchas más formas de tener éxito.

Los profesores de Railside valoraban muchas dimensiones del trabajo matemático y también utilizaban la calificación multidimensional (ver el capítulo ocho). Aunque los exámenes estatales estandarizados que los estudiantes tuvieron que hacer bajo los requisitos del estado de California no valoraban las matemáticas multidimensionales, sacaron buenas notas porque habían aprendido a llevar bien la asignatura y a estar a gusto con las matemáticas. También afrontaron las pruebas estatales como solucionadores de problemas seguros de sí mismos dispuestos a abordar cualquier pregunta. Las notas que sacaron los alumnos de Railside en matemáticas en los exámenes estatales fueron más altas que las que obtuvieron en todas las otras materias, lo cual es muy inusual, y la escuela superó a todas las otras escuelas del distrito en matemáticas, a pesar de encontrarse en la zona en que los ingresos de las familias eran más bajos.

En una clase de Álgebra en la que estuve de observadora, a los alumnos se les había dado un problema difícil típico, con pocas instrucciones. Se les pidió que usaran sus herramientas matemáticas, como tablas y gráficas, para formular una ecuación bajo la forma y = mx + b que los ayudaría a saber la longitud de los cordones que necesitarían comprar para distintos tipos de zapatos (ver el cuadro 7.5).

La profesora alentó a los grupos a trabajar con un zapato real, aportado por un miembro del grupo. Presentó el problema diciéndoles a los alumnos que había muchas formas de empezar a abordarlo y que para resolverlo sería necesaria una buena comunicación entre los miembros del equipo; deberían escucharse unos a otros y darse la oportunidad de reflexionar en voz alta. También les informó de que obtendrían una calificación mejor en ese problema si usaban diversos métodos para mostrar y explicar su trabajo.

Como ocurre con muchos problemas de matemáticas, lo más difícil para muchos de los alumnos fue saber cómo empezar. Se les dijo que formularan una ecuación que los ayudase a comprar cordones de zapatos; una instrucción bastante abierta, que los llevó a contemplar la inclusión de determinadas variables en la ecuación, como la cantidad de agujeros para los cordones y la longitud que debían tener estos para poder atar un lazo.

También debían determinar que, en la ecuación, y tenía que representar la longitud de los cordones necesarios.

Cordones de zapatos

¿Qué longitud deben tener los cordones
para zapatos o zapatillas de distintos tamaños?

Investigad la relación que hay entre la longitud de los cordones y el tamaño del calzado.

Formulad una ecuación bajo la forma $y = mx + b$ que pueda ayudar a un zapatero a saber cuál es la longitud de los cordones que debe comprar para distintos zapatos o zapatillas.

CUADRO 7.5

Como observadora, advertí que muchos de los grupos no sabían cómo empezar a abordar el problema. En un grupo, un niño anunció rápidamente a sus compañeros que no lo entendía, y uno de ellos estuvo de acuerdo: «No entiendo la pregunta», dijo. En ese momento, una chica del grupo sugirió que volvieran a leer la pregunta en voz alta. Mientras lo hacían, un niño preguntó a los demás: «¿Cómo se relaciona este zapato con esta ecuación?». Otro niño sugirió que averiguaran la longitud de su propio cordón. El grupo se puso a trabajar para medir el cordón, y un niño dijo que tendrían que tener en cuenta la cantidad de agujeros necesarios. El grupo siguió adelante; sus integrantes se ayudaban entre sí formulando preguntas para que el equipo las abordase.

Observé muchos casos como este: los estudiantes encontraban la manera de empezar animándose unos a otros, releyendo las preguntas y haciéndose preguntas. Se había alentado a los alumnos a leer en voz alta los planteamientos y, cuando se atascaban, a hacerse preguntas como estas:

- «¿Qué nos pide la pregunta?».
- «¿Cómo podríamos reformular esta pregunta?».
- «¿Cuáles son las partes clave del problema?».

Parte del enfoque de los profesores de Railside consistía en darles un problema a los grupos y, cuando cada grupo había terminado, hacer una pregunta de seguimiento para evaluar la comprensión de los alumnos. Por medio de las preguntas que los profesores les hacían y de los ánimos que les daban, como cuando les pedían que replantearan un problema, los estudiantes habían adquirido la habilidad de hacerse preguntas similares entre sí. En poco tiempo, todos los alumnos estaban enfrascados en la tarea de medir los lazos, de tomar en consideración los agujeros, etc. Su implicación se debió a muchos factores:

- El trabajo de la profesora, que había establecido cuidadosamente el problema y caminaba por el aula haciendo preguntas a los alumnos.
- La tarea en sí, que era lo suficientemente abierta y compleja para permitir que distintos estudiantes contribuyeran con ideas.
- La multidimensionalidad: se valoraban y alentaban distintas formas de trabajar matemáticamente, como hacer preguntas, dibujar diagramas y hacer conjeturas.
- La propuesta de tratar con un objeto y una idea del mundo real.
- El alto grado de comunicación entre los alumnos, que habían aprendido a apoyarse mutuamente haciéndose preguntas.

Muchos departamentos de Matemáticas emplean el trabajo en grupo, pero en ellos no se dan las altas tasas de éxito entre los estudiantes ni el impresionante ritmo de trabajo que presenciamos en los grupos de Railside. Parte de la razón por la que los alumnos trabajaban tan bien allí era que se enseñaban y valoraban las matemáticas multidimensionales, y que los profesores enseñaban a los estudiantes a apoyar el aprendizaje de los demás.

Roles

Cuando los alumnos eran ubicados en grupos, se les asignaba un rol a cada uno. El cuadro 7.6 muestra una de las hojas de tareas entregadas a los estudiantes, en la que se explican los roles.

Cuando presenté el enfoque de la instrucción compleja a profesores de Inglaterra, cambiaron algunos de los roles, pues quisieron que parecieran más británicos y mostraran una organización menos jerárquica. Estos profesores decidieron los nombres de los roles y las descripciones de estos que les dieron a los estudiantes, que se muestran en el cuadro 7.7.

Los roles constituyen una parte importante de la instrucción compleja porque les dan a todos los miembros del equipo un papel que desempeñar y alientan la responsabilidad del estudiante. Como muestra el cuadro 7.7, los docentes pueden adaptar los roles a las necesidades concretas de la clase.

En las aulas en las que se aplica la instrucción compleja, se coloca en una pared un cuadro que muestra los grupos y los roles. A la izquierda se escriben, uno bajo el otro, el nombre de los cuatro roles. Este es el eje vertical. Abajo se escriben, a modo de eje horizontal, tantos números como grupos puedan constituirse en esa aula. Por ejemplo, en un aula de treinta y dos alumnos, y puesto que hay cuatro roles, podrán constituirse ocho grupos. Se escriben entonces, uno al lado del otro, y lo suficientemente separados, los números 1, 2, 3, 4, 5, 6, 7 y 8. Por otra parte, tenemos anotados en pequeñas cartulinas, a modo de tarjetas, los nombres de los alumnos (un nombre por tarjeta). Mezclamos estas tarjetas y las vamos situando, aleatoriamente, en las distintas coordenadas, de tal manera que todos los alumnos quedarán ubicados en un grupo y tendrán asignado un determinado rol.

Cada pocas semanas, los estudiantes son ubicados en grupos distintos y se les asignan unos roles diferentes. El profesor subraya el papel de los distintos roles a intervalos frecuentes durante la clase; por ejemplo, al principio puede detenerse a recordar a los facilitadores que deben ayudar a los miembros del grupo a verificar sus respuestas, a mostrar su trabajo o a hacer preguntas.

Roles en los grupos (versión estadounidense)

Facilitador:

Asegúrate de que todo tu grupo lee conjuntamente esta hoja antes de empezar: «¿Quién quiere leer? ¿Todo el mundo entiende lo que hay que hacer?».

Mantén la cohesión del grupo. Asegúrate de que se escuchan las ideas de todos: «¿Alguien lo ha visto de otra manera? ¿Estamos listos para seguir?». Asegúrate de que todos puedan explicarse.

El que toma nota y hace de portavoz del grupo:

Tu grupo debe organizar todos vuestros resultados. Vuestros resultados deben mostrar las ideas de todos y estar bien organizados. Utilizad colores, flechas y otras herramientas matemáticas para comunicar vuestras operaciones matemáticas, razonamientos y conexiones. «¿Cómo queremos mostrar la idea?». Estate dispuesto a mantener encuentros con el profesor cuando este te convoque en mitad de la tarea.

Gestor de recursos:

- Obtén materiales para tu equipo.
- Asegúrate de que todas las preguntas sean aptas para abordarlas en equipo.
- Cuando tu equipo haya finalizado, llama al profesor para informarlo de los contenidos matemáticos que habéis desarrollado.

Capitán del equipo:

- Recuérdale a tu equipo que debe encontrar argumentos para justificar todas las declaraciones matemáticas y encontrar conexiones entre las distintas declaraciones. «¿Cómo podemos estar seguros de esto? ¿Cómo se relaciona esto con…?».
- Evita las charlas con miembros de otros grupos.

CUADRO 7.6

Roles en los grupos (versión británica)

Organizador:
- Mantén el grupo cohesionado y enfocado en el problema; asegúrate de que nadie del grupo hable con compañeros que no pertenecen al grupo.

Buscador de recursos:
- Eres la única persona que puede dejar su asiento para ir a buscar reglas, calculadoras, lápices, etc., para el grupo.
- Asegúrate de que todo el mundo está preparado antes de llamar al profesor.

El que vela por la comprensión:
- Asegúrate de que todas las ideas se explican de tal manera que todo el mundo esté satisfecho con ellas.
- Si no entiendes algo, pregúntale a quien ha tenido la idea. Asegúrate de que todos los demás pidan también aclaraciones cuando las necesiten.
- Asegúrate de que se reflejan por escrito todas las partes importantes de las explicaciones.

El que vela por la inclusión:
- Asegúrate de que son escuchadas las ideas de todos; invita a todos a hacer sus aportaciones.

CUADRO 7.7

Todos los profesores saben que puede ser difícil hacer que los estudiantes vuelvan a escucharlos una vez que se han puesto a trabajar en grupo y están hablando entusiasmados sobre cuestiones matemáticas. Pero necesitan, a menudo, proporcionar una nueva información o encaminar el trabajo del grupo en otra dirección. En la instrucción compleja, el profesor no intenta hacer esto pidiéndole a toda la clase que se calle; en lugar de ello, convoca a quienes tienen el rol de tomar nota y hacer de portavoz de los grupos a una pequeña reunión. Estos distintos portavoces se reúnen conjuntamente con el profesor, quien les transmite la información que deberán llevar a sus grupos respectivos.

Esto no solo ayuda al docente, sino que también les da a los estudiantes una responsabilidad que es intrínsecamente valiosa para ayudarlos a sentirse más capacitados en el campo de las matemáticas. Los roles de la instrucción compleja contribuyeron al sistema interconectado vigente en las clases de Railside, un sistema en el que todos los alumnos tienen algo importante que hacer y en el que aprenden a confiar unos en otros.

Atribución de méritos

Un enfoque interesante y sutil que se recomienda en la pedagogía de la instrucción compleja es el de la *atribución de méritos*. Esta práctica consiste en que el docente se ocupa de elevar la consideración en que se tiene a ciertos integrantes de los grupos, aquellos que, al parecer, tienen más dificultades para ofrecer ideas o ser escuchados. Una forma de hacer esto es, por ejemplo, elogiar algo que hayan dicho o hecho estos niños que tenga valor intelectual delante de su grupo o incluso de toda la clase, o pedirles que expongan su idea.

No entendí completamente la práctica de la atribución de méritos hasta que la vi en acción. Un día en que me encontraba de visita en Railside, vi trabajar a un grupo de tres estudiantes. Cuando el profesor se acercó, Iván, un chico reservado de Europa Oriental, murmuró algo a los otros dos miembros de su grupo, dos niñas latinas felices y emocionadas que dirigían el flujo del trabajo. El comentario de Iván fue muy escueto: «Este problema es como el último que hemos hecho». El profesor, que estaba visitando esa mesa, lo captó de inmediato y dijo: «Bien, Iván, esto es muy importante; este problema es como el último, y esto es algo en lo que todos debemos pensar: lo que tienen de similar y diferente ambos problemas».

Más tarde, cuando las chicas ofrecieron una respuesta a una de las preguntas del profesor, este dijo: «¡Oh!, esto es como la idea de Iván; estáis basándoos en ella». El profesor elevó la categoría de la contribución de Iván, que casi con toda seguridad habría pasado desapercibida sin su intervención. El chico se enderezó visiblemente y se inclinó hacia la mesa cuando el profesor elogió su idea y también cuando, posteriormente, se la recordó a las chicas. Cohen (1994), el diseñador de la instrucción compleja, recomienda que el elogio cumpla estas cuatro condiciones: debe ser público, intelectual, específico y relevante para la tarea del grupo. Que el elogio sea público es importante, ya que así los otros alumnos se enteran de que fue ese compañero el que ofreció la idea; que sea de carácter intelectual asegura que hace referencia a un aspecto del trabajo matemático, y que sea específico significa que los estudiantes saben exactamente qué es lo que está alabando el profesor.

Enseñar a los estudiantes a ser responsables de sus aprendizajes respectivos

Una parte importante de los resultados equitativos logrados en Railside se debe a algo que constituye una parte fundamental del enfoque de la instrucción compleja: enseñar a los estudiantes a ser responsables del aprendizaje de los demás. Muchas escuelas utilizan el trabajo en grupo y esperan que los alumnos se sentirán responsables unos de otros, pero esto sigue siendo difícil. En Railside, los profesores utilizaban muchos métodos diferentes para ayudar a los estudiantes a aprender a trabajar bien juntos y a cultivar este tipo de responsabilidad. Una decisión importante que tomaron fue dedicar diez semanas del primer curso de Álgebra, al comienzo del primer año, a enseñarles a trabajar bien en grupo. Los alumnos trabajaban en contenidos matemáticos durante ese tiempo, pero este era un objetivo secundario para los docentes; su prioridad era enseñar a los estudiantes la forma de trabajar bien juntos. Cualquiera que visitase las aulas de Railside después de ese período de diez semanas se daría cuenta de que esa inversión de tiempo valió la pena: se veía a los estudiantes participando en conversaciones respetuosas, escuchándose unos a otros y tomando como base las ideas de los demás.

Cuando imparto clase a alumnos organizados en grupos, también empiezo por dedicar tiempo al cultivo de las normas relativas al respeto y la escucha grupales. Una actividad en la que siempre me gusta que trabajen los grupos antes de presentar cualquier trabajo de matemáticas es la siguiente: les pido a los miembros de los grupos que debatan lo que hacen y que no les gusta que los otros miembros del grupo hagan y digan cuando están trabajando juntos en contenidos matemáticos. Juntos, elaboramos dos carteles grandes —uno en el que consta aquello que les gusta y otro en el que consta aquello que no les gusta— y los ponemos en una pared. En la lista del «No me gusta», generalmente incluyen muchas de las acciones que a mí también me gusta desalentar, como que uno de los miembros haga todo el trabajo y luego les diga a todos los demás la respuesta, o que algunos sean condescendientes y digan cosas como «esto es fácil» o que no dejen participar a otros en el debate. Mi experiencia es que cuando los alumnos piensan por sí mismos acerca de los comportamientos positivos y negativos en el contexto del trabajo grupal y elaboran sus propias listas, están más atentos a la forma en que interactúan. Mantenemos los carteles en la pared, y a veces les recuerdo a los estudiantes y a los grupos las normas que acordamos.

También empiezo las clases explicándoles lo que es importante para mí. Les digo que no valoro la velocidad al calcular o el apresuramiento en las tareas de matemáticas; valoro que se muestre el desarrollo de la argumentación matemática y me gusta la representación creativa de las ideas. Además, les digo que es muy importante escuchar las ideas de los demás y mostrarse respeto. En el capítulo nueve presentaré una actividad maravillosa que ayuda a los estudiantes a aprender a trabajar bien en equipo.

Los profesores de Railside también alentaban la responsabilidad grupal acercándose a un grupo y haciéndole a un alumno una pregunta de matemáticas relacionada con el trabajo grupal. Esta pregunta de seguimiento era siempre conceptual y solo podía responderla el alumno al que se le hacía. El estudiante era elegido siempre al azar, y sus compañeros no podían ayudarlo. Si no podía responder la pregunta, el maestro dejaba el grupo, no sin antes decirles a todos los miembros que debían asegurarse de que todos comprendiesen bien las ideas que se estaban manejando. Al cabo de un rato, el profesor volvía a hacer la misma pregunta al mismo estudiante. En el ínterin, el grupo tenía la responsabilidad de ayudarlo a aprender los contenidos matemáticos que necesitaba saber para responder la pregunta. En la siguiente entrevista, dos chicas, Gita y Brianna, estudiantes de segundo año (equivalente a cuarto de ESO) de Railside, vinculan directamente su visión de las matemáticas y la responsabilidad que desarrollaron a esta estrategia, adoptada por su profesora:

Entrevistadora: El aprendizaje de las matemáticas ¿es una actividad individual o social?

G: Son las dos cosas, porque si entiendes algo, debes explicárselo a todos los demás. Y a veces es posible que tengamos un problema como grupo y que todos tengamos que entenderlo. Así que supongo que ambas cosas.

B: Creo que las dos cosas, porque individualmente tienes que saber eso para poder ayudar a otros en el trabajo grupal. Tienes que saberlo para poder explicárselo. Porque nunca sabes a cuál de las cuatro personas va a elegir la profesora. Y que obtenga o no la respuesta correcta depende de la persona que elija.

Las estudiantes del extracto anterior establecieron un vínculo explícito entre el hecho de que los profesores le pidan a cualquier miembro de un grupo que responda una pregunta y el hecho de ser responsables de los miembros de su grupo. También transmiten un interesante aspecto social de las matemáticas al decir que el propósito del conocimiento individual no es ser mejor que los demás, sino poder ayudar a otros miembros del grupo.

Otra manera en que los docentes de Railside alentaban la responsabilidad grupal es un método que es sorprendente para algunos, pero que realmente transmite la idea de que los miembros del grupo son responsables unos de otros. Ocasionalmente, ponían lo que llamaban *exámenes grupales*. Los alumnos hacían el examen individualmente, pero los profesores solo recogían un examen por grupo (elegido al azar) y lo calificaban. Esta calificación era la que recibían todos los miembros del grupo. Era una forma muy clara de decirles a los estudiantes que debían asegurarse de que todos los miembros de su grupo entendieran los contenidos matemáticos que se trabajaban.

Los alumnos llegaban a la escuela Railside después de haber trabajado ocho años con las matemáticas individualmente y de haber visto estas como una actividad individual y competitiva. En la nueva escuela aprendían otro tipo de matemáticas y otros objetivos de aprendizaje, y se adaptaban a ello con facilidad y rapidez. Poco después de llegar a la escuela, comenzaban a ver las matemáticas como una actividad basada en la colaboración y el compartir, en que lo importante era ayudarse mutuamente y trabajar juntos. En los primeros meses de nuestro estudio, los que habían llegado a la escuela dominando la asignatura nos expresaron sus quejas; nos dijeron que siempre eran ellos los que tenían que dar las explicaciones. Pero al cabo de unos meses, incluso estos alumnos habían cambiado su actitud. Fueron valorando el hecho de estar en grupos y tener la oportunidad de explicar sus pensamientos, porque se dieron cuenta de que esto contribuía en gran medida a su propia comprensión.

Imelda, una de las chicas que optaron por cursar Cálculo en los últimos años de nuestro estudio, en el último curso de secundaria, describió las formas en que se vio beneficiada por la responsabilidad social que aprendió:

I: Creo que los alumnos lo ven como una responsabilidad; creo que han aprendido a verlo así después de haber estado en tantas clases de matemáticas. Tal vez en noveno pienses: «Oh, Dios mío, no tengo ganas de ayudarlos; solo quiero terminar mi trabajo. ¿Por qué tenemos que hacer un examen de grupo?». Pero cuando llegas a Cálculo, piensas: «Ooh, necesito un examen de grupo antes de hacer un examen sola». Así que cuantas más matemáticas estudias y más aprendes, más vas valorando y agradeciendo estar en un grupo.

Aunque no era el objetivo de los profesores de Railside, en nuestros análisis estadísticos encontramos que los estudiantes que se habían visto más beneficiados por la agrupación heterogénea y el enfoque de la instrucción compleja eran los que habían entrado en la escuela presentando un alto rendimiento académico. Su aprendizaje se aceleró más que el de otros alumnos de Railside, y obtuvieron calificaciones significativamente más altas que los estudiantes que entraron en las mejores pistas en las otras escuelas. Esto se debió, en parte, a que habían estado explicando el desarrollo de las tareas, lo que condujo su comprensión a nuevos niveles, y a que habían estado trabajando de manera más multidimensional. Muchos de ellos habían llegado a la escuela siendo rápidos con las operaciones y buenos en la aplicación de los procedimientos, y el hecho de verse empujados a trabajar con mayor amplitud y profundidad contribuyó enormemente a la mejora de su rendimiento.

Los estudiantes también desarrollaron percepciones más amplias en cuanto a la valía de sus compañeros y comenzaron a darse cuenta de que todos podían contribuir con algo a la resolución de los problemas. A medida que el enfoque que adoptaban se fue volviendo más multidimensional, se fueron viendo unos a otros de maneras más multidimensionales y fueron valorando las distintas formas de ver y comprender las matemáticas que aportaban sus compañeros. Dos de las chicas a las que entrevistamos en Railside, Ayana y Estelle, del último curso de secundaria, manifestaron lo siguiente:

Entrevistadora: ¿Qué pensáis que se necesita para tener éxito en las matemáticas?

A: Ser capaz de trabajar con otras personas.

E: Tener la mente abierta y escuchar las ideas de todos.

A: Tienes que escuchar las opiniones de otras personas, porque podrías estar equivocada.

E: Podrías estar equivocada porque hay muchas formas diferentes de resolver todo.

A: Como todos tienen una forma diferente de hacer las cosas, siempre puedes encontrar otras maneras de resolver algo, de averiguar algo.

E: Siempre hay alguien a quien se le ocurre una manera de hacerlo; siempre estamos en plan: «Oh, Dios mío, no puedo creer que hayas pensado algo así».

En las entrevistas, los estudiantes también nos dijeron que habían aprendido a valorar a los alumnos de distintas culturas, clases y sexos debido al enfoque matemático utilizado en la escuela. Los entrevistados en esta ocasión son Robert y Jon, dos alumnos del último curso de secundaria:

R: Me encanta esta escuela, ¿sabes? Hay escuelas que no están ni a dos kilómetros de nosotros que son completamente diferentes; los alumnos se agrupan en pandillas en función de su raza, y cosas así. En esta escuela todos son aceptados como personas, y no según el color de su piel.

Entrevistadora: ¿El enfoque que se da a las matemáticas contribuye a ello o es una influencia del conjunto de la escuela?

J: Los grupos de las clases de matemáticas ayudan a unir a los niños.

R: Sí. Cuando cambias de grupo, eso te ayuda a relacionarte con más personas que cuando estás sentado en un pupitre expuesto solamente a los que están sentados a tu alrededor y no conoces a los que están al otro lado del aula. En matemáticas tienes que hablar; tienes que manifestarte si no sabes algo, o expresar lo que estás aprendiendo.

Los profesores de matemáticas de Railside valoraban mucho la equidad, pero no utilizaban materiales curriculares especiales diseñados para plantear cuestiones de género, cultura o clase, como algunos han recomendado (Gutstein, Lipman, Hernández y de los Reyes, 1997); en lugar de ello, enseñaban a los estudiantes a apreciar las distintas maneras en que cada uno veía las matemáticas. A medida que las aulas se iban volviendo más multidimensionales, los alumnos iban aprendiendo a valorar las ideas de un grupo más amplio de estudiantes procedentes de distintas culturas y entornos.

A muchos padres les preocupa que sus brillantes hijos estén en clases heterogéneas; piensan que los alumnos que parten de un bajo rendimiento académico reducirán el de sus hijos, pero esto no suele suceder. Los que obtienen buenas calificaciones en sistemas como el estadounidense suelen obtenerlas porque son rápidos a la hora de aplicar los procedimientos. A menudo, estos estudiantes no han aprendido a pensar profundamente sobre las ideas, a explicar su trabajo o a ver las matemáticas desde varias perspectivas, porque nunca se les ha pedido que lo hagan. Cuando trabajan en grupos en los que hay alumnos que piensan de otras maneras, se ven beneficiados, pues tienen la oportunidad de profundizar y de explicar el trabajo, lo cual hace que logren una mayor comprensión. En lugar de que los grupos pierdan calidad a causa de la presencia de alumnos que no han sacado buenas notas, las conversaciones grupales se elevan al nivel de los estudiantes que manifiestan un pensamiento superior. Ni los que llevaban muy bien las matemáticas ni los que las llevaban mal se verían tan beneficiados si se los agrupara solamente con alumnos de un rendimiento similar.

Los estudiantes de Railside se daban cuenta de que eran diferentes en cuanto a lo que sabían, pero aprendían a valorar los puntos fuertes de los compañeros, como nos dijo Zac en la entrevista: «Todos tienen un nivel diferente, pero lo que hace que la clase sea buena es precisamente esto, porque todo el mundo está enseñando y ayudando a los demás todo el rato».

Dos prácticas que considero especialmente importantes para promover la equidad, y que fueron fundamentales para la responsabilidad que los estudiantes mostraron entre sí, son la justificación y el razonamiento. En Railside, los alumnos debían justificar sus respuestas y razonar sus métodos en todo momento. Hay buenos motivos para ello, pues la justificación y el razonamiento son, en sí, prácticas matemáticas (Boaler, 2013c), pero es que además estas prácticas también tienen un papel interesante y especial en la promoción de la equidad.

El siguiente extracto de entrevista reproduce las palabras de Juan, estudiante de décimo grado (equivalente a cuarto de ESO) en Railside, quien en ese momento era uno de los alumnos de menor rendimiento de la clase. Describió así las formas en que lo ayudaron las prácticas de la justificación y el razonamiento:

La mayoría saben qué hacer y saben todo. Primero estás en plan «¿por qué pones esto?», y luego, si hago mi trabajo y lo comparo con el de ellos, el de ellos es como superdiferente, porque saben qué hacer. Estás en plan «déjame copiar», «¿por qué has hecho esto?», «no entiendo de dónde sacas este resultado». Y a veces la respuesta es solamente «mira, él tiene razón y tú estás equivocado». «Pero ¿por qué?».

Juan dejó claro que la práctica de la justificación lo ayudaba y que se sentía cómodo al presionar a los otros alumnos a ir más allá de las respuestas y explicar por qué las daban. En otras palabras, se sentía a gusto

impulsándolos a razonar. En Railside, los profesores priorizaban cuidadosamente el mensaje de que cada estudiante tiene dos responsabilidades
importantes, en las que se insistía con estas palabras, que aparecían en carteles repartidos por toda el aula:

*Brinda siempre ayuda cuando sea necesario; pide siempre ayuda cuando
la necesites.*

Estas dos responsabilidades eran importantes en la búsqueda de la
equidad, y la justificación y el razonamiento eran prácticas útiles en el aprendizaje de un amplio abanico de estudiantes.

Sería difícil pasar años en las aulas de Railside sin advertir que los
alumnos estaban aprendiendo a tratarse entre sí de maneras más respetuosas de lo que se suele ver en las escuelas, y que las pandillas étnicas como las
que describieron Robert y Jon eran menos evidentes en las aulas de matemáticas que en el resto de las aulas. Mientras los estudiantes trabajaban en
los contenidos matemáticos, se les enseñaba a valorar las contribuciones de
sus compañeros, pertenecientes a grupos culturales variados y con muchas
características y perspectivas diferentes. Me pareció que los alumnos aprendían algo extremadamente importante a través de este proceso, algo que les
sería útil a ellos y a otros en sus futuras interacciones sociales. He bautizado
a este tipo de equidad como *relacional* (Boaler, 2008); es una equidad que
tiene menos que ver con sacar una nota similar en los exámenes y más que
ver con el respeto y la consideración hacia los demás, independientemente
de cuál sea su cultura, raza, religión, sexo u otra característica. En general,
se cree que los estudiantes aprenderán a respetar las distintas personas y
culturas si participan en debates sobre dichos temas o si leen varios tipos
de escritos al respecto en las clases de inglés o de estudios sociales. Mi propuesta es que *todas* las asignaturas tienen algo que aportar en la promoción
de la equidad, y que las matemáticas, a menudo consideradas la asignatura
más abstracta y alejada de las responsabilidades asociadas a la conciencia cultural y social, tienen una importante contribución por efectuar. Las
relaciones respetuosas que los estudiantes de Railside desarrollaron con
las diversas culturas y con el otro sexo solo fueron posibles mediante un
enfoque matemático que valora la diversidad de comprensiones, métodos
y perspectivas en la resolución colectiva de los problemas.

Conclusión

La forma de enseñar promotora de la equidad y de la mentalidad de creci-miento es más difícil de practicar que la forma de enseñar más tradicional, en la que los profesores imparten clases y les dan breves ejercicios cerra-dos a los alumnos para que practiquen. Implica enseñar unas matemáticas amplias, abiertas y multidimensionales, enseñar a los estudiantes a ser responsables unos de otros y comunicar mensajes propios de la mentali-dad de crecimiento. Este es también el tipo de enseñanza más importante y gratificante que el profesor de matemáticas puede practicar: experimenta rápidamente satisfacción y mayor energía al ver a los estudiantes implica-dos y obteniendo mejores calificaciones.

Tengo la suerte de haber trabajado con muchos docentes que están comprometidos con la equidad, la mentalidad de crecimiento y el trabajo en grupo, aunque no definan su forma de enseñar con estas mismas pala-bras, y en este capítulo he compartido algunas de las comprensiones que he adquirido después de muchos años de trabajar y realizar investigacio-nes con estos profesores que tienen tanto éxito. He reservado mi estrategia favorita para fomentar el buen trabajo en equipo para el capítulo final del libro, el noveno; en él explico todas las normas y métodos que recomiendo para impartir unas clases de matemáticas en las que se fomente una men-talidad de crecimiento.

CAPÍTULO 8

Formas de evaluar para fomentar la mentalidad de crecimiento

Las complejas formas en que los niños entienden las matemáticas me fascinan. Los estudiantes hacen preguntas, ven ideas, dibujan representaciones, conectan métodos, ofrecen justificaciones y razonan de muchas maneras diferentes. Pero en los últimos años, toda esta complejidad, todas las diferencias sutiles que existen entre los alumnos a la hora de comprender las matemáticas se han visto reducidas a los números y letras* que se utilizan para juzgar su valía. Se anima a los docentes a evaluar y calificar a los estudiantes en un grado ridículo y perjudicial; y estos comienzan a definirse a sí mismos, y a definir las matemáticas, en términos de letras y números. Esas representaciones tan crudas de la comprensión no solo no describen adecuadamente los conocimientos de los niños, sino que en muchos casos los reflejan mal.

En Estados Unidos, los estudiantes están sometidos a una cantidad de exámenes extraordinaria, sobre todo en la asignatura de matemáticas. Durante muchos años, han sido juzgados a través de preguntas de matemáticas basadas en la aplicación de procedimientos con respuestas de opción múltiple. Los conocimientos necesarios para sacar una buena nota en estos exámenes están tan lejos del pensamiento adaptable, crítico y analítico que necesitan tener los alumnos en el mundo moderno que las empresas más grandes, como Google, han declarado que ya no están interesadas en las calificaciones que obtienen los estudiantes en los exámenes, ya que esto en ningún caso permite predecir lo bien que se va a manejar la persona en el lugar de trabajo (Bryant, 2013).

---

* Se habla de letras en referencia al sistema de calificación de Estados Unidos, el Reino Unido y otros países, en que la nota se expresa con una letra (N. del T.).

Un principio fundamental de los buenos exámenes es que deben evaluar lo que es importante. Durante muchas décadas, en Estados Unidos por lo menos, los exámenes se han centrado en lo que es más fácil de calificar en lugar de evaluar lo que es importante y valioso en matemáticas. Esto ha significado que los profesores de matemáticas han tenido que centrar su enseñanza en la aplicación estricta de los procedimientos matemáticos en lugar de abordar esta materia con un enfoque amplio, creativo y afín a la mentalidad de crecimiento. Y este enfoque es muy importante. Los nuevos estándares de evaluación prometen algo diferente, pocas preguntas de opción múltiple y más problemas por resolver, pero se encuentran con una oposición considerable por parte de los padres.

El daño no termina con los exámenes estandarizados, ya que se induce a los profesores de matemáticas a creer que deben usar en el aula pruebas que los imiten. Y eso hacen, aun sabiendo que estos exámenes, de poca calidad, evalúan solamente un aspecto limitado de las matemáticas. Someten a los alumnos a estas pruebas para ayudarlos a prepararse para afrontar con éxito los exámenes, de tal manera que algunos docentes, especialmente en la enseñanza secundaria, acuden a ellas una vez por semana o incluso con mayor frecuencia. Los profesores de matemáticas sienten la necesidad de evaluar a los alumnos regularmente, más que los de cualquier otra asignatura, porque han adquirido el convencimiento de que esta materia tiene que ver con el rendimiento, y por lo general no tienen en cuenta el papel negativo de los exámenes a la hora de configurar la opinión de los estudiantes sobre las matemáticas y sobre sí mismos. Muchos profesores de matemáticas a quienes conozco comienzan el curso escolar poniendo un examen a sus alumnos, lo cual les transmite, el primer día de clase, el potente mensaje de que las calificaciones son fundamentales. Pero es muy importante empezar el curso ofreciendo mensajes afines a la mentalidad de crecimiento sobre las matemáticas y la forma de aprenderlas.

Finlandia es uno de los países del mundo en que los estudiantes obtienen una puntuación más alta en los exámenes internacionales de matemáticas, pero no hacen ningún examen en la escuela. En lugar de ello, los maestros se sirven de la gran comprensión que tienen de los conocimientos adquiridos por los estudiantes, comprensión que obtienen en la clase, para informar a los padres y hacer valoraciones sobre su trabajo. En un estudio longitudinal que realicé en Inglaterra, los estudiantes trabajaron en proyectos abiertos durante tres años (de los trece a los dieciséis años), y después hicieron los exámenes nacionales estandarizados. No realizaron exámenes en clase y no se puso nota a sus trabajos. Solamente se les ofrecieron pruebas con preguntas cortas que evaluaban la aplicación de los procedimientos en las últimas semanas antes del examen. A pesar de que los alumnos no estaban familiarizados con responder preguntas de examen ni con trabajar bajo la presión del reloj, obtuvieron puntuaciones significativamente más altas que un conjunto de estudiantes de otra escuela que se habían pasado tres años trabajando con preguntas similares a las de los exámenes nacionales y haciendo exámenes con frecuencia. Los alumnos de la escuela centrada en la resolución de problemas se desempeñaron tan bien en el examen nacional estandarizado porque les habían enseñado a creer en sus propias capacidades; se les había dado información útil, de tipo diagnóstico, sobre su aprendizaje, y habían aprendido que podían resolver cualquier planeamiento, ya que eran solucionadores de problemas matemáticos.

Como parte de mi estudio de investigación, me permitieron acceder a los papeles del examen nacional respondidos por esos estudiantes (GCSE), que la junta del examen mantenía bajo llave en Inglaterra. La junta accedió a mi inusual petición porque estuvo de acuerdo en que mi análisis sería útil para avanzar en el ámbito de la investigación pedagógica. Pasé un día en una sala del tamaño de un armario, desprovista de ventanas, en lo más profundo de la oficina de la junta del examen, registrando y analizando todas las respuestas de los alumnos. Esta labor fue muy esclarecedora. Descubrí que los estudiantes que habían trabajado en proyectos abiertos abordaron una cantidad significativamente mayor de preguntas, que trataron de responder tanto si reconocían el problema como si no, una práctica importante y valiosa que todos los estudiantes deberían aprender. También estuvieron más acertados en las preguntas que abordaron, aunque estas evaluaban el dominio de un método, el convencional, que nunca se les había enseñado. Dividí todas las preguntas en dos categorías, las que requerían aplicar procedimientos y las de tipo conceptual, y encontré que los alumnos de las dos escuelas obtuvieron una puntuación similar en las preguntas que implicaban el uso de procedimientos, en las que había que limitarse a aplicar el método convencional. En cambio, los que habían estado trabajando en proyectos sacaron una puntuación significativamente más alta en las preguntas conceptuales, que requerían más reflexión. Puede parecer contradictorio que las mejores calificaciones las obtuviesen estudiantes que no habían hecho exámenes en la escuela, pero los nuevos estudios sobre el cerebro y el aprendizaje permiten explicar este resultado. Los alumnos que no tienen experiencia en exámenes y pruebas pueden obtener puntuaciones más altas porque la preparación más importante que podemos ofrecer a los estudiantes es la mentalidad de crecimiento, creencias positivas sobre su propia capacidad y herramientas matemáticas para la resolución de problemas que estén preparados para usar en cualquier contexto matemático.

El régimen de exámenes de la última década ha tenido un impacto muy negativo en los estudiantes, pero este no termina con los exámenes; la comunicación de las calificaciones es igualmente negativa. Cuando a los alumnos se les da un porcentaje o una nota, ¿qué pueden hacer con ello? Poco más que compararlo con las calificaciones obtenidas por quienes están a su alrededor, de tal manera que la mitad o más deciden que no son tan buenos como sus compañeros. Esto se conoce como *retroalimentación del ego*, y se ha visto que perjudica el aprendizaje. Lamentablemente, cuando los estudiantes reciben con frecuencia puntuaciones y calificaciones (las correspondientes a los exámenes que han realizado), comienzan a verse a sí mismos como esas puntuaciones y calificaciones. No consideran las notas como un indicador del estado de su aprendizaje o de lo que deben hacer para superarse; las ven como indicadores de quiénes son como personas. El hecho de que los estudiantes estadounidenses acostumbren a autodescribirse diciendo «soy un alumno A» (es decir, de sobresaliente) o «soy un alumno D» (es decir, de aprobado justo) ilustra cómo se definen a sí mismos a partir de las calificaciones que obtienen. Ray McDermott escribió un artículo convincente sobre un niño con una discapacidad de aprendizaje en el que describía las formas en que un estudiante que pensaba y trabajaba de manera diferente recibía una etiqueta y, luego, esa etiqueta lo definía (McDermott, 1993). Podría decirse algo similar sobre la forma en que las calificaciones y puntuaciones de los exámenes condicionan a los estudiantes: estos se describen a sí mismos como alumnos A o D porque han crecido en una cultura del rendimiento que, durante mucho tiempo, ha valorado los exámenes y las calificaciones frecuentes, en lugar de valorar la persistencia, el coraje o la resolución de problemas. Los métodos tradicionales de evaluación de los alumnos que se están utilizando desde hace décadas se diseñaron en una época en la que no había tantos conocimientos pedagógicos (Kohn, 2011), una época en la que se creyó que las calificaciones y las puntuaciones de los exámenes motivarían a los estudiantes y que la información que proporcionarían sobre el rendimiento de estos sería útil. Actualmente se sabe que las calificaciones y las puntuaciones de los exámenes desmotivan a los alumnos, en lugar de motivarlos, y que les transmiten unos mensajes perjudiciales, afines a la mentalidad fija, que hacen que rindan menos en el aula.

Los investigadores han obtenido unos resultados sistemáticos en los estudios que han llevado a cabo sobre el sistema consistente en poner notas y las alternativas a este. Un estudio tras otro muestran que las calificaciones reducen el rendimiento de los estudiantes. Elawar y Corno, por ejemplo, compararon dos tipos de respuesta que recibían alumnos de sexto por sus deberes: a la mitad se les ponía nota, mientras que la otra mitad obtenían comentarios, pero no se los calificaba (Elawar y Corno, 1985). Pues bien, los que recibieron comentarios aprendieron dos veces más rápido que el grupo de control, desapareció la brecha de rendimiento entre chicos y chicas, y las actitudes de los alumnos mejoraron.

Ruth Butler también comparó a estudiantes que recibían calificaciones por sus trabajos en clase con otros que obtenían comentarios sobre su desempeño, pero no notas (Butler, 1987, 1988). Como en el estudio de Elawar y Corno, los estudiantes que recibieron comentarios obtuvieron después calificaciones significativamente más altas. Lo que fue fascinante del estudio de Butler fue que luego añadió una tercera forma de proceder, consistente en ofrecer calificaciones y comentarios a los estudiantes, ya que esto podría considerarse como lo mejor de ambos paradigmas. Sin embargo, ocurrió que los estudiantes que solo obtuvieron calificaciones y los que obtuvieron calificaciones y comentarios sacaron unas notas igual de malas; el grupo que sacó unas notas significativamente más altas fue el que solo recibió comentarios. Esto se debió a que cuando los alumnos recibían una calificación y un comentario, solamente se interesaban y enfocaban en la nota. Butler encontró que, entre los estudiantes de quinto y sexto que recibieron solo notas y los que recibieron notas más comentarios, tanto los que sacaron buenas notas (el 25 % con la nota media del curso más alta) como los que obtuvieron los peores resultados (el 25 % con la nota media del curso más baja) sufrieron déficits en el rendimiento y la motivación en comparación con lo que ocurrió con los estudiantes que solo recibieron comentarios.

Pulfrey, Buchs y Butera (2011) continuaron con el estudio de Butler y realizaron el mismo hallazgo; mostraron de nuevo que los estudiantes que recibieron calificaciones, así como los que recibieron calificaciones y comentarios, tuvieron un rendimiento inferior y desarrollaron menos motivación que los que solo obtuvieron comentarios. También encontraron que los estudiantes solo necesitaban pensar que estaban trabajando para conseguir una nota para perder la motivación, lo que se traducía en niveles más bajos de rendimiento académico.

El paso de las calificaciones a los comentarios sobre el desempeño (o *de diagnóstico*) es importante, y permite a los docentes hacerles un regalo increíble a los alumnos: el regalo de sus conocimientos e ideas sobre formas de mejorar. Los profesores se preocupan, y con razón, por el tiempo extra que esto les puede suponer, ya que los buenos profesores ya trabajan, de por sí, muchas más horas de las que les pagan. La solución que recomiendo es evaluar menos; si reemplazaran la calificación semanal por comentarios de diagnóstico ocasionales, podrían dedicar la misma cantidad de tiempo a la enseñanza, eliminar los mensajes propios de la mentalidad fija asociados a las calificaciones y proporcionar a los alumnos información que los impulsaría hacia un mayor rendimiento académico. Más adelante, en este capítulo, expongo algunos relatos de varios docentes con los que he trabajado que cambiaron sus formas de evaluar sin invertir tiempo extra; describen su trabajo y el impacto que tuvo en sus alumnos.

Carrera a ninguna parte

Race to Nowhere [Carrera a ninguna parte] es un documental que destaca el estrés al que están sometidos los escolares estadounidenses. Fue lanzado hace unos años para llamar la atención y tener repercusión; *The New York Times*, por ejemplo, lo describió como un filme que «hay que ver». Poco después de su estreno, se proyectó en salas de cine y salones escolares de todo el país, que se llenaron de público. El documental muestra los efectos dañinos de los exámenes, las calificaciones, los deberes y el horario sobrecargado sobre la salud y el bienestar de los estudiantes. La campaña Carrera a Ninguna Parte ha seguido recibiendo el apoyo de decenas de miles de docentes y padres. *Race to Nowhere* muestra que las matemáticas son la principal fuente de estrés y ansiedad de los estudiantes. El filme presenta la triste historia de una niña de secundaria, Devon Marvin, que siempre había llevado bien las matemáticas. Era una joven muy motivada que veía esta materia como parte de su identidad. Un día sacó una F (un suspenso) en un examen de matemáticas y, trágicamente, se suicidó. Para Devon y para muchos otros alumnos, esa nota que obtuvo no transmitía un mensaje sobre un área de las matemáticas en la que necesitaba trabajar en su camino de aprendizaje; en lugar de ello, le dio un mensaje acerca de quién era ella como persona: ahora era una «alumna F». Esta idea le resultó tan insoportable que decidió quitarse la vida.

Cuando les ofrecemos evaluaciones a los estudiantes, creamos una oportunidad importante. Las tareas y preguntas bien elaboradas, acompañadas de una retroalimentación clara, les proporcionan un camino afín a la mentalidad de crecimiento que los ayuda a saber que pueden aprender contenidos de nivel alto y, fundamentalmente, cómo pueden llegar ahí. Por desgracia, la mayoría de los sistemas de evaluación que se emplean en las aulas de Estados Unidos y otros países hacen lo contrario: comunican una información a los alumnos que hace que muchos piensen que son unos fracasados y que nunca podrán aprender los contenidos matemáticos pertinentes. En los últimos años he trabajado con profesores que han cambiado sus métodos de evaluación: han pasado de los exámenes convencionales y las notas asociadas a estos a formas de evaluar enfocadas en darles a los estudiantes la información que necesitan para aprender bien, acompañado de mensajes propios de la mentalidad de crecimiento. Esto ha dado lugar a cambios drásticos en el ambiente de sus aulas. Sus alumnos han dejado de experimentar ansiedad ante las matemáticas y han pasado a confiar en sí mismos, lo cual los ha conducido a grados más altos de motivación, implicación y rendimiento. En este capítulo voy a hablar de algunos de los cambios que debemos realizar en las aulas para sustituir los exámenes que se inscriben dentro de la mentalidad fija por la evaluación característica de la mentalidad de crecimiento, que capacita mucho más a los estudiantes.

La directora de *Race to Nowhere*, Vicky Abeles, ha lanzado una secuela titulada *Beyond Measure* [Más allá de toda medida]. En su trabajo de desarrollo de la secuela y en sus entrevistas con estudiantes y padres de todo Estados Unidos se ha dado cuenta de que las matemáticas son la asignatura en la que deben introducirse más cambios; la asignatura que, más que cualquier otra, termina con los sueños de los estudiantes de ir a la universidad e incluso de graduarse de la enseñanza secundaria. Esto la llevó a dedicar todo un nuevo documental a las matemáticas. En la nueva película, refleja el trabajo que he estado realizando durante los últimos años con profesores en un distrito escolar en el que los suspensos en matemáticas eran generalizados. En el Distrito Escolar de Vista, en San Diego, como en muchos otros distritos urbanos estadounidenses, más de la mitad de los estudiantes suspendían Álgebra y luego entraban en un ciclo de repetidos fracasos. Pero el fracaso en matemáticas no termina con las matemáticas. En Vista, la cantidad de estudiantes que acababan la educación secundaria tras haber estudiado las asignaturas obligatorias para acceder a la universidad era un sorprendente 24 %. Afortunadamente, Vista tenía un superintendente y una directora de Matemáticas innovadores: Devin Vodicka y Cathy Williams. Sabían que era necesario efectuar cambios, y estaban preparados para invertir tiempo y energía en hacerlos realidad. Pasé el curso siguiente trabajando con todos los maestros de enseñanza intermedia del distrito, dirigiendo su desarrollo profesional hacia formas de enseñar correctamente las matemáticas, de agrupar a los alumnos para fomentar su éxito y de evaluar en favor de la mentalidad de crecimiento.

La directora de Matemáticas del distrito, Cathy Williams, había decidido que todos los maestros de escuelas de la enseñanza intermedia de la zona trabajaran conmigo durante todo el curso, quisieran o no. Esto significó que cuando conocí a ese grupo de docentes, su grado de motivación para efectuar cambios era muy variado. Todavía recuerdo a Frank, un hombre mayor a quien le faltaba poco para jubilarse, que no estaba dispuesto a salirse del modelo de enseñanza tradicional que había utilizado a lo largo de toda su carrera. En las primeras sesiones, estaba ahí sentado sin mostrar ningún entusiasmo. Pero poco a poco fue captando la emoción de los otros maestros y reconociendo la importancia de los resultados de investigaciones que estaba exponiendo, y se dio cuenta de que podía darles a sus estudiantes un futuro diferente, mejor, en el ámbito de las matemáticas. Aún recuerdo vívidamente la sesión, hacia el final del curso escolar, en que entró apresuradamente en la sala y nos dijo a todos que se había pasado el fin de semana haciendo, con su esposa, una gráfica del tamaño de una pared sobre una lona y lo maravillosa que había sido la lección de matemáticas cuando les pidió a los alumnos que caminasen alrededor de la gráfica y los ayudó a entender el significado de las relaciones gráficas. Vi que todos los maestros pasaban a experimentar el mismo entusiasmo cuando probaban nuevas ideas con sus alumnos y constataban la mayor implicación de estos.

Soy una firme defensora de los docentes, y sé que la época de la ley No Child Left Behind ('que ningún niño se quede atrás') privó de su profesionalidad y entusiasmo a muchos de ellos, porque fueron obligados (y empleo este término a conciencia) a usar métodos de enseñanza que sabían que no eran útiles. Actualmente, una parte importante de mi trabajo con los profesores consiste en ayudarlos a recuperar su sentido de la profesionalidad. En las sesiones de desarrollo profesional que impartí en Vista, empezaron a verse a sí mismos como creadores otra vez, como personas que podían diseñar entornos de enseñanza infundidos con sus propias ideas para impartir una asignatura atractiva en la que imperase la creatividad. Esta es una función mucho más gratificante para los profesores, y la aliento en todos aquellos con los que trabajo. Durante este proceso vi que los maestros cobraban vida. La energía de la sala aumentaba cada vez que nos reuníamos. A lo largo del año, pasaron de enseñar unas matemáticas basadas en las hojas de ejercicios a impartir unas matemáticas basadas en la indagación; eligieron prescindir del sistema de pistas para poder enseñar a todos los estudiantes que podían tener un alto rendimiento académico y cambiaron los métodos de evaluación característicos de la mentalidad fija por los propios de la mentalidad de crecimiento. He visto este cambio en muchos docentes con los que he trabajado. Este cambio tiene lugar cuando se los trata como los profesionales que son y se los invita a usar su propio juicio, apoyado por las ideas que se desprenden de las investigaciones, para crear experiencias de aprendizaje y evaluación positivas para sus alumnos.

En su nueva película, Vicki Abeles y su equipo entrevistaron a algunos de los alumnos de la escuela de enseñanza intermedia del distrito, y se enteraron de los cambios que se estaban implantando en sus aulas después del curso de desarrollo profesional que impartí. Una niña, Delia, explicó que le habían puesto un suspenso en unos deberes el curso anterior, y que eso la llevó a rendirse no solo en la asignatura de matemáticas sino también, sorprendentemente, en todas las otras. En la entrevista hace esta declaración conmovedora: «Cuando vi la F en la hoja, sentí que no era nada. Estaba fallando en esa asignatura, así que pensé que también podría fallar en todas las demás. Ni siquiera lo seguí intentando». Más adelante, en el documental, habla sobre los cambios introducidos en su clase de matemáticas y sobre cómo ahora se siente alentada a llevar bien la asignatura: «Odiaba las matemáticas. Las odiaba absolutamente, pero ahora siento una conexión con esta materia y estoy abierta, siento que estoy viva, tengo más energía».

El uso de Delia de la palabra *abierta* para describir su forma de sentirse en relación con las matemáticas se hace eco de un sentimiento que oigo que mencionan a menudo los estudiantes cuando se les enseñan contenidos matemáticos sin fomentar en ellos un temor latente a las malas notas. Pero este sentimiento tiene que ver con mucho más que la evaluación: cuando enseñamos a los alumnos a ser creativos e indagadores con las matemáticas, experimentan una libertad intelectual que es poderosa. En entrevistas a alumnos de tercero de primaria en cuyas aulas se empleaba el método de las conversaciones numéricas (capítulo cuatro), les pregunté acerca de sus impresiones al respecto. Lo primero que me respondió el joven Dylan fue: «Me siento libre». A continuación explicó que el hecho de que el maestro le diese valor a la diversidad de estrategias matemáticas le permitió sentir que podía trabajar con las matemáticas de la forma que quisiera con el fin de explorar ideas y aprender sobre los números. Que los alumnos empleen palabras como *libre* y *abierto(a)* muestra el gran cambio que tiene lugar cuando trabajan en la asignatura imbuidos por una mentalidad de crecimiento; se trata de un cambio que va mucho más allá de la mejora del rendimiento académico: los empodera intelectualmente, y se beneficiarán de ello a lo largo de su vida (Boaler, 2015a).

Las percepciones que desarrollan los alumnos sobre su propio potencial afectan a su aprendizaje, sus logros y, lo que es igual de importante, su motivación y su esfuerzo, como narra Delia en la película. Cuando sacó un suspenso en los deberes, se dio por vencida no solo en las matemáticas sino también en todas las otras asignaturas, ya que se sintió una fracasada. Esta no es una respuesta inusual a las calificaciones. Cuando se les dan a los alumnos unas notas que les dicen que están por debajo de otros compañeros, a menudo desisten; deciden que nunca podrán aprender, y adoptan la identidad del estudiante de bajo rendimiento. Las notas que obtienen los alumnos que presentan un alto rendimiento académico son igual de dañinas: estos estudiantes se convencen de que son «alumnos A» y se adentran en un camino de aprendizaje precario, basado en la mentalidad fija, que les hace evitar un trabajo más duro o los desafíos por temor a perder su estatus. Estos alumnos a menudo se sienten desolados si obtienen una B o una nota incluso más baja en cualquiera de sus trabajos.

Después de describirles a un grupo de docentes el impacto negativo de las calificaciones, un profesor de secundaria experimentado se apresuró a hablar conmigo. Me dijo que hacía más de veinte años que era profesor de matemáticas en la enseñanza secundaria y que siempre había calificado a los estudiantes, hasta el año anterior, en que dejó de hacerlo. Me explicó que el impacto del cambio fue fenomenal: toda el aula se convirtió en un espacio de aprendizaje abierto en el que los alumnos pasaron a trabajar más y a tener un mayor rendimiento. En lugar de seguir calificándolos, les proporcionaba evaluaciones en las que respondían tantos problemas como podían. Cuando llegaban a un punto en que las preguntas se volvían difíciles y veían que no podían responderlas, les pedía que trazaran una línea en la hoja y respondieran el resto de las preguntas con la ayuda de un libro. Tras finalizar, lo que habían abordado debajo de la línea era lo que se debatía en clase. Ese profesor me dijo que estas evaluaciones, que comunicaban a los estudiantes mensajes maravillosos afines a la mentalidad de crecimiento, también le proporcionaban la mejor información que podía obtener; le ofrecían una manera rápida y fácil de ver con qué tenían dificultades los estudiantes y cuáles debían ser los temas que debatir en clase.

En otro estudio de investigación sobre las calificaciones, Deevers descubrió que los alumnos a los que no se les ponían notas pero a quienes, en cambio, se les hacían comentarios constructivos y positivos, realizaban mejor sus siguientes tareas (Deevers, 2006). También descubrió que, lamentablemente, a medida que los alumnos crecían, los docentes les iban ofreciendo cada vez menos comentarios constructivos y los iban calificando más. Encontró una relación clara, y nada sorprendente, entre las prácticas de evaluación y las creencias de los alumnos, ya que las creencias de estos sobre su propio potencial y la posibilidad de mejorar su aprendizaje disminuían constantemente entre quinto de primaria y el último curso de secundaria (Deevers, 2006). La cultura tradicional de los profesores de matemáticas de la enseñanza secundaria según la cual hay que hacer con frecuencia exámenes y dar notas, inscrita dentro de la mentalidad fija, ha prevalecido durante décadas; por eso me complació especialmente escuchar que ese profesor experimentado de la enseñanza secundaria había cambiado su enfoque, había creado entornos «abiertos» y había visto enseguida cambios en la motivación y el aprendizaje de los estudiantes.

Se trata de que los alumnos estén entusiasmados con su aprendizaje e interesados en él. Cuando los estudiantes adquieren interés por las ideas que están aprendiendo, su motivación y su rendimiento aumentan. Hay muchos estudios centrados en dos tipos de motivación. La motivación intrínseca proviene del interés por la asignatura y las ideas que se están aprendiendo; la motivación extrínseca es la que tiene como base el objetivo de obtener mejores puntuaciones y calificaciones. Puesto que las matemáticas se han impartido durante décadas como una asignatura centrada en el rendimiento académico, los estudiantes más motivados en las aulas de matemáticas suelen ser los que cuentan con la motivación extrínseca. Una consecuencia de ello es que, por lo general, los únicos alumnos que viven bien la asignatura de matemáticas son los que obtienen las calificaciones más altas. La mayoría de los docentes que tienen fe en las calificaciones las usan porque creen que motivan a tener un mayor rendimiento académico. Y sí, motivan a algunos estudiantes, aquellos que probablemente sacarían buenas notas de todos modos, pero desmotivan al resto. Además, y desafortunadamente, la motivación extrínseca que desarrollan los estudiantes que presentan un alto rendimiento académico no es útil a largo plazo. Un estudio tras otro muestran que los estudiantes que desarrollan la motivación intrínseca alcanzan niveles más altos que aquellos que desarrollan la motivación extrínseca (Pulfrey, Buchs y Butera, 2011; Lemos y Veríssimo, 2014), y que la motivación intrínseca incita a cursar las asignaturas en los niveles más altos y a perseverar en dichas asignaturas en lugar de abandonarlas (Stipek, 1993).

Vi la diferencia en los efectos de la motivación intrínseca y la extrínseca en mi propia hija cuando empezó a cursar quinto de primaria. Había asistido a la escuela de primaria pública de nuestra localidad, en la que no se usaban las calificaciones y solo se ponían los exámenes imprescindibles. Por esta razón, hasta quinto solo había recibido comentarios sobre sus trabajos, y contaba con una maravillosa motivación intrínseca, de cuyo desarrollo fui testigo; al llegar a casa, me explicaba entusiasmada lo nuevo que había aprendido. En quinto de primaria, tuvo un maestro altamente cualificado que llenaba el aula con actividades interesantes y atractivas, pero ponía nota a todos los trabajos de los estudiantes. Lo hacía, me dijo, porque las escuelas locales de enseñanza intermedia ponían nota a todo y quería preparar a sus alumnos para esa experiencia. Alfie Kohn describe este tipo de enfoque como BGUTI, siglas, en inglés, de 'mejor acostúmbrate a ello'. En las escuelas se llevan a cabo prácticas perjudiciales porque los maestros saben que los estudiantes las experimentarán más tarde y quieren que se acostumbren a ellas. A lo largo de ese curso, quinto de primaria, vi un gran cambio en mi hija; de repente comenzó a tener en cuenta las notas solamente, y a preocuparse por ello. Dejó de prestar atención a los contenidos que estaba aprendiendo y pasó a estar constantemente preocupada por las notas que le pondrían por su trabajo. Alfie Kohn (2011) cita a una alumna llamada Claire que describió un cambio similar:

> Recuerdo la primera vez que vi una nota en la hoja en la que había escrito. [...] De repente, perdí todo entusiasmo. Estaba escribiendo para sacar una nota; ya no estaba explorando para mí. Quiero recuperar eso. ¿Alguna vez voy a recuperarlo?

Como explica Claire, sus ganas de explorar y su entusiasmo desaparecieron. En el caso de mi hija la historia tuvo un final feliz, ya que en sexto entró en una escuela en la que no se calificaba a los alumnos, y vi que volvía a tener interés por aprender. Pero esto no ocurre en el caso de muchos estudiantes, que pasan por la enseñanza intermedia obteniendo cada vez más calificaciones y sintiéndose cada vez menos motivados por los contenidos que están aprendiendo.

En *What's Math Got to Do with It?* doy más detalles sobre el daño causado por las calificaciones y los exámenes en todos los niveles de la enseñanza y sobre los resultados de investigaciones que apuntan a su impacto negativo (Boaler, 2015a). También recomiendo los artículos y libros de Alfie Kohn, que son de fácil lectura, sobre el impacto de las prácticas de evaluación tradicionales (Kohn, 1999, 2000). A partir de este punto me centraré, en este capítulo, en las maneras en que podemos evaluar a los estudiantes de una forma coherente con la mentalidad de crecimiento. Se trata de que les aportemos información y mensajes que fomenten esta mentalidad y que los sitúen en un camino bien fundado y positivo hacia el éxito. Este es uno de los cambios más importantes que pueden introducir los docentes en las aulas.

La evaluación para el aprendizaje

Hace unos años, dos profesores británicos, Paul Black y Dylan Wiliam, realizaron un metaanálisis de cientos de estudios de investigación sobre las formas de evaluar. Y encontraron algo sorprendente: una modalidad de evaluación tan potente que, si los profesores cambiaran sus formas de proceder y la usaran, elevaría el rendimiento académico de un país (tal como se mide en los estudios internacionales) de tal manera que este pasaría de ocupar un lugar medio en el *ranking* a encontrarse entre los cinco primeros. (*Sir* Paul Black y el profesor Dylan Wiliam fueron buenos colegas míos en la Universidad de Londres; Paul Black también fue mi asesor y mentor en mi tesis doctoral). Black y Wiliam descubrieron que si se usara lo que actualmente se llama *evaluación para el aprendizaje*, el impacto positivo sería mucho mayor que el de otras iniciativas educativas, tales como la de reducir el número de alumnos por aula (Black, Harrison, Lee, Marshall y Wiliam, 2002; Black y Wiliam, 1998a, 1998b). Publicaron sus hallazgos en un librito del que se vendieron, en Inglaterra, más de veinte mil ejemplares en las primeras semanas posteriores a su lanzamiento. La evaluación para el aprendizaje es, actualmente, una iniciativa nacional en muchos países; está bien fundamentada por las investigaciones y transmite mensajes afines a la mentalidad de crecimiento a los estudiantes.

Será oportuno que te ponga en antecedentes. Hay dos tipos de evaluación, la formativa y la sumativa. La evaluación formativa informa el aprendizaje y es la esencia de la evaluación para el aprendizaje (EPA). Las evaluaciones formativas se utilizan para averiguar en qué punto de su aprendizaje se encuentran los alumnos, de modo que estos y los profesores puedan determinar qué es lo que necesitan saber a continuación. El propósito de la evaluación sumativa, en cambio, es resumir el aprendizaje del estudiante, determinar lo lejos que ha llegado. Un problema que se da, en Estados Unidos al menos, es que muchos docentes usan la evaluación sumativa como estrategia formativa; es decir, les dan a los estudiantes una calificación final cuando aún están aprendiendo los contenidos. En las clases de matemáticas, los profesores a menudo ponen pruebas sumativas semanalmente y luego pasan a la siguiente lección sin esperar a ver qué revelan esas pruebas. Con la EPA, los estudiantes pasan a ser conscientes de lo que saben, lo que necesitan saber y las maneras de salvar la distancia entre ambas cosas. Reciben información sobre sus vías de aprendizaje flexibles y progresivas que contribuyen a que desarrollen una mentalidad matemática de crecimiento.

En las semanas y meses que los alumnos están aprendiendo en un curso, es muy importante que pasen por evaluaciones formativas, no sumativas. Además, el enfoque de la EPA, que también se puede considerar una evaluación favorecedora de la mentalidad de crecimiento, ofrece una diversidad de estrategias y métodos.

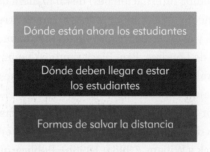

FIGURA 8.1. Evaluación para el aprendizaje.

Un principio importante de la EPA es que enseña a los estudiantes a hacerse responsables de su propio aprendizaje. En esencia, se trata de capacitarlos para que se conviertan en alumnos autónomos que puedan autorregularse y determinar qué es lo que más necesitan aprender, y que conozcan formas de mejorar su aprendizaje. Se puede considerar que la evaluación para el aprendizaje consta de tres partes: en primer lugar, comunicar claramente a los estudiantes lo que han aprendido; en segundo lugar, ayudarlos a tomar conciencia de dónde se encuentran en su camino de aprendizaje y adónde deben llegar, y por último, darles información sobre las maneras de salvar la distancia entre dónde están ahora y dónde deben estar (figura 8.1).

El enfoque se denomina evaluación *para* el aprendizaje en lugar de evaluación *del* aprendizaje porque la información que los profesores y los alumnos obtienen de la EPA ayuda a los primeros a hacer que su instrucción sea más efectiva y a los segundos a aprender, en la mayor medida posible. Los profesores que usan la EPA pasan menos tiempo diciéndoles a los estudiantes cuáles son sus logros y más tiempo capacitándolos para que tomen el control de sus vías de aprendizaje. Un profesor de Inglaterra que se pasó a las prácticas de la EPA declaró que «me hicieron enfocarme menos en mí mismo y más en los niños» (Black *et al.*, 2002). Desarrolló más confianza como docente debido a las potentes estrategias que usó para capacitar a sus alumnos para responsabilizarse de su propio aprendizaje.

Desarrollar la autoconciencia y la responsabilidad del estudiante

Los estudiantes más eficaces son los que son reflexivos, ejercen la metacognición —es decir, piensan acerca de lo que saben— y toman el control de su propio aprendizaje (White y Frederiksen, 1998). Un fallo importante en la enseñanza tradicional de las matemáticas es que los estudiantes rara vez saben muy bien lo que están aprendiendo o dónde se encuentran en el camino del aprendizaje. Se centran en la memorización de los métodos, pero a menudo ni siquiera saben en qué área de las matemáticas están trabajando. He visitado muchas aulas de matemáticas y me he detenido en los pupitres de los alumnos para preguntarles en qué están trabajando. A menudo, la respuesta que me dan es la pregunta que están abordando. Muchas de estas interacciones han ido así, más o menos:

—¿En qué estás trabajando?

—En el segundo ejercicio.

—Entonces, ¿qué estás haciendo? ¿En qué contenido matemático estás trabajando?

—¡Ah, perdone!, en la cuarta pregunta.

Los alumnos a menudo no piensan en el área de las matemáticas que están aprendiendo y no tienen ni idea de los objetivos matemáticos que están abordando. Esperan pasivamente a que el profesor los guíe a través de las tareas y que les diga si lo están haciendo bien o no. Alice White, experta en evaluaciones, lo compara con la situación hipotética de que hubiese un conjunto de trabajadores en un barco a quienes se les diesen tareas cada día pero no tuviesen ni idea de adónde se dirige el barco.

Un estudio de investigación realizado por Barbara White y John Frederiksen (White y Frederiksen, 1998) ilustró muy bien la importancia de la reflexión. Los investigadores estudiaron el aprendizaje de la física en doce clases de estudiantes de séptimo grado (equivalente a primero de ESO). Dividieron a los alumnos en grupos experimentales y de control. A todos los grupos se les impartió una unidad didáctica sobre la fuerza y el movimiento. A continuación, los grupos de control dedicaron parte de cada lección a analizar los trabajos, mientras que los grupos experimentales dedicaron parte de cada lección a la autoevaluación y la evaluación entre iguales, tomando en consideración los criterios de los contenidos científicos que estaban aprendiendo. Los resultados del estudio fueron impresionantes. Los grupos experimentales superaron a los de control en tres evaluaciones diferentes. Los estudiantes que anteriormente presentaban un bajo rendimiento académico fueron los más beneficiados: después de pasar un tiempo reflexionando sobre los criterios científicos y evaluándose a sí mismos en relación con estos, su rendimiento académico se fue equiparando al de los que sacaban las mejores notas. Los alumnos de los grupos experimentales, que estaban cursando la enseñanza intermedia, incluso obtuvieron calificaciones más altas que los estudiantes de física de nivel preuniversitario en los exámenes de física de la educación secundaria. Los investigadores llegaron a la conclusión de que el bajo rendimiento académico que habían mostrado anteriormente los alumnos no se debía, en gran parte, a una supuesta falta de capacidad, sino al hecho de que no sabían en qué debían enfocarse realmente.

Tristemente, esto es aplicable a muchos estudiantes. Es muy importante comunicar a los alumnos lo que deberían estar aprendiendo. Esto, por una parte, los ayuda a saber qué es el éxito y, por otra, desencadena en ellos un proceso de autorreflexión que es una herramienta valiosísima para el aprendizaje.

Existen muchos recursos para alentar a los estudiantes a que sean más conscientes de los contenidos matemáticos que están aprendiendo y el lugar que ocupan estos en su proceso de aprendizaje. Voy a exponer algunas de mis estrategias favoritas; nueve en total.

1. La autoevaluación

Las dos estrategias principales destinadas a ayudar a los estudiantes a tomar conciencia de los contenidos matemáticos que están aprendiendo y sus caminos de aprendizaje más amplios son la autoevaluación y la evaluación entre iguales. En la autoevaluación, reciben declaraciones claras sobre los contenidos que están aprendiendo, que utilizan para pensar en lo que han aprendido y aquello en lo que aún necesitan trabajar. Estas declaraciones deben incluir contenidos matemáticos («Entiendo la diferencia entre la media y la mediana y cuándo se debe usar cada una», por ejemplo) y también actitudes pertinentes («He aprendido a perseverar con los problemas y a seguir adelante aunque sean difíciles», por ejemplo). Si los estudiantes comienzan cada unidad didáctica con declaraciones claras sobre los contenidos matemáticos que van a aprender, empiezan a enfocarse en el amplio contexto de su camino de aprendizaje: descubren qué es lo importante, así como aquello en lo que necesitan trabajar para mejorar. Los estudios han encontrado que cuando se les pide a los estudiantes que califiquen la comprensión que tienen de su trabajo a través de la autoevaluación, son increíblemente precisos al evaluar su propia comprensión; no la sobrestiman ni la subestiman (Black *et al.*, 2002).

La autoevaluación puede ser relativa a un período de aprendizaje más o menos largo. Los profesores pueden hacer referencia a los contenidos matemáticos de una lección, una unidad didáctica o incluso un trimestre o un semestre completo. Aquí se proporcionan ejemplos de criterios de autoevaluación para períodos de tiempo más cortos y más largos. Además de recibir los criterios, los estudiantes deben tener tiempo para reflexionar sobre su aprendizaje, lo cual pueden hacer en el curso de una lección, al final de la lección o incluso en casa.

El ejemplo de autoevaluación que se ofrece en el cuadro 8.1 es obra de una maravillosa maestra de tercero de primaria con la que he trabajado, Lori Mallet. Un verano, Lori asistió a un taller de desarrollo profesional que impartí en el que reflexionamos sobre todas las formas en que era posible fomentar una mentalidad de crecimiento. En su ejemplo de autoevaluación, ofrece tres opciones para que los estudiantes elijan la pertinente en su caso.

En lugar de dar palabras para que los alumnos reflexionen al respecto, algunos maestros, en particular los de los niños más pequeños, usan caras sonrientes, como las de la figura 8.2.

Ambas opciones incitan a los estudiantes a determinar lo que han aprendido y lo que necesitan aprender.

Autoevaluación: polígonos

	Puedo hacer esto solo(a) y explicarle a un compañero o al profesor cómo lo he hecho	Puedo hacer esto solo(a)	Necesito más tiempo. Tengo que ver un ejemplo para orientarme
Dibujar líneas y segmentos de líneas que tengan unas determinadas medidas			
Dibujar líneas y segmentos de líneas paralelos			
Dibujar líneas y segmentos de líneas que se intersequen			
Dibujar un polígono que tenga un determinado perímetro			
Dibujar un cuadrado o un rectángulo que tenga una determinada área			
Dibujar una forma irregular cuya área pueda averiguarse dividiendo la figura en rectángulos o cuadrados			

Fuente: Lori Mallet

CUADRO 8.1

| ¡Lo sé! | Estoy pensando y aprendiendo | Necesito un poco de ayuda |

FIGURA 8.2. Caras para la reflexión.

El segundo ejemplo de autoevaluación que voy a exponer es de Lisa Henry, una experta profesora de secundaria de Brookland (Ohio). Lisa lleva veintitrés años enseñando matemáticas en la enseñanza secundaria. Hace cuatro años, empezó a sentirse insatisfecha con el sistema de las calificaciones; sabía que las notas que ponía no reflejaban lo que sabían sus alumnos, por lo que pasó a evaluar a los estudiantes en función de unos criterios que les ofreció. Lisa comparte amablemente con los otros profesores las declaraciones de autoevaluación que escribió para la totalidad de su curso de primero de Álgebra (ver el cuadro 8.2). Ahora que los estudiantes se están autoevaluando según los criterios y Lisa los está evaluando decidiendo lo que saben y no saben, en lugar de hacerlo con una nota global, asegura que sabe mucho más sobre los conocimientos y la comprensión que tienen sus alumnos.

Autoevaluación para primero de Álgebra

1.ª unidad – Ecuaciones y desigualdades lineales

☐ Puedo resolver ecuaciones lineales de una variable.

☐ Puedo resolver desigualdades lineales de una variable.

☐ Puedo reorganizar fórmulas para despejar variables específicas.

☐ Puedo resolver ecuaciones de una variable con valores absolutos.

☐ Puedo resolver y reflejar en una gráfica una desigualdad compuesta con una variable.

☐ Puedo resolver desigualdades de una variable con valores absolutos.

CUADRO 8.2

2.ª unidad – Representar relaciones de forma matemática

☐ Puedo usar e interpretar unidades a la hora de resolver fórmulas.

☐ Puedo realizar conversiones de unidades.

☐ Puedo identificar partes de una expresión.

☐ Puedo escribir la ecuación o desigualdad de una variable más apropiada para un determinado problema.

☐ Puedo escribir la ecuación de dos variables más apropiada para un determinado problema.

☐ Puedo decir cuáles son los valores con los que hay que sustituir las incógnitas de las ecuaciones y defender mis elecciones.

☐ Puedo interpretar soluciones en el contexto de una situación dada y decidir si se pueden justificar.

☐ Puedo representar gráficamente ecuaciones en ejes de coordenadas y poner las indicaciones correspondientes.

☐ Puedo comprobar que cualquier punto de la gráfica puede dar lugar a una ecuación cuando sus coordenadas son trasladadas a la ecuación.

☐ Puedo comparar gráficamente las propiedades de dos funciones, en una tabla y algebraicamente.

3.ª unidad – Comprender las funciones

☐ Puedo saber si una determinada gráfica, tabla o conjunto de pares ordenados representa una función.

☐ Puedo descodificar la notación de la función y explicar cómo la salida de una función se corresponde con su entrada.

☐ Puedo convertir una lista de números (una secuencia) en una función haciendo que los números enteros sean las entradas y los elementos de la secuencia las salidas.

☐ Puedo identificar los aspectos fundamentales de una gráfica, como las intersecciones, si la función es creciente o decreciente, los valores máximos y mínimos y el comportamiento final utilizando una gráfica, una tabla o una ecuación.

☐ Puedo explicar cómo el dominio y el rango de una función están representados en su gráfica.

CUADRO 8.2 (continuación)

4.ª unidad – Funciones lineales

☐ Puedo calcular e interpretar la razón de cambio promedio de una función.

☐ Puedo representar gráficamente una función lineal e identificar sus intersecciones.

☐ Puedo representar gráficamente una desigualdad lineal en un plano de coordenadas.

☐ Puedo demostrar que una función lineal presenta una razón de cambio constante.

☐ Puedo identificar situaciones en las que se producen razones de cambio iguales en relación con intervalos iguales y que pueden expresarse como funciones lineales.

☐ Puedo crear funciones lineales a partir de una secuencia aritmética, una gráfica, una tabla de valores o la descripción de la relación.

☐ Puedo explicar el significado (utilizando las unidades apropiadas) de la pendiente de una recta, la intersección en y, y otros puntos de la línea cuando la línea representa una relación del mundo real.

5.ª unidad – Sistemas de ecuaciones y desigualdades lineales

☐ Puedo resolver un sistema de ecuaciones lineales por medio de la representación gráfica.

☐ Puedo resolver un sistema de ecuaciones lineales por medio de la sustitución.

☐ Puedo resolver un sistema de ecuaciones lineales por el método de la eliminación.

☐ Puedo resolver un sistema de desigualdades lineales por medio de la representación gráfica.

☐ Puedo escribir y representar gráficamente un conjunto de restricciones para un problema de programación lineal y encontrar el valor máximo o el mínimo.

CUADRO 8.2 (continuación)

6.ª unidad – Modelos estadísticos

☐ Puedo describir el centro de la distribución de los datos (media o mediana).

☐ Puedo describir la extensión de la distribución de los datos (rango intercuartil o desviación estándar).

☐ Puedo representar los datos gráficamente en la recta numérica (con gráficos de puntos, histogramas y diagramas de caja).

☐ Puedo comparar la distribución de dos conjuntos de datos o más al examinar sus formas, centros y extensiones cuando se dibujan en la misma escala.

☐ Puedo interpretar las diferencias en la forma, el centro y la extensión de un conjunto de datos en el contexto de un problema, y puedo explicar los efectos de los valores extremos de los datos.

☐ Puedo leer e interpretar los datos expuestos en una tabla de frecuencias de dos vías.

☐ Puedo interpretar y explicar el significado de las frecuencias relativas en el contexto de un problema.

☐ Puedo hacer un diagrama de dispersión, dibujar una línea de ajuste y escribir la ecuación correspondiente a esta línea.

☐ Puedo usar la función que mejor se ajuste a los valores para efectuar predicciones.

☐ Puedo analizar la gráfica de residuos para determinar si la función es adecuada.

☐ Puedo calcular, utilizando una herramienta electrónica, e interpretar un coeficiente de correlación.

☐ Puedo reconocer que la correlación no implica causalidad y que la causalidad no aparece representada en los diagramas de dispersión.

7.ª unidad – Expresiones y funciones polinómicas

☐ Puedo sumar y restar polinomios.

☐ Puedo multiplicar polinomios.

☐ Puedo reescribir una expresión usando la factorización.

☐ Puedo resolver ecuaciones cuadráticas usando la factorización.

☐ Puedo esbozar una gráfica usando los ceros de una función cuadrática y otros puntos fáciles de identificar.

CUADRO 8.2 (continuación)

8.ª unidad – Funciones cuadráticas

☐ Puedo usar el procedimiento de completar el cuadrado para reescribir una expresión cuadrática en forma de vértice.

☐ Puedo representar gráficamente una función cuadrática e identificar factores clave como las intersecciones, el valor máximo o mínimo, la simetría y el comportamiento final de la gráfica.

☐ Puedo identificar el efecto de transformaciones en gráficas de funciones con y sin la ayuda de dispositivos electrónicos.

☐ Puedo hacer un diagrama de dispersión, usar una herramienta electrónica para encontrar una función cuadrática adecuada y servirme de esta función para efectuar predicciones.

9.ª unidad – Ecuaciones cuadráticas

☐ Puedo explicar por qué las sumas y los productos son racionales o irracionales.

☐ Puedo resolver ecuaciones cuadráticas completando el cuadrado.

☐ Puedo resolver ecuaciones cuadráticas averiguando las raíces cuadradas.

☐ Puedo resolver ecuaciones cuadráticas aplicando la fórmula cuadrática.

10.ª unidad – Relaciones no lineales

☐ Puedo aplicar las propiedades de los exponentes para simplificar las expresiones algebraicas que tienen exponentes racionales.

☐ Puedo representar gráficamente una función de raíz cuadrada o cúbica e identificar aspectos clave como las intersecciones, el valor máximo o mínimo y el comportamiento final de la gráfica.

☐ Puedo representar gráficamente las funciones definidas a trozos, lo cual incluye las funciones paso y las de valor absoluto, e identificar aspectos clave como las intersecciones, el valor máximo o mínimo y el comportamiento final de la gráfica.

CUADRO 8.2 (continuación)

11.ª unidad – Funciones y ecuaciones exponenciales

☐ Puedo demostrar que una función exponencial tiene un multiplicador constante a lo largo de intervalos iguales.

☐ Puedo identificar situaciones en las que se dan razones de cambio iguales a lo largo de intervalos iguales y que pueden ser modeladas con funciones exponenciales.

☐ Puedo usar gráficas o tablas para comparar las razones de cambio de funciones lineales, cuadráticas y exponenciales.

☐ Puedo reescribir las funciones exponenciales utilizando las propiedades de los exponentes.

☐ Puedo interpretar los parámetros de una función exponencial en problemas de la vida real.

☐ Puedo representar gráficamente las funciones exponenciales e identificar factores clave como las intersecciones, el valor máximo o mínimo, la asíntota y el comportamiento final de la gráfica.

☐ Puedo hacer un diagrama de dispersión, emplear una herramienta electrónica para encontrar la función exponencial más apropiada y usar esta función para efectuar predicciones.

Fuente: Lisa Henry

CUADRO 8.2 (continuación)

2. La evaluación entre iguales

La evaluación entre iguales es una estrategia similar a la autoevaluación, ya que también implica darles a los estudiantes unos criterios claros, pero los utilizan para evaluar el trabajo de los demás en lugar del suyo. Cuando los alumnos evalúan sus trabajos entre sí, tienen una oportunidad más de tomar conciencia de los contenidos matemáticos que están aprendiendo y necesitan aprender. Se ha demostrado que la evaluación entre compañeros es muy efectiva, en parte porque a menudo están mucho más abiertos a escuchar críticas o sugerencias de cambio por parte de otro alumno y porque los iguales generalmente se comunican de maneras que hacen que el otro pueda comprender fácilmente el mensaje.

Uno de mis métodos favoritos de evaluación entre iguales es la identificación de «dos estrellas y un deseo» (ver el cuadro 8.3). Se les pide a los estudiantes que examinen el trabajo de un compañero y que escriban dos cosas que ha hecho bien y un área en la que debe mejorar.

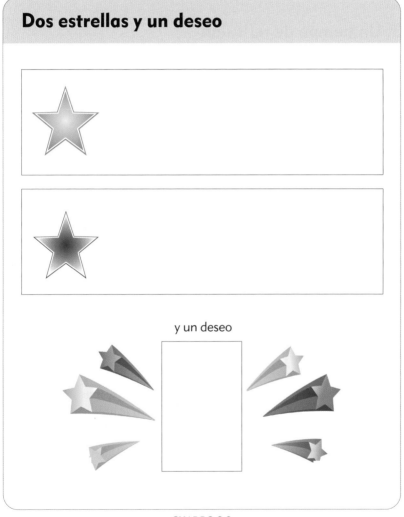

CUADRO 8.3

Cuando a los alumnos se les da información clara sobre lo que están aprendiendo y se les pide, a intervalos frecuentes, que reflexionen sobre su aprendizaje, se van volviendo responsables de este. Se los «invita a formar parte del gremio», como dicen algunos; es decir, se les brinda un conocimiento potente, que generalmente solo tienen los profesores, lo cual les permite hacerse cargo de su aprendizaje y tener éxito.

3. Un tiempo de reflexión

Una manera efectiva de que los estudiantes tomen conciencia de los contenidos que están aprendiendo es dedicar unos minutos a la reflexión, en la misma clase. Al final de una lección, pídeles a los alumnos que reflexionen a partir de preguntas como las que se muestran en el cuadro 8.4.

4. El semáforo

Esta es una actividad para realizar en el aula que estimula la reflexión de los alumnos y brinda información importante a los docentes. Hay muchas modalidades de la actividad del semáforo, pero en todas ellas los alumnos usan los colores rojo, amarillo y verde para indicar si entienden algo, si entienden parcialmente algo o si necesitan trabajar más en algo. Algunos maestros distribuyen vasos de papel de estos colores, que los estudiantes ponen encima de su pupitre en el transcurso de su aprendizaje. Los que necesitan que el maestro se detenga y vuelva a explicarse ponen el vaso rojo encima de su mesa, y los que consideran que va demasiado deprisa ponen el vaso amarillo. El maestro también puede concebir variaciones en el uso de los vasos. Algunos maestros vieron que los alumnos se mostraban reacios a utilizar los vasos al principio, pero tras descubrir lo útiles que les resultaban, empezaron a usarlos sin problemas. Algunos les piden a los alumnos que están en los pupitres en los que hay un vaso verde que le expliquen un determinado concepto al resto de la clase. Esto ayuda enormemente a los estudiantes y a los docentes, ya que estos últimos obtienen comentarios sobre su enseñanza en tiempo real en lugar de obtenerlos al final de una unidad o lección, cuando es demasiado tarde para hacer algo al respecto. En lugar de vasos, se pueden usar trozos de papel coloreados y plastificados, perforados para que puedan colocarse en una anilla.

Reflexión

¿Cuál ha sido la idea principal en la que hemos trabajado hoy?

¿Qué he aprendido hoy?

¿Qué buenas ideas he tenido hoy?

¿En qué situaciones podría utilizar lo que he aprendido hoy?

¿Qué preguntas tengo sobre el trabajo de hoy?

¿Sobre qué nuevas ideas me ha llevado a reflexionar esta lección?

CUADRO 8.4

5. Los grupos-puzle

En los grupos-puzle, los miembros de cada grupo trabajan juntos para convertirse en expertos en un determinado fenómeno, un nuevo método o una lectura interesante. Luego, los grupos se dividen y se forman nuevos grupos, de tal manera que todos los miembros de cada nuevo grupo tendrán unos conocimientos diferentes. Acto seguido, cada uno de los miembros imparte a los demás el nuevo conocimiento que ha adquirido, como «experto» en esa materia. Son necesarias al menos cuatro áreas de especialización para que este sistema funcione, de modo que cuando los miembros de los grupos originales se dividan para constituir otros, todos los integrantes de los nuevos grupos tengan algo distinto que enseñarse unos a otros. Un aula de treinta y dos alumnos da para formar ocho grupos, como se muestra en la figura 8.3.

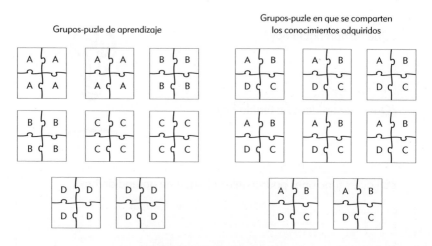

FIGURA 8.3. Grupos-puzle.

En el capítulo seis sugería una actividad de tipo puzle en la que los alumnos aprendían sobre personas cuyos logros invitaban a desterrar los estereotipos relativos a quiénes pueden tener éxito con las matemáticas.

Otro ejemplo de actividad de tipo puzle alienta a los estudiantes a comprender las conexiones que hay, en el álgebra, entre las gráficas, las tablas de valores, los términos de una ecuación y los patrones. En este ejemplo, los profesores distribuyen cuatro patrones, como los que se muestran en los cuadros 8.5 a 8.8, y les piden a los grupos de estudiantes que hagan un cartel que ilustre cómo ven crecer las formas; para ello, deben mostrar una tabla de valores, una gráfica de la ecuación y el patrón generalizado y modelado por la ecuación. Cada miembro del grupo se convierte en un experto en las múltiples representaciones del patrón que ha realizado su grupo. A continuación, el profesor le pide a un miembro de cada grupo que se ponga en una mesa en la que habrá un miembro de cada uno de los demás grupos, que habrán trabajado en los otros patrones. Por supuesto, se trata de que cada integrante de cada grupo les explique a sus nuevos compañeros la tarea en la que ha trabajado con su grupo original. Finalmente, los grupos hablan de las similitudes y diferencias que hay entre sus respectivos patrones y representaciones algebraicos.

Cuando los estudiantes pasan a tener un buen conocimiento sobre un tema y tienen la responsabilidad de instruir a sus compañeros de clase sobre ese tema, se los está alentando a hacerse responsables de los nuevos conocimientos que adquieran.

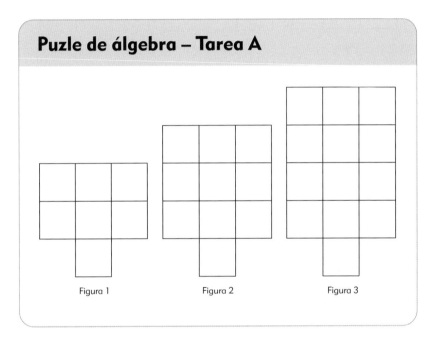

Puzle de álgebra – Tarea A

Figura 1   Figura 2   Figura 3

CUADRO 8.5

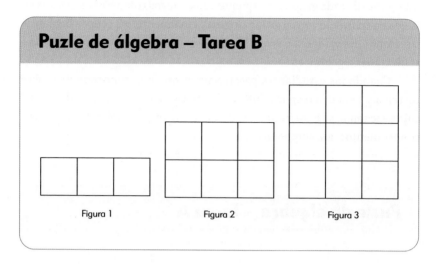

Puzle de álgebra – Tarea B

Figura 1 Figura 2 Figura 3

CUADRO 8.6

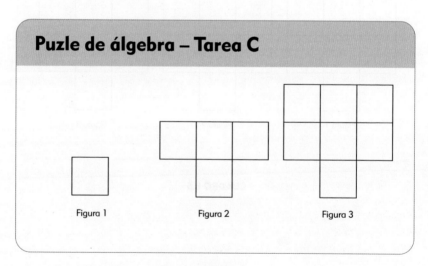

Puzle de álgebra – Tarea C

Figura 1 Figura 2 Figura 3

CUADRO 8.7

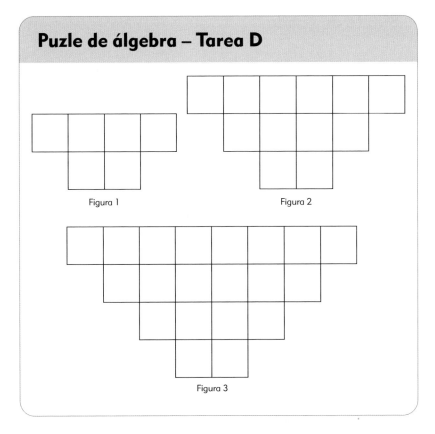

Puzle de álgebra – Tarea D

Figura 1

Figura 2

Figura 3

CUADRO 8.8

6. El billete de salida

El billete de salida es una hoja de papel que se les da a los estudiantes al final de la clase en la que deben hacer constar lo que han aprendido ese día (ver el cuadro 8.9). Antes de salir del aula, rellenan el «billete» y lo entregan al profesor. Esta es otra oportunidad para que los alumnos reflexionen; los ayuda en su aprendizaje y le brinda al profesor información realmente valiosa sobre ese aprendizaje e ideas para la próxima lección.

Billete de salida

| Billete de salida | Nombre: |
| | Fecha: |

Tres cosas que he aprendido hoy:

Dos cosas que he encontrado interesantes:

Una pregunta que tengo:

CUADRO 8.9

7. Los formularios en línea

Una estrategia efectiva que he visto usar a algunos docentes es pedirles a los estudiantes que respondan a un formulario en línea, en tiempo real, durante la lección. En esta práctica, envían ideas al ordenador del profesor. Se les puede pedir que ofrezcan comentarios o pensamientos sobre la lección. Los alumnos que no suelen participar verbalmente estarán más dispuestos a ofrecer sus pensamientos en línea. Este recurso se puede utilizar de muchas maneras: se les puede pedir que envíen sus reflexiones, que emitan un voto sobre algo o que le manden al profesor un indicador rojo, amarillo o verde sin que lo vean sus compañeros.

8. Hacer garabatos

Como señalaba en el capítulo cuatro, la ciencia del cerebro nos dice que el mayor aprendizaje tiene lugar cuando usamos distintas vías neuronales. Las implicaciones de este hallazgo en el aula son enormes; van más allá de las prácticas de evaluación. El mensaje es que el aprendizaje de las matemáticas, especialmente las matemáticas abstractas formales que ocupan gran parte del currículo escolar, mejora cuando los estudiantes utilizan el pensamiento matemático visual e intuitivo conectado con el pensamiento numérico. Una buena manera de alentar esto es dibujando ideas (figura 8.4).

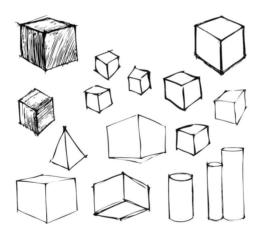

FIGURA 8.4. Garabatos matemáticos.

En lugar de pedirles a los alumnos que escriban solo lo que entienden, como reflexión o después de la lección, pídeles que muestren su comprensión con un boceto, un dibujo animado o un garabato. Si quieres ver, y tal vez mostrarles a tus alumnos, algunos garabatos de ideas matemáticas muy impresionantes y entretenidos, te recomiendo algunos de los vídeos de garabatos de Vy Hart; puedes encontrar dos en estos enlaces:

- Espirales, Fibonacci y ser una planta (1.ª parte): https://www.you-tube.com/watch?v=ahXIMUkSXX0.
- Fiesta de triángulos: https://www.youtube.com/watch?v=o6KlpI Whbcw&list=PLF7CBA45AEBAD18B8&index=7.

9. Los estudiantes escriben preguntas y exámenes

Pídeles a tus alumnos que conciban sus propias preguntas o que escriban una prueba para otros estudiantes. El hecho de escribir una buena pregunta los ayudará a enfocarse en lo que es importante y les permitirá ejercer el pensamiento creativo, lo cual es importante en sí mismo. Los estudiantes lo pasan bien con la tarea de escribir una prueba para evaluar los conocimientos matemáticos de sus compañeros.

Los comentarios de diagnóstico

Todas las estrategias anteriores abordan las dos primeras partes del proceso de la EPA, que consta de tres etapas: ayudan a los alumnos a saber qué están aprendiendo y en qué punto del aprendizaje deberían encontrarse.

Las partes primera y segunda de la EPA son muy importantes en sí mismas, pero la tercera parte les brinda a los estudiantes una ayuda que ningún otro método puede aportarles, pues les permite entender cómo salvar la distancia entre dónde se encuentran y adónde deben llegar. En este ámbito, hay un método cuya eficacia está por encima de la de todos los demás: el proceso consistente en que los docentes les hacen a los estudiantes comentarios de diagnóstico sobre su trabajo. Uno de los mejores regalos que les puedes ofrecer a tus alumnos es tu conocimiento, tus ideas y tus observaciones sobre sus progresos con la asignatura, siempre que expreses todo ello de manera positiva y con mensajes afines a la mentalidad de crecimiento.

Ellen Crews fue uno de los profesores con los que trabajé en el Distrito Escolar de Vista. Durante nuestras sesiones de desarrollo profesional, compartí con Ellen y los otros profesores la investigación que he resumido anteriormente que muestra el impacto positivo de los comentarios de diagnóstico como sustitutos de las calificaciones. Ellen es una profesora increíble y entregada que trabaja en una escuela difícil que se encuentra bajo un «programa de mejora» (PI, por sus siglas en inglés); es decir, el estado de California ha considerado que la escuela presenta un bajo rendimiento académico. Acuden a ella estudiantes de distintas etnias, si bien el 90 % son latinos. El 43 % de los alumnos están aprendiendo la lengua inglesa, y el 86 % cumplen los requisitos para comer gratis en la escuela. Ellen me dijo que cuando comenzó a enseñar en ella, los directivos estaban muy enfocados en los exámenes, como suele ocurrir en las escuelas que reciben la etiqueta PI. Las preguntas de los exámenes y las pruebas evaluadoras del final de cada unidad reflejaban las preguntas de los test estandarizados, esto es, eran de opción múltiple. La escuela estaba centrada en la «mejora», lo cual suena bien, y los profesores se pasaban horas estudiando detenidamente los informes generados por el *software* de los exámenes para buscar tendencias. Entonces se le asignaba un color a cada estudiante, y se les decía a los profesores que a los estudiantes azules les iría bien en el examen estatal, pero que los estudiantes rojos no tenían muchas posibilidades. También se les decía que se centraran más en el extremo inferior de los estudiantes verdes y en el extremo superior de los estudiantes amarillos, ya que la mejora del rendimiento académico de estos sería lo que tendría mayor impacto en las calificaciones obtenidas en los exámenes de la escuela.

Palabras como *mejora* suenan muy bien, pero el método de mejora que usó el colegio, como es habitual en las escuelas PI, consistió en apoyar a los grupos de estudiantes que ayudarían a hacer subir la puntuación de las pruebas escolares, en lugar de atender las necesidades de los alumnos en cuanto individuos. La escuela primero redujo a los estudiantes a las calificaciones obtenidas en los exámenes y después a colores, lo que determinó cuáles de ellos podían recibir menos atención, tanto por presentar un rendimiento académico alto como por presentar un rendimiento académico bajo. Este enfoque consistente a tratar a seres humanos como estadísticas que pueden manipularse es el que utilizan las escuelas de todo Estados Unidos, generalmente en respuesta a los duros juicios que se hacen y las duras etiquetas que se ponen en nombre de la «mejora».

En medio de esta cultura del rendimiento impuesta en la escuela, Ellen decidió encuestar a sus alumnos. Encontró, como era de esperar, que experimentaban un alto grado de ansiedad frente a los exámenes. Habían hecho muchos, y se les había dicho a los profesores que hicieran hincapié, continuamente, en la importancia de sacar buenas notas. Ellen quiso cambiar esta cultura, y su primer paso fue dejar de poner exámenes al final de cada unidad y reemplazar esta práctica por evaluaciones más pequeñas. Dejó de usar las palabras *prueba* y *examen* y llamó a sus minievaluaciones una oportunidad de *mostrar lo que sabes*. Prescindió de las preguntas de opción múltiple y las sustituyó por planteamientos matemáticos a los que había que dar respuesta. También dejó de preparar a los estudiantes para los exámenes de referencia del distrito; en lugar de eso, pasó a darles pruebas sin previo aviso, para evitar que acumulasen ansiedad, y les decía: «Hacedlo lo mejor que podáis y no os preocupéis». Las calificaciones de los estudiantes en los exámenes no disminuyeron, a pesar de que Ellen dejó de centrarse en estos y de preparar a los alumnos para realizarlos, y la ansiedad del alumnado disminuyó. Y es importante destacar que, como ella misma me dijo, los estudiantes comenzaron a disfrutar las clases de matemáticas.

Pero Ellen, como otros docentes reflexivos y cuidadosos, no estaba satisfecha, y fue dando pasos para seguir mejorando la situación. Al año siguiente, ella y sus colegas de octavo grado (equivalente a segundo de ESO), Annette Wilson y Angela Townsend, dejaron de poner notas y, en lugar de ello, empezaron a utilizar una hoja en la que había una serie de declaraciones matemáticas. Ese equipo de profesoras también cambió el nombre de sus evaluaciones por el de «Muestra lo que puedes hacer» (cuadro 8.10). Cuando dejaron de poner notas y, en cambio, pasaron a ofrecer comentarios, los alumnos comenzaron a leer e interpretar estos y, ocasionalmente, a hacer preguntas. Los estudiantes de Ellen tenían la posibilidad de pedirle una nota si querían. Ellen me dijo que al principio necesitaba dedicar demasiado tiempo a los comentarios de diagnóstico que ofrecía a sus ciento diez alumnos, por lo que aprendió a escribirlos solamente cuando podían ser más útiles para ellos. Este es el enfoque perfecto. Lleva más tiempo que poner marcas de verificación o notas, pero es mucho más útil para los estudiantes. Las observaciones ocasionales, ofrecidas en momentos que los profesionales juzguen como importantes, constituyen un regalo inestimable para los alumnos. Lo que no conviene hacer es ofrecer este tipo de comentarios a menudo.

Ellen me ha dicho que muchos más de sus alumnos se están esforzando con las matemáticas, y ve que se aplican a dar lo mejor de sí, lo cual es un resultado ideal. También me ha explicado que sus nuevas formas de evaluación le proporcionan una información útil que le permite mejorar la calidad de su enseñanza. En los años que siguieron a los cambios que introdujo en su forma de enseñar y evaluar en su escuela de enseñanza intermedia, las calificaciones de los estudiantes que pasaron a la enseñanza secundaria mejoraron significativamente y las tasas de suspensos en Álgebra en la educación secundaria se redujeron a la mitad.

Autoevaluación «Muestra lo que puedes hacer»

Lo que valoramos de un individuo	Justificación (si es necesaria)	
Perseverancia • ¿Has perseverado en eso? • ¿Has intentado otra cosa? • ¿Has hecho una pregunta? • ¿Has explicado dónde te has encontrado atascado?	¡Lo he hecho!
	Aprobado
Representaciones múltiples Palabras Imágenes Tablas Diagramas Gráficas Proceso de más de una solución Tabla de datos	¡Lo he hecho!
	Aprobado
Expectativas claras • ¿Has descrito tu proceso de pensamiento? • ¿Cómo has obtenido tu respuesta? o ¿dónde te has atascado? • Ideas: flechas, colores, palabras, números	¡Lo he hecho!
	Aprobado
Resultado • ¿Has terminado la tarea? Si no, ¿dónde te has atascado? • ¿Has dado lo mejor de ti en la tarea?	¡Lo he hecho!
	Aprobado

Fuente: Ellen Crews

CUADRO 8.10

Consejos sobre las calificaciones

Desafortunadamente, muchos docentes se ven obligados a poner notas, ya que es un requisito de su distrito escolar o de la dirección de su escuela. Lo ideal es que se les pida que pongan notas a final solamente, no durante el curso; a lo largo del curso, los estudiantes solo necesitan información sobre formas de aprender mejor, que se les debe proporcionar a través de la evaluación formativa. Ofrezco a continuación una lista de consejos sobre maneras de calificar de manera justa y de seguir comunicando mensajes favorables al crecimiento incluso cuando no haya más remedio que poner notas:

1. *Permite siempre que los alumnos vuelvan a presentar cualquier trabajo o examen para obtener una nota más alta.* Este es el mejor mensaje posible afín a la mentalidad de crecimiento, pues les estás comunicando a los estudiantes que lo que te importa es que *aprendan*, no solo que obtengan buenas calificaciones. Algunos profesores me dicen que esto es injusto, ya que los estudiantes pueden aprender por su cuenta lo que necesitan para mejorar su nota; pero debemos valorar estos esfuerzos, ya que tienen que ver, en esencia, con el aprendizaje.

2. *Comparte las calificaciones con la dirección de la escuela, pero no con los alumnos.* Si tu escuela requiere que pongas notas antes del final del curso, esto no significa que debas darlas a los estudiantes. En lugar de ello, hazles comentarios verbales, o escritos, sobre formas de mejorar.

3. *Utiliza la calificación multidimensional.* Muchos profesores creen en la amplitud de las matemáticas y puede ser que valoren el enfoque multidimensional de esta materia en el aula, pero solo evalúan a los alumnos en cuanto a si responden correctamente preguntas que implican aplicar procedimientos. Los mejores profesores con los que he trabajado que tenían que poner notas utilizaban el trabajo de los alumnos con las matemáticas más que su rendimiento en los exámenes. Por ejemplo, anotaban, en relación con cada alumno, si hacía o no preguntas, si mostraba o no los contenidos matemáticos de distintas maneras, la calidad de sus razonamientos y justificaciones, o si se basaba en las ideas de los demás. Estos profesores evalúan la asignatura de forma multidimensional. Y cuando se evalúa a los estudiantes en relación con distintas maneras de trabajar con las matemáticas, son muchos más los que llevan bien la asignatura.

4. *No utilices la escala de 100 puntos.* Uno de los métodos de calificación más injustos y terribles consiste en poner una nota a partir de unas cuantas tareas, sobre la base de que cada una de ellas tiene un valor de 100 puntos, y dar cero puntos por cada tarea

incompleta, que no se haya realizado o que se haya resuelto mal. Douglas Reeves (2006) ha demostrado que estas prácticas son ilógicas, ya que la distancia que hay entre los alumnos que obtienen una A, una B, una C o una D siempre es de 10 puntos, mientras que la distancia que hay entre la D y la F es de 60 puntos. Esto se debe a la equivalencia entre letras y puntos en el sistema de calificación escolar estadounidense:

A = 91+
B = 81–90
C = 71–80
D = 61–70
F = 0

Esto significa que si un alumno no ha realizado una tarea puede pasar de obtener una A en promedio a obtener una D (que, en este sistema, es un aprobado justo). Reeves recomienda sustituir esta escala, que está desprovista de lógica matemática, por una escala de 4 puntos, en la que todos los intervalos sean iguales:

A = 4
B = 3
C = 2
D = 1
F = 0

5. *No incluyas las primeras tareas que hicieron los alumnos en el curso en su nota de final de curso.* Cuando los profesores hacen esto, esencialmente están calificando a los estudiantes por el trabajo que realizaron en el curso anterior. Las calificaciones deben reflejar lo que han aprendido a lo largo del curso, no lo que aprendieron en otro; solo deberían incluir los trabajos y las tareas realizados por los alumnos a partir del punto del curso en el que empezaron a trabajar con los contenidos correspondientes a ese curso.

6. *No tengas en cuenta los deberes, si los pones, a la hora de calificar a los alumnos.* Como he explicado en el capítulo seis, los deberes son una de las prácticas más poco equitativas del sistema educativo; el hecho de tenerlos en cuenta para calificar a los estudiantes

solamente los estresa más e incrementa las posibilidades de obtener unos resultados poco equitativos.

Conclusión

Cuando los docentes evalúan a los estudiantes, tienen una oportunidad increíble: proporcionarles información sobre su aprendizaje, más que sobre su rendimiento académico, lo cual acelerará su marcha hacia el éxito y les proporcionará potentes mensajes afines a la mentalidad de crecimiento sobre las matemáticas y el aprendizaje. Una cantidad considerable de datos arrojados por las investigaciones pertinentes muestran que pasar de las calificaciones y los exámenes a los métodos de la EPA tiene un gran impacto positivo en el rendimiento académico, la autoconfianza, la motivación y las vías de aprendizaje futuras de los estudiantes. En este capítulo he presentado muestras del trabajo de profesores entregados y perspicaces que han efectuado este cambio. En el último capítulo repasaremos todas las formas en que se pueden crear y mantener aulas de matemáticas en las que impere una mentalidad de crecimiento.

CAPÍTULO 9

La enseñanza de las matemáticas favorable a la mentalidad de crecimiento

Mi objetivo al escribir este libro ha sido ofrecer a los profesores de matemáticas, a los dirigentes oportunos y a los padres un abanico de ideas pedagógicas que harán que los alumnos vean las matemáticas como una asignatura abierta, fomentadora del crecimiento y centrada en el aprendizaje, y que se vean a sí mismos como agentes poderosos en el proceso de aprendizaje. Al escribir este último capítulo me doy cuenta de que hemos realizado todo un viaje, en el que hemos empezado por reconsiderar nuestra forma de pensar acerca del potencial de los niños y hemos acabado por presentar las modalidades de evaluación que fomentan que los alumnos sean más responsables y autónomos. En este capítulo proporcionaré un conjunto de ideas didácticas, a partir de lo que he ido exponiendo, que te ayudarán a crear y mantener aulas de matemáticas regidas por la mentalidad de crecimiento. En él, ofrezco un resumen de muchas de las ideas presentadas en el libro; las he agrupado aquí para brindar una guía más concisa sobre la forma de impartir clases de matemáticas de tal manera que se fomente una mentalidad de crecimiento.

Alentar a todos los alumnos

Establecer las normas de la clase

Los estudiantes empiezan el curso sin saber qué esperan de ellos los profesores. Los primeros días de clase, e incluso las primeras horas del primer día, son un buen momento para establecer las normas. A menudo empiezo el curso diciéndoles a mis alumnos lo que hago, lo que valoro y lo que no valoro. Les doy estos mensajes:

- «Creo en cada uno de vosotros. No existe algo así como un cerebro matemático o un gen matemático, y espero que todos alcancéis el mejor rendimiento académico posible».
- «Me encantan los errores. Cada vez que cometéis un error, vuestro cerebro crece».
- «Los fallos y las dificultades no significan que no podáis estudiar matemáticas; de hecho, estas son las partes más importantes de las matemáticas y el aprendizaje».
- «No valoro que los alumnos trabajen rápidamente; valoro que trabajen con profundidad, creando rutas y representaciones interesantes».
- «Me encantan las preguntas de los estudiantes, las cuales pongo en carteles que cuelgo en las paredes para que toda la clase piense acerca de ellas».

Pero todas estas declaraciones son solo palabras; son palabras importantes, sin duda, pero no valen nada si los alumnos no ven que los actos de sus profesores las respaldan.

Expusimos en Youcubed las siete normas más importantes que conviene fomentar los primeros días de clase y durante todo el curso, y los capítulos de este libro han examinado las formas de poner en práctica cada una de ellas. A algunos docentes les ha resultado útil colocar el póster de Youcubed en una pared del aula al comienzo del curso (ver el cuadro 9.1 y «Establecer normas positivas para la clase de matemáticas», en la página 359).

Normas positivas para fomentar en la clase de matemáticas

1. Todo el mundo puede llegar a los niveles más altos en el aprendizaje de las matemáticas.

   Anima a los alumnos a que crean en sí mismos. No existe algo así como un tipo de persona especialmente dotada para las matemáticas. Todo el mundo puede alcanzar los niveles más altos a los que aspire por medio del trabajo duro.

2. Los errores son valiosos.

   ¡Los errores hacen crecer tu cerebro! Es bueno tener dificultades y cometer errores.

3. Las preguntas son muy importantes.

   Haz siempre preguntas, responde siempre preguntas. Plantéate: «¿Por qué tiene sentido esto?».

4. Las matemáticas tienen que ver con la creatividad y con encontrar sentidos.

   Las matemáticas son una materia en la que es posible ser muy creativo, una materia que consiste, en esencia, en visualizar patrones y crear vías de solución que otros puedan ver, debatir y criticar.

5. Las matemáticas tienen que ver con establecer conexiones y comunicar.

   Las matemáticas son una materia que tiene que ver con las conexiones y constituyen una modalidad de comunicación. Representa las matemáticas de distintas formas (con palabras, imágenes, gráficas, ecuaciones) y muestra los vínculos existentes entre esta diversidad de formas. ¡Utiliza códigos de colores!

6. La profundidad es mucho más importante que la velocidad.

   Los mejores matemáticos, como Laurent Schwartz, piensan de forma lenta y profunda.

7. En las clases de matemáticas se trata de aprender, no de rendir.

   Las matemáticas son una asignatura de crecimiento; se necesita tiempo para aprender los contenidos, y el esfuerzo es fundamental.

CUADRO 9.1

Además de que el profesor informe a los alumnos sobre las normas y sus expectativas, me parece muy útil que los estudiantes comuniquen las normas por las que quieren que se rija su trabajo colectivo. Antes de que se pongan a trabajar con contenidos matemáticos divididos en equipos, les pido que debatan en pequeños grupos lo que hacen y no les gusta que hagan otros estudiantes, como he expuesto en el capítulo siete, y que elaboren carteles con estas preferencias. Esta es una actividad que vale la pena, ya que los ayuda a promulgar normas positivas sabiendo que sus compañeros están de acuerdo con ellas, y los profesores pueden remitir a los estudiantes a los carteles más tarde si es necesario restablecer el buen comportamiento en el trabajo grupal.

Los profesores de Railside de los que he hablado en el capítulo siete fomentaban el buen trabajo en equipo muy a conciencia; enseñaban a los estudiantes cómo trabajar bien en grupo, escuchándose unos a otros, respetándose y partiendo de las ideas de los demás para seguir avanzando. Esos docentes decidieron que en las primeras diez semanas de la educación secundaria (que en el sistema estadounidense empieza en el noveno grado, equivalente a tercero de ESO) no se centrarían en los contenidos matemáticos que estuviesen aprendiendo los alumnos, sino en las normas grupales y las formas de interactuar. Los estudiantes trabajaban juntos en cuestiones matemáticas todo el tiempo, pero los profesores no se preocupaban por los contenidos abordados, sino, exclusivamente, por que los alumnos aprendiesen a trabajar en grupo de forma respetuosa. Esta manera concienzuda de enseñar a los estudiantes a trabajar bien en grupo se reflejó en sus impresionantes logros matemáticos a lo largo de los cuatro cursos de la enseñanza secundaria (Boaler y Staples, 2005).

La prueba de participación

Mi estrategia favorita para fomentar el buen trabajo en equipo, que se puede usar desde el principio y con frecuencia, consiste en pedirles a los alumnos que se sometan a una prueba de participación. Los autores que conceptualizaron la instrucción compleja (Cohen y Lotan, 2014) recomiendan que esta prueba se califique. No hay que calificar a las personas, pues esto transmitiría un mensaje negativo propio de la mentalidad fija, sino el comportamiento de los grupos. Pero la prueba de participación no tiene que terminar con la calificación, el sentido de la cual es darles a los estudiantes el potente mensaje de que la forma en que interactúan es importante y de que estás al tanto de cómo lo hacen. Me gusta mucho esta estrategia; la he enseñado a grupos de docentes que posteriormente me dijeron que transformó rápidamente las formas en que los estudiantes trabajaban en grupo.

Para ejecutar la prueba de participación, elige una tarea para que los alumnos trabajen en ella divididos en grupos, y a continuación muéstrales los modos de trabajar que valoras. Por ejemplo, los objetivos que se muestran en los cuadros 9.2 y 9.3 los establecieron los profesores de Railside, unos docentes fantásticos. En el primero, destacan las formas de trabajar con las matemáticas que valoran. Con los niños más pequeños se podría utilizar una lista mucho más corta. El segundo se centra en las formas de interactuar que conducen a trabajar bien en equipo.

Prueba de participación: objetivos matemáticos

Vuestro grupo tendrá éxito hoy si:

- Reconocéis y describís patrones.
- Justificáis vuestras ideas y empleáis múltiples representaciones.
- Establecéis conexiones entre diversos enfoques y representaciones.
- Usáis palabras, flechas, números y códigos de colores para comunicar las ideas con claridad.
- Les explicáis las ideas de forma clara a los miembros del equipo y al profesor.
- Hacéis preguntas para comprender las ideas de otros miembros del equipo.
- Hacéis preguntas que empujen al grupo a profundizar más.
- Organizáis una exposición que permita que los otros grupos puedan entender las ideas de vuestro grupo.

A ninguna persona se le dan bien todas estas cosas, pero a todos se les da bien alguna. Necesitaréis a todos los miembros del grupo para tener éxito con la tarea de hoy.

Fuente: Carlos Cabana.

CUADRO 9.2

Prueba de participación: objetivos del grupo

Durante la prueba de participación, estaré observando si:

- Os estáis inclinando hacia el centro de la mesa y estáis trabajando ahí.
- Participáis de forma equitativa.
- Permanecéis juntos.
- Os escucháis los unos a los otros.
- Os hacéis muchas preguntas.
- Adoptáis y mantenéis, cada uno, el rol que tenéis en el equipo.

Fuente: Carlos Cabana.

CUADRO 9.3

Los profesores de Railside presentaron los objetivos de los cuadros 9.2 y 9.3 en diapositivas, pero también pueden ponerse en carteles que se cuelguen en alguna pared del aula. El caso es presentarlos a los alumnos; una vez que los conozcan, pueden comenzar a trabajar. Mientras trabajan juntos, camina por el aula observando el comportamiento de los grupos y anota comentarios. Para hacer esto, necesitarás una hoja de papel o la pizarra; divídela en partes, de tal manera que haya un espacio para cada grupo. Por ejemplo, si hay treinta y dos alumnos trabajando en ocho grupos de cuatro, la hoja o la pizarra aparecerán divididas en ocho partes:

1.	2.	3.	4.
5.	6.	7.	8.

A medida que vas caminando y tomando notas, apunta las palabras textuales de los alumnos cuando sean dignas de mención. Algunos profesores lo hacen públicamente, anotando comentarios en la pizarra que hay en la parte delantera del aula. Otros usan una lámina de papel grande, sujeta a una pizarra blanca. Al final de la lección, debe haber observaciones en los espacios destinados a cada grupo. Puedes calificar a cada equipo o limitarte a comentar su trabajo, sin poner notas. Sigue un ejemplo de comentarios y notas por parte de un profesor:

Habéis empezado enseguida. Todos habéis trabajado juntos. Habéis mantenido unos debates magníficos. Habéis permanecido unidos. «Vamos a ver cómo vemos esta forma cada uno». A+ [sobresaliente alto]	Los cuatro estabais trabajando. Comprobabais vuestros trabajos respectivos. Habéis hecho buenas preguntas: «¿Cómo funcionaría esto con otro número?». Buenos roles grupales. A+ [sobresaliente alto]	«¿Qué pensáis de esto, chicos?». Habéis dibujado la figura en el centro de la mesa. Ibais comparando vuestros trabajos. A+ [sobresaliente alto]	Habéis hablado de ropa. Os habéis distraído de la tarea; se le ha pedido al grupo que parara. Habéis trabajado individualmente; no ha habido debate. B [notable]
Habéis puesto a prueba ideas. Os habéis hecho preguntas. Habéis hablado sobre la tarea. A [sobresaliente]	Habéis abordado la tarea con lentitud, y también os habéis distraído de ella. Habéis dibujado la figura en el centro de la mesa. Habéis comprobado vuestras ideas. Buen debate. A [sobresaliente]	«¿Podemos ver todos otra posibilidad?». Buenas explicaciones entre vosotros. Magnífico debate sobre el significado. A+ [sobresaliente alto]	Habéis empezado bien. Habéis leído en silencio. Habéis estado todos concentrados todo el tiempo. Habéis hecho buenas preguntas. A+ [sobresaliente alto]

Los comentarios no tienen que ser detallados, pero ayudarán a los estudiantes a entender lo que valoras y a estar mucho más atentos a las formas en que interactúan entre sí. Mis alumnos de Stanford y muchos docentes a quienes les he enseñado este método disfrutan con las pruebas de participación; se inclinan cómicamente sobre la mesa y hacen preguntas profundas cuando me detengo junto a su grupo con mi bloc de notas. También lo pasan bien, a la vez que comprenden con mucha mayor claridad lo que deben hacer para participar adecuadamente en un grupo.

Creo mucho en la prueba de participación. Profesores que la han usado en aulas en las que anteriormente tenían muchos problemas para fomentar el buen trabajo en equipo se han quedado atónitos ante el cambio positivo que han visto en los alumnos. Casi de la noche a la mañana, los estudiantes comienzan a hacerse buenas preguntas entre sí y a pensar sobre la participación equitativa de todos los miembros del equipo. Cuando los estudiantes trabajan bien en grupo, se respetan unos a otros y hacen buenas preguntas, las aulas se convierten en espacios excelentes, tanto para los alumnos como para los profesores.

Cree en todos tus alumnos

Siempre he sabido lo importante que es que los alumnos sepan que su profesor cree en ellos. Sabía esto como profesora y más recientemente me hice más consciente de ello como madre. Cuando mi hija tenía cinco años, advirtió que la maestra de su clase, en Inglaterra, estaba poniendo problemas de matemáticas más difíciles a los demás alumnos, y cuando llegó a casa me preguntó por qué. Cuando se dio cuenta de que la maestra no creía que ella tuviera potencial —lo cual, lamentablemente, era cierto; la maestra había decidido que tenía una capacidad limitada—, su fe en sí misma se vino abajo y desarrolló una mentalidad terriblemente fija que perjudicó su aprendizaje y su autoconfianza durante mucho tiempo. Ahora, varios años después, gracias al esfuerzo importante de sus padres y a algunos maestros maravillosos, es otra persona: tiene una mentalidad de crecimiento y adora las matemáticas. A pesar de que la maestra nunca le dijo que no creía en ella, se las arregló para transmitirle este mensaje de forma muy clara, y mi hija lo entendió incluso a la temprana edad de cinco años.

La escuela a la que asistía mi hija en Inglaterra dividía a los estudiantes en grupos según sus supuestas capacidades a partir de segundo de primaria, pero abandonó esta práctica después de leer las conclusiones de los estudios al respecto y de conocer las estrategias destinadas a impartir clase a grupos heterogéneos. Tras efectuar este cambio, el director me escribió para decirme que el nuevo enfoque había transformado las clases de matemáticas y había mejorado el rendimiento académico en toda la escuela. Si los estudiantes son ubicados en grupos según sus presuntas capacidades, aunque tengan nombres tan inocuos como *el grupo rojo* y *el grupo azul*, los alumnos se darán cuenta, y su mentalidad se volverá más fija. Cuando separaron a los niños en la escuela de mi hija, los que fueron ubicados en los grupos inferiores llegaron a casa diciendo que todos los niños inteligentes se habían ido a otro grupo. Los mensajes que recibieron los alumnos sobre su potencial como estudiantes en general (es decir, no solo como estudiantes de matemáticas) fueron demoledores para ellos. Uno de los primeros pasos que debemos dar en Estados Unidos, como país, es alejarnos de los métodos obsoletos que agrupan a los alumnos siguiendo un planteamiento característico de la mentalidad fija y comunicarles a todos los estudiantes que están dotados para obtener un buen rendimiento académico.

La importancia de que los alumnos piensen que su maestro cree en ellos se ha visto confirmada por un estudio que ha arrojado un resultado muy contundente (Cohen y García, 2014). Cientos de estudiantes participaron en este estudio experimental, alumnos de la clase de Inglés de la enseñanza secundaria. Todos escribieron ensayos y recibieron comentarios críticos por parte de sus profesores, pero la mitad pudieron leer un comentario adicional al final, consistente en una sola oración. Los alumnos que recibieron esta oración extra presentaron un rendimiento académico significativamente superior un año más tarde, a pesar de que los profesores no sabían cuáles habían recibido esa frase y de que no había otras diferencias entre los grupos. Puede parecer increíble que una oración pueda cambiar las trayectorias de aprendizaje de los estudiantes hasta el punto de que saquen mejores notas un año después sin el concurso de ningún otro cambio, pero así fue. Esta fue la oración adicional:

Te he hecho estos comentarios porque creo en ti.

El efecto del mayor rendimiento académico entre los estudiantes que recibieron la frase fue especialmente significativo entre los alumnos de color, que a menudo se sienten menos valorados por sus profesores (Cohen y García, 2014). Les expongo este hallazgo a los docentes con frecuencia, y siempre entienden muy bien lo que significa. No hablo de este resultado con la esperanza de que los profesores añadan esta misma oración a todos los trabajos de sus alumnos; esto llevaría a los estudiantes a pensar que no es sincera, lo que sería contraproducente. Expongo este resultado para subrayar el poder que tienen las palabras de los profesores y las creencias que albergan sobre los estudiantes, y para alentarlos a dar mensajes que transmitan creencias positivas en todo momento.

Se pueden comunicar expectativas positivas a los estudiantes mediante el uso de palabras de aliento. Es fácil hacer esto con los alumnos que parecen motivados, que aprenden fácilmente o que son rápidos. Pero es aún más importante comunicar creencias y expectativas positivas a los que son lentos, parecen desmotivados o tienen dificultades. También es importante ser consciente de que la velocidad a la que los estudiantes parecen comprender los conceptos no es indicativa de su potencial en matemáticas (Schwartz, 2001). Por difícil que sea, es importante no tener ideas preconcebidas acerca de quién se manejará bien con una tarea de matemáticas antes de que los alumnos realicen esa tarea. Debemos estar abiertos en todo momento a que cualquier alumno haga un trabajo realmente bueno. Algunos estudiantes dan la impresión de tener dificultades permanentes con las matemáticas; puede ser que hagan muchas preguntas o que no paren de decir que están estancados. Pero puede ser que su potencial para las matemáticas esté oculto, y es probable que sean víctimas de la mentalidad fija. Algunos han tenido malas experiencias con las matemáticas y han recibido mensajes negativos desde una edad temprana o no han tenido las mismas oportunidades que otros alumnos para cultivar el desarrollo de su cerebro y su aprendizaje. Esto hace que se encuentren en un nivel inferior al de otros alumnos, lo cual no significa que no puedan despegar si reciben buenas clases de matemáticas, mensajes positivos y, quizá lo más importante, unas expectativas elevadas por parte de su profesor. Tú puedes ser la persona que le dé la vuelta a la situación y libere su camino de aprendizaje. Por lo general, solo es necesaria una persona, a la que los alumnos nunca olvidarán.

Valora el esfuerzo y los fallos

Los docentes se preocupan por sus alumnos y quieren que les vaya bien, y saben que es importante que experimenten simpatía hacia las matemáticas. Tal vez sea esta comprensión lo que ha llevado a que la mayoría de las clases de matemáticas de Estados Unidos estén configuradas para que los estudiantes realicen la mayor parte de su trabajo correctamente. Pero los nuevos estudios sobre el cerebro nos dicen que no es esto lo que necesitan los alumnos. Las clases más productivas son aquellas en las que los estudiantes trabajan con problemas complejos, se los anima a asumir riesgos, pueden esforzarse y fallar y, aun así, sentirse bien por haber abordado problemas difíciles. Esto significa que las tareas de matemáticas deben ser difíciles para los estudiantes para darles la oportunidad de que su cerebro experimente un crecimiento y para establecer conexiones, pero no hay que limitarse a aumentar la dificultad, pues esto dejaría a los estudiantes frustrados. Significa cambiar la naturaleza de las tareas en las aulas de matemáticas, es decir, darles a los alumnos más tareas de suelo bajo y techo alto. Como se vio en el capítulo cinco, el suelo bajo representa que cualquiera puede acceder a las ideas y el techo alto, que los estudiantes pueden llevar las ideas a niveles elevados.

Además de cambiar las tareas, los maestros deben comunicar a menudo que las dificultades y los fallos son positivos. Muchos de mis alumnos de Stanford han tenido un rendimiento académico alto toda su vida y han recibido una gran cantidad de comentarios perjudiciales característicos de la mentalidad fija; les han dicho que son «inteligentes» a intervalos frecuentes. Cuando se encuentran con contenidos más difíciles en Stanford y no obtienen siempre un sobresaliente, algunos se desmoronan; se sienten desolados y cuestionan su capacidad. Cuando trabajan con materiales con los que tienen que esforzarse, lo cual es muy valioso para el aprendizaje, pierden confianza rápidamente y empiezan a dudar de que sean lo bastante «inteligentes» para estar en Stanford. Esto les ocurre a los alumnos que han sido educados en una cultura del rendimiento que no valora las dificultades ni los fallos. Los alumnos de primero de carrera me cuentan lo importantes que han sido las ideas que han aprendido conmigo; me dicen que el hecho de asumir que las dificultades son positivas ha evitado que abandonasen las clases de matemáticas e ingeniería y la carrera STEM de su elección.

Debemos trabajar arduamente para acabar con el mito del logro que no requiere esforzarse y señalar que todos aquellos que han obtenido grandes éxitos han trabajado con tesón y han fracasado a menudo, incluso los considerados «genios», como se ha explicado en el capítulo cuatro. También debemos resistirnos a valorar los logros que no están respaldados por el esfuerzo, es decir, a elogiar a los alumnos que son rápidos con las matemáticas. En lugar de ello, debemos valorar la persistencia y el pensamiento esmerado. Cuando los estudiantes fallan y tienen dificultades, ello no es indicativo de nada en cuanto a su potencial matemático; significa que sus cerebros están creciendo, se están activando sinapsis y se están desarrollando nuevas vías neuronales que los harán más fuertes en el futuro.

Ofrece elogios y ayuda que favorezcan la mentalidad de crecimiento

Cuando Carol Dweck trabajó con niños de preescolar, descubrió que algunos eran persistentes cuando fallaban y querían seguir intentándolo, mientras que otros se rendían fácilmente y pedían repetir tareas que les resultaban fáciles. Estas estrategias correspondientes a una mentalidad persistente y no persistente eran evidentes en niños que solo tenían tres y cuatro años.

Cuando los investigadores, después, llevaron a cabo juegos de roles con los niños y les pidieron que simulasen ser adultos que respondían a su trabajo, los niños persistentes hicieron de adultos enfocados en estrategias; dijeron que los niños tendrían más éxito con más tiempo o adoptando un enfoque diferente. En cambio, los no persistentes interpretaron a adultos que dijeron que, puesto que el niño no podía terminar el trabajo, debía quedarse sentado en su habitación. Los niños no persistentes parecían haber recibido comentarios en el sentido de que tenían limitaciones personales y de que fallar era algo negativo (Gunderson *et al.*, 2013). Este estudio, así como muchos otros realizados sobre la mentalidad (Dweck, 2006a, 2006b; Good, Rattan y Dweck, 2012), nos dicen que los tipos de comentarios y elogios que les brindamos a los estudiantes son extremadamente importantes. Es sabido que una forma en que ayudamos y animamos a los estudiantes a desarrollar una mentalidad fija es ofreciéndoles elogios afines a esta mentalidad; especialmente, el elogio a su inteligencia. Cuando los alumnos escuchan que son inteligentes, al principio se sienten bien, pero cuando tienen dificultades y fallan, lo que les ocurre a todos, empiezan a creer que no son tan inteligentes. Se juzgan a sí mismos, permanentemente, según una escala fija de «inteligencia», y esto será perjudicial para ellos, incluso si reciben una gran cantidad de comentarios positivos respecto a su inteligencia, como ilustra el caso de los alumnos de Stanford.

En lugar de decirles a los niños que son listos o inteligentes, los maestros y los padres deben enfocarse en las estrategias que han usado. En lugar de exclamar «¡qué inteligente eres!», es conveniente darles mensajes del tipo «es genial que hayas aprendido esto» o «me encanta cómo estás pensando en el problema». Sé que es difícil prescindir de las palabras *listo* o *inteligente*, ya que todos estamos acostumbrados a usarlas. Mis alumnos universitarios han trabajado en esto y ahora elogian a los demás por pensar bien y por ser individuos hábiles, cultivados, trabajadores y persistentes.

Cuando tus alumnos se equivoquen en las tareas, en lugar de decirles «esto está mal», busca su forma de pensar y trabaja con ello. Por ejemplo, si un alumno ha sumado $\frac{1}{3}$ y $\frac{1}{4}$ y ha decidido que la respuesta es $\frac{2}{7}$, puedes decirle: «Ah, ya veo lo que has hecho; has utilizado lo que sabemos sobre la suma de números enteros para sumar los números superior e inferior. Pero esto son fracciones, y cuando las sumamos tenemos que pensar en la fracción completa, y no en los números individuales que la conforman». Siempre hay algo de lógica en la forma de pensar de los alumnos, y es bueno encontrarla, no para eludir la idea de «error», sino para tomar en consideración el proceso de pensamiento de los estudiantes. Incluso si un niño ha resuelto totalmente mal una tarea, ten cuidado de no transmitirle la idea de que esa tarea es demasiado difícil para él o ella, ya que recibiría el mensaje de que su capacidad es limitada. En lugar de ello, enfócate en las estrategias y dile cosas como «aún no has aprendido las estrategias que necesitas para esto, pero no tardarás en hacerlo».

Es importante no proporcionar demasiada ayuda a los estudiantes y no renunciar a la exigencia cognitiva asociada a las tareas. El investigador francés Guy Brousseau identificó lo que llamó «el contrato didáctico», que desde entonces ha sido reconocido por docentes e investigadores de todo el mundo (Brousseau, 1984 y 1997). Brousseau describe una situación habitual en las clases de matemáticas en la que los alumnos llaman al profesor para pedirle ayuda; los estudiantes esperan verse auxiliados, y el maestro sabe que su función es ayudarlos, por lo que analiza el problema y lo hace más fácil. Al proceder así, vacía el problema de su exigencia cognitiva. Brousseau señala que esta es una acción compartida entre el profesor y los estudiantes: ambos están desempeñando los roles que se espera de ellos y cumplen el «contrato didáctico» establecido en las aulas, lo que hace que los estudiantes pierdan la oportunidad de aprender; a menudo, el profesor no se da cuenta de que les arrebata esta oportunidad. Los autores de los libros de texto son cómplices de un proceso similar; descomponen los problemas en partes pequeñas para que los estudiantes los resuelvan. Cuando mis alumnos me piden ayuda, tengo mucho cuidado de no efectuar la reflexión matemática por ellos; a menudo les pido que dibujen el problema, lo cual, invariablemente, hace que se les ocurran nuevas ideas.

Hace poco he leído acerca de una maestra de segundo de primaria, Nadia Boria, que ofrece esta respuesta a los estudiantes cuando le piden ayuda: «Pensemos en esto un momento. ¿Quieres que hoy crezca mi cerebro o quieres que crezca el tuyo?» (Frazier, 2015).

Esta es una respuesta maravillosa. Aunque los maestros deben juzgar cada interacción con su conocimiento e intuición profesionales y saber cuándo los estudiantes pueden afrontar más dificultades sin desanimarse, es importante recordar que no ayudar a los alumnos es a menudo la mejor ayuda que podemos proporcionarles.

Las normas que establecemos para los estudiantes en nuestras clases de matemáticas, las formas en que los ayudamos y alentamos, y los mensajes que les damos son extremadamente importantes, pero es imprescindible subrayar que darles mensajes afines a la mentalidad de crecimiento no los ayudará a menos que también les mostremos que las matemáticas son una *asignatura de crecimiento*. El resto de este capítulo se centrará en las estrategias y los métodos que los docentes pueden usar para enseñar a los estudiantes unas matemáticas abiertas, que favorecen la creatividad y el crecimiento.

Abrir las matemáticas

Enseña matemáticas como una materia abierta, que impulsa el crecimiento y en que lo importante es el aprendizaje

La mayoría de los ejercicios de matemáticas que deben resolver los alumnos en el aula y en el hogar son limitados, basados en la aplicación de procedimientos, y requieren efectuar cálculos. Cuando los estudiantes pasan la mayor parte del tiempo que dedican a las matemáticas trabajando de esta manera, es muy difícil que crean realmente que las matemáticas son una asignatura que tenga algo que ver con el crecimiento, ya que las preguntas cerradas transmiten la idea de que las matemáticas son una materia fija, en la que solo existe lo correcto frente a lo incorrecto. Es razonable que algunos ejercicios sean limitados y admitan una sola respuesta, pero estos ejercicios no son necesarios para que los estudiantes desarrollen una comprensión matemática sólida, y deben ser pocos en comparación con el resto de las actividades, en cualquier caso. Las tareas de matemáticas deberían ofrecer mucho espacio para el aprendizaje: en lugar de requerir que los estudiantes den una respuesta, deben darles la oportunidad de explorar, crear y crecer.

Cualquier tarea de matemáticas puede abrirse. Cuando se hace esto, muchos más alumnos se implican y aprenden. Aquí hay tres ejemplos de formas de abrir las tareas de matemáticas:

1. En lugar de indicarles a los alumnos que digan cuánto es ½ dividido por ¼, pídeles que hagan una conjetura acerca del resultado y que lo justifiquen, lo cual puede incluir que representen visualmente la solución. Como he explicado en el capítulo cinco, cuando Cathy Humphreys les pidió a los estudiantes que resolvieran $1 \div \frac{2}{3}$, comenzó diciéndoles: «Es posible que conozcáis una regla para resolver esta operación, pero la regla no importa hoy;

quiero que comprendáis vuestra respuesta, que expliquéis por qué vuestra solución *tiene sentido*».

2. En lugar de indicarles a los estudiantes que simplifiquen ⅓ (2x + 15) + 8, un ejercicio habitual en la clase de Álgebra, indícales que encuentren todas las formas en que pueden representar ⅓ (2x + 15) + 8 que sean equivalentes. La figura 9.1 muestra ejemplos.

$\frac{1}{3}(2x + 1S) + 8$	$\frac{2x + 1S}{3} + 8$	$\frac{2}{3}x + S + 8$
$\frac{2x}{3} + 13$	$\frac{2x + 1S + 24}{3}$	$\frac{1}{3}(2x + 39)$

FIGURA 9.1. Ejemplos de álgebra.

3. En lugar de preguntarles a los alumnos cuántos cuadrados hay en la figura número 100 de una serie, pregúntales cómo ven que crece el patrón e indícales que utilicen esta comprensión para llegar hasta la figura número 100 (ver la figura 9.2).

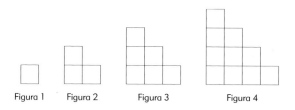

Figura 1   Figura 2   Figura 3   Figura 4

FIGURA 9.2. Escaleras.

Se puede abrir cualquier tarea de matemáticas para que ofrezca a los estudiantes espacio para el aprendizaje, como se explica con mayor detalle en el capítulo cinco. Por ejemplo, puedes pedirles a tus alumnos que debatan en torno a estos temas:

- Formas de ver los componentes matemáticos.
- Formas de representar ideas.
- Las distintas formas de afrontar el problema y las estrategias que se pueden emplear.

- Los diversos métodos utilizados: «¿Por qué habéis elegido estos métodos? ¿Cómo funcionan?».

Cuando los estudiantes trabajan en tareas de matemáticas abiertas, no solo se los alienta a que consideren las matemáticas como una asignatura que fomenta el crecimiento, sino que también se les asigna el papel de investigadores. Ya no están encontrando respuestas; están explorando ideas, estableciendo conexiones y valorando el crecimiento y el aprendizaje. Al mismo tiempo que están efectuando estas indagaciones, están aprendiendo los contenidos matemáticos formales, es decir, los métodos y las fórmulas establecidos en las pautas curriculares. La diferencia es que aprenden los métodos requeridos cuando los necesitan, lo que hace que estén motivados a aprenderlos y lo hagan con entusiasmo (Schwartz y Bransford, 1998). Como he subrayado, los ejercicios de matemáticas abiertos más perfectos son los de suelo bajo y techo alto. Hay varios de ellos en el sitio web de Youcubed, http://www.youcubed.org/tasks/. Al considerar si una tarea es abierta, la pregunta más importante que debe hacerse, en mi opinión, es si ofrece espacio para que los alumnos aprendan.

Alienta a los alumnos a ser matemáticos

Los matemáticos consideran que su materia es bella, estética y admite mucha creatividad. Todos los niños pueden trabajar como pequeños matemáticos, y alentarlos a hacerlo puede fortalecerlos en gran medida. Es importante que los alumnos participen en proponer ideas o, para usar términos matemáticos, que hagan conjeturas sobre cuestiones matemáticas. Una de las maestras de tercero de primaria más increíbles que he visto es Deborah Ball, actualmente decana de la escuela de educación de la Universidad de Míchigan. Deborah enseñaba a sus alumnos de tercero a ser matemáticos, es decir, a ser investigadores y a hacer conjeturas sobre cuestiones matemáticas. Cuando la clase llegaba a un consenso sobre una idea matemática, los alumnos afirmaban que contaban con una *definición operativa*, a la que volvían y la cual perfeccionaban cuando habían explorado más. Un día de clase, uno de los estudiantes, Sean, hizo una propuesta sobre el número 6: afirmó que podía ser par o impar. Su razón para efectuar esta conjetura era que el 6 está compuesto por un número impar de grupos de 2, mientras que otros números pares, como el 4 y el 8, están compuestos por un número par de grupos de 2. Muchos alumnos de la clase discutieron con él y se repasó la definición operativa que había dado la clase de lo que es un número par. La mayoría de los maestros le habrían dicho a Sean que estaba equivocado y habrían seguido adelante, pero Deborah estaba interesada en su proceso de pensamiento. Lo que siguió fue un animado debate entre los estudiantes que ha llamado la atención de espectadores digitales de muchos entornos y convicciones, incluidos profesores y matemáticos (lo que ocurrió en esa clase puede verse en un vídeo que está disponible en Internet, en este enlace: https://deepblue.lib.umich.edu/handle/2027.42/65013). Los niños se implicaron profundamente en reflexionar sobre la conjetura de Sean, y en ningún momento le pidieron a la maestra que les dijera si tenía razón o no, lo que habría puesto fin al debate. Lo que hicieron los compañeros de clase de Sean fue pedirle que probara su conjetura, y ofrecieron pruebas en sentido contrario, utilizando muchas definiciones diferentes de lo que es un número par para demostrarle que el 6 era un número exclusivamente par. En un momento dado, Deborah se dio cuenta de que Sean había propuesto algo sobre el número 6, y otros números que comparten la característica de tener una cantidad impar de múltiplos de 2, como el 10, que no tiene un nombre en matemáticas, y la clase decidió bautizar a este tipo de números como *números de Sean*. Sean hizo una observación que no estaba mal: señaló que algunos números tienen unas características diferentes. En debates posteriores que hubo a lo largo del curso, en que la clase exploró el uso de los números, se hizo referencia a los *números de Sean* cuando hubo ocasión. A diferencia de lo que ocurre con muchos alumnos de tercero de primaria, que están desconectados de las matemáticas debido a que se las han presentado como un conjunto de procedimientos, a esos niños les encantaba poder compartir sus pensamientos e ideas, y hacer conjeturas y concebir pruebas tras haberse puesto de acuerdo, como clase, sobre definiciones operativas y proposiciones, al mismo tiempo que aprendían los contenidos matemáticos formales. Los estudiantes estaban entusiasmados por efectuar conjeturas, razonamientos y demostraciones, y parecían, a los ojos de cualquier observador, jóvenes matemáticos aplicados en su trabajo (Ball, 1993).

Algunas personas se sorprenden por la idea de llamar *matemáticos* a los niños, pero no tienen ningún problema en denominar *jóvenes artistas* y *jóvenes científicos* a niños de la misma edad. Esto se debe al pedestal en el que son ubicadas las matemáticas, como comentaba en el capítulo seis. Tenemos que combatir la idea de que solo aquellos que hace muchos años que están estudiando matemáticas en la universidad deben actuar como matemáticos. Debemos dejar de posponer la experiencia de las verdaderas matemáticas hasta el final, cuando los estudiantes están en la universidad, momento en el cual la mayoría se han rendido. La mejor manera de comunicarles a todos los estudiantes que las matemáticas son una materia amplia basada en la investigación, en la que todos pueden trabajar, es pedirles a los niños que sean matemáticos.

Enseña matemáticas como la asignatura de los patrones y las conexiones

Todo en las matemáticas tiene que ver con el estudio de los patrones. Muchas personas aprecian que están lidiando con patrones cuando trabajan en problemas como el que se muestra en la figura 9.3, en el que se les pide que extiendan el patrón.

FIGURA 9.3. Tira en la que se manifiesta un patrón.

Pero incluso en el estudio de la aritmética, o áreas más abstractas de las matemáticas, el trabajo de los alumnos es buscar patrones. He tratado de alentar a mis hijas a verse como buscadoras de patrones, y hace poco me he sentido complacida cuando mi hija de ocho años estaba trabajando en la división. Acababan de enseñarle el algoritmo tradicional de la división, pero cuando le plantearon operaciones como estas...

$$6\overline{)18} \qquad 7\overline{)35} \qquad 8\overline{)27}$$
$$8\overline{)96} \qquad 6\overline{)72} \qquad 7\overline{)83}$$

...encontró que el algoritmo solamente era útil en algunos casos. Después de trabajar en algunas de las operaciones, dijo: «¡Oh, puedo ver un patrón!; el método del bucle divisor [se estaba refiriendo al algoritmo tradicional] solo es útil cuando el primer dígito es más grande que el número que se está dividiendo». No soy muy partidaria de que los estudiantes aprendan a dividir usando el algoritmo tradicional, ya que a menudo ello impide que vean el número entero y actúa en contra de la comprensión del valor posicional, pero me gustó que viera un patrón, pues esto significaba que estaba pensando en los números en términos de patrones y no siguiendo un método a ciegas. No quiero decir que el algoritmo tradicional no sea útil; puede ser útil *después* de que los estudiantes hayan entendido que la división es una de las muchas estrategias de división posibles. Al aprender a dividir, deberían usar métodos que estimulasen su comprensión de los números implicados y del concepto de división.

Cuando los maestros enseñan un método matemático, en realidad están enseñando un patrón: están mostrando algo que sucede todo el tiempo, algo que es *general*. Cuando multiplicamos un número mayor que 1 por 10, el número resultante contendrá un cero. Cuando dividimos la circunferencia de un círculo por el doble de su radio, siempre obtenemos el número pi. Esto son patrones, y cuando se les pide a los alumnos que vean las matemáticas como patrones, en lugar de verlas como un conjunto de métodos y reglas, se entusiasman con esta materia. También se los puede animar a pensar sobre la naturaleza de los patrones: ¿qué es lo general? Keith Devlin, un gran matemático, ha escrito una serie de libros excelentes para el gran público. En uno de mis favoritos, *Mathematics: The Science of Patterns* [Matemáticas: la ciencia de los patrones], muestra que todo el trabajo de los matemáticos tiene que ver con el uso y el estudio de los patrones, que surgen de lo que él describe como el mundo natural o la mente humana. Cita al gran matemático W. W. Sawyer, según el cual «las matemáticas son la clasificación y el estudio de todos los patrones posibles» y los patrones incluyen «cualquier tipo de regularidad que pueda ser reconocida por la mente». Devlin está de acuerdo y afirma que «las matemáticas no tienen que ver con los números, sino con la vida. Tienen que ver con el mundo en el que vivimos, y con las ideas. Y lejos de ser aburridas y estériles, como se las retrata a menudo, están repletas de creatividad» (Devlin, 2001).

Invita a tus alumnos a salir al mundo a buscar patrones; dales un papel activo en la búsqueda de patrones en todas las áreas y todos los niveles de las matemáticas.

En el capítulo tres presenté a Maryam Mirzakhani, matemática y colega mía en Stanford. Fue noticia en todo el mundo cuando se convirtió en la primera mujer en ganar la Medalla Fields. Cuando los matemáticos hablaron de las tremendas contribuciones que hizo al avance de las matemáticas, se refirieron a las formas en que su trabajo conectaba muchas áreas de esta disciplina, como la geometría diferencial, el análisis complejo y los sistemas dinámicos. Maryam hizo esta reflexión: «Me gusta cruzar los límites imaginarios que las personas establecen entre distintos campos; es muy estimulante [...] hay muchas herramientas, y no sabes cuál podría funcionar. Se trata de ser optimista y tratar de conectar las cosas». Me encantaría que todos los estudiantes de matemáticas tuviesen esta mentalidad.

Cuando los estudiantes establecen y ven conexiones entre los métodos, comienzan a entender las verdaderas matemáticas y disfrutan mucho más esta materia. Esto es fundamental, sobre todo para que más niñas opten por las carreras STEM, como se explica en el capítulo seis. Los planes de estudios a menudo van en contra de las conexiones, al presentar las matemáticas como una lista de temas desconectados. Pero los maestros pueden y deberían reivindicar las conexiones por medio de hablar siempre de ellas y de valorarlas en todos los casos, y de pedirles a los alumnos que piensen en ellas y debatan sobre ellas. El vídeo sobre conexiones matemáticas que ofrecemos en Youcubed muestra las maneras en que las fracciones, las gráficas, los triángulos, las proporciones, el teorema de Pitágoras, las tablas, las formas, la pendiente y la multiplicación están conectados por el razonamiento proporcional (Youcubed en la Universidad Stanford, 2015c; https://www.youcubed.org/resources/tour-mathematical-connections/). Hicimos este vídeo para mostrar las conexiones entre áreas matemáticas que los estudiantes tal vez pensaban que no existían, y los docentes han encontrado útil mostrarlo a sus alumnos, para ayudarlos a pensar acerca de las conexiones. A partir de ahí, se los debe alentar a explorar y ver las conexiones matemáticas de muchas maneras diferentes.

Siguen algunos ejemplos de formas de resaltar las conexiones en el campo de las matemáticas:

- Alienta a los alumnos a proponer varios métodos para resolver problemas y después pídeles que establezcan conexiones entre los métodos; diles que argumenten, por ejemplo, en qué se asemejan y en qué se diferencian, o por qué se puede usar un método y no otro. Esto podría hacerse con métodos utilizados para resolver problemas numéricos, como los que se muestran en la figura 5.1, en el capítulo cinco.
- Pídeles a los alumnos que establezcan conexiones entre los conceptos matemáticos cuando trabajen con problemas, como los que se exponen en el cuadro 9.4 y la figura 9.4.

Galletas para perro

¿De cuántas maneras se pueden hacer 2 grupos de 24 galletas para perro?

¿De cuántas maneras distintas de las anteriores se pueden agrupar también las 24 galletas para perro?

Muestra tus resultados en una representación visual que muestre todas las combinaciones.

CUADRO 9.4

FIGURA 9.4. Solución para el problema de las galletas para perro.

Los profesores pueden animar a los alumnos a hacer más de una representación y a conectar los números de sus soluciones a sus diagramas, y fomentar así el uso de distintas rutas neuronales.

Algunos estudiantes pueden usar papel cuadriculado, otros una recta numérica y otros cubos de enlaces múltiples u otros objetos pequeños. Los maestros pueden pedirles que piensen en los distintos métodos que pueden usarse al considerar la agrupación equitativa —en particular, la suma y la multiplicación— y en cómo están relacionados.

En los ejercicios que se proponen en el cuadro 9.5, se les pide a los estudiantes que se enfoquen específicamente en varias áreas de las matemáticas y en las conexiones que hay entre ellas. Aquellos a quienes se les dan bien las matemáticas no son los que piensan en estas como una serie de temas desconectados, una visión que sostienen muchos alumnos. Los estudiantes que son buenos con las matemáticas son los que las ven como un conjunto de ideas conectadas (Programa Internacional para la Evaluación de los Alumnos [PISA], 2012), perspectiva que los maestros deben fomentar activamente, sobre todo si los libros de texto alimentan la impresión contraria. Las conexiones matemáticas son inspiradoras y atractivas para los estudiantes, y todos los maestros pueden capacitar a sus alumnos para que vean que la conexión es la esencia de las matemáticas.

Ejercicios para poner de relieve algunas conexiones matemáticas

Muestra las fracciones 3/4, 6/8 y 12/16 en una gráfica.

Muestra las fracciones como triángulos similares.

¿Qué similitudes y diferencias hay entre las distintas representaciones de las fracciones como números, en una gráfica y como triángulos? ¿Puedes usar un código de colores para los rasgos representados, de tal manera que un mismo rasgo aparezca con el mismo color en las distintas representaciones?

CUADRO 9.5

Enseña unas matemáticas visuales y fomenta la creatividad

A la hora de enseñar matemáticas, fomento la creatividad de los alumnos por medio de plantearles retos interesantes y valorar su forma de pensar.

Les digo que no me preocupa que resuelvan los problemas rápidamente; lo que realmente me gusta ver es una representación interesante de las ideas, o un método o solución creativos. Cuando les presento las matemáticas de esta manera, siempre me sorprenden con su pensamiento creativo.

Es muy importante que los estudiantes piensen visualmente en las matemáticas, ya que esto facilita su comprensión y que usen distintos circuitos neuronales. Amanda Koonlaba, una maestra de cuarto de primaria que conecta el arte con las principales asignaturas, incluidas las matemáticas, describe una ocasión en que les preguntó a sus alumnos qué tipos de lecciones de arte habían disfrutado en dichas asignaturas. Recuerda que un alumno «explicó en voz baja, pero con entusiasmo, que le encantaba el arte visual porque la creación lo ayudaba a "olvidar lo malo" y que lo necesitaba "más de una vez por semana"» (Koonlaba, 2015).

El arte y las representaciones visuales no juegan solo un papel terapéutico y creativo, aunque ambos son importantes. También juegan un papel fundamental a la hora de abrir las puertas de la comprensión a todos los estudiantes. Cuando les pido a los alumnos que visualicen y dibujen ideas, siempre encuentro que su grado de implicación aumenta, y que eso les da una oportunidad de entender las ideas matemáticas que no habrían tenido sin el concurso de los elementos visuales. Algunos encuentran las ideas visuales más difíciles que otros, pero estos son precisamente quienes se verán más beneficiados por usarlas.

Además de pedirles a los alumnos que dibujen ideas, métodos, soluciones y problemas, los docentes siempre deben pedirles que conecten las ideas visuales con los métodos y soluciones numéricos o algebraicos. La codificación por colores, como mostré en el capítulo cinco, es una buena manera de fomentar estas conexiones. En los dos ejemplos siguientes veremos en qué medida puede mejorar, el color, la comprensión que tienen los estudiantes de la geometría, las fracciones y la división; en capítulos anteriores he mostrado la codificación por colores en el álgebra y las líneas paralelas. Cuando los alumnos aprenden sobre las relaciones que hay entre los ángulos, se les puede pedir que coloreen todos los ángulos de un triángulo, los arranquen y los superpongan para ver qué relación hay entre ellos. La representación visual de los ángulos los ayudará a recordar las relaciones.

Los estudiantes también podrán comprender mejor las fracciones si se les pide que las codifiquen con colores (ver el cuadro 9.6 y la figura 9.5).

Código de colores para *brownies*

Sam ha preparado un gran *brownie*, que ocupa toda una bandeja, y quiere cortarlo en 24 piezas iguales. Y desea compartirlo equitativamente con 5 amigos. Divide en porciones la bandeja de *brownies* y utiliza un código de colores para mostrar cuántos obtendrán Sam y sus amigos.

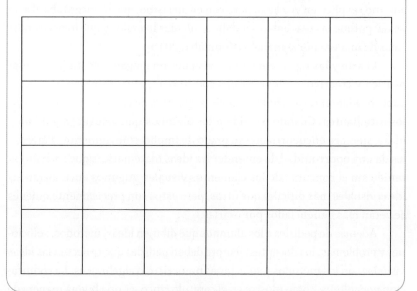

CUADRO 9.6

Sam ha preparado un gran brownie, que ocupa toda una bandeja, y quiere cortarlo en 24 piezas iguales. Y desea compartirlo equitativamente con 5 amigos. Divide en porciones la bandeja de brownies y utiliza un código de colores para mostrar cuántos obtendrán Sam y sus amigos.

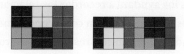

FIGURA 9.5. Aplicación de un código de colores a unos *brownies*.

Me gusta especialmente un enfoque de la codificación por colores para la división creado por Tina Lupton, Sarah Pratt y Kerri Richardson. Proponen que se pida a los alumnos que resuelvan divisiones utilizando rejillas de división, que los ayudarán a ver y entender la partición de números en grupos iguales y restos (ver la figura 9.6). Dan más detalles sobre las formas de estructurar esta tarea tan pertinente en Lupton, Pratt y Richardson (2014).

FIGURA 9.6. Rejillas de división. *Fuente:* Lupton, Pratt y Richardson, 2014.

Representar ideas matemáticas de distintas maneras es una práctica importante, utilizada por matemáticos y solucionadores de problemas de alto nivel. Cuando los matemáticos trabajan, representan las ideas de muchas maneras diferentes: con gráficas, tablas, palabras, expresiones y —esto no es tan sabido— con dibujos e incluso garabatos. Mirzakhani describió lo que era pensar en un problema matemático difícil:

«No se trata de escribir todos los detalles [...] Pero el proceso de dibujar algo te ayuda a mantenerte conectada, de alguna manera». Mirzakhani dijo que su hija de tres años, Anahita, a menudo exclama: «¡Oh, mamá está pintando de nuevo!» cuando ve dibujando a esta matemática. «Tal vez piense que soy pintora» (Klarreich, 2014).

Siempre que me dan un problema matemático complejo para resolver, lo dibujo; es la mejor manera que conozco de abordar un problema difícil y comprender sus interioridades matemáticas. Cuando trabajo con alumnos y están estancados, también les pido que dibujen: «¿Has intentado dibujar el problema?», les pregunto, más o menos. Los estudiantes que no están acostumbrados a dibujar contenidos matemáticos pueden encontrar esto difícil al principio, pero pueden aprender a hacerlo. El capítulo ocho ofrece más ideas sobre cómo estimular a los estudiantes a dibujar y hacer garabatos.

Estar dispuesto a acudir a las representaciones para reflejar el pensamiento matemático y saber hacerlo es inmensamente útil para los estudiantes, tanto al trabajar con las matemáticas en la escuela como en la vida.

Fomenta la intuición y la libertad de pensamiento

En el capítulo cinco he analizado las formas en que quienes trabajan con las matemáticas de alto nivel —como Sebastian Thrun, creador de robots para la Institución Smithsonian— utilizan la intuición para desarrollar ideas matemáticas. Leone Burton entrevistó a setenta investigadores matemáticos para conocer la naturaleza de su trabajo, y cincuenta y ocho de ellos hablaron sobre el importante papel de la intuición en este. Reuben Hersh, en su libro *What Is Mathematics, Really?* [¿Qué son las matemáticas en realidad?] señala que si «observamos la práctica matemática, lo intuitivo está en todas partes» (Hersh, 1999).

Pero ¿qué es lo que llamamos *intuición*? ¿Y por qué los matemáticos usan la intuición cuando los estudiantes rara vez lo hacen en las aulas? Los profesores pueden alentar a sus alumnos a usar la intuición con cualquier problema de matemáticas; para ello basta con que les pregunten qué creen que funcionaría antes de enseñarles un método. En todos los niveles de la enseñanza hay oportunidades para que los alumnos piensen de manera intuitiva en relación con las matemáticas. Los maestros de primaria pueden pedirles a los alumnos, antes de enseñarles cualquier método, que elaboren su propio método para resolver los problemas; por ejemplo, cómo pueden encontrar el área de una alfombra antes de que se les enseñe una fórmula para averiguar el área. En la enseñanza intermedia y secundaria, podemos preguntar cómo pueden encontrar la altura de un objeto que sea demasiado alto para medirlo antes de enseñarles métodos para hacerlo (ver Boaler, Meyer, Selling y Sun, sin fecha). En el capítulo cinco he hablado sobre la lección de Precálculo en la que se les pidió a los estudiantes que hicieran conjeturas y pensaran intuitivamente sobre cómo encontrar el volumen de un limón, antes de que se les enseñaran contenidos de Cálculo. Para darles a los estudiantes la oportunidad de usar la intuición, basta con que los profesores efectúen un pequeño cambio en su práctica.

Cuando se les pide a los alumnos que usen la intuición para pensar acerca de una idea matemática, se los está invitando a pensar de forma abierta y libre. Cuando le pregunté a un grupo de niños de tercero de primaria que habían aprendido a través de las conversaciones numéricas lo que pensaban sobre este tipo de conversaciones, lo primero que me dijo Dylan fue esto: «Eres libre; puedes hacer lo que quieras. Puedes tomar números y descomponerlos». Delia, una de las estudiantes que aparecen en *Beyond Measure* (el segundo documental del director de *Race to Nowhere*), habló de una manera similar acerca de sus experiencias matemáticas una vez que hubo adoptado la actitud indagadora: «Ahora estoy conectada con las matemáticas. Es como que estoy abierta, y me siento viva y con más energía». En el mismo filme, Niko compara su experiencia previa con las matemáticas, consistente en trabajar con hojas de ejercicios, con su nueva forma de aprender, basada en la colaboración y la indagación: «El año pasado, cada alumno iba a lo suyo en la clase de matemáticas, pero este año hay una gran abertura; la clase es como una ciudad en la que todos estamos trabajando juntos para crear un mundo nuevo y hermoso».

Siguen sorprendiéndome e inspirándome las palabras que usan los niños para hablar de las matemáticas cuando estas son una asignatura abierta, cuando se les pide que usen sus ideas y experimenten la belleza y las posibilidades creativas de las matemáticas. El hecho de que digan «eres libre», «estoy abierta y me siento viva» y «estamos trabajando juntos para crear un mundo nuevo y hermoso» habla del efecto transformador que pueden tener las matemáticas basadas en la investigación. Los estudiantes hablan así porque se les ha dado libertad intelectual, y esta es una experiencia muy potente y conmovedora. Cuando les pedimos a los alumnos que usen la intuición y piensen libremente, no solo adoptan una nueva perspectiva sobre las matemáticas, ellos mismos y el mundo, sino que también experimentan una libertad intelectual que transforma su relación con el aprendizaje.

Deborah Ball ha escrito un artículo interesante y provocador en el que cita al legendario psicólogo Jerome Bruner:

Comenzamos con la hipótesis de que cualquier asignatura puede ser impartida de manera efectiva de alguna forma intelectualmente honesta a cualquier niño en cualquier etapa de desarrollo. Es una hipótesis audaz y esencial para pensar sobre el carácter del plan de estudios. Y no hay pruebas que la contradigan; al contrario, se están acumulando una cantidad considerable de datos que la respaldan (Bruner, 1960, citado en Ball, 1993).

Esta declaración puede ser difícil de aceptar para muchos, y desconcertó a mis alumnos de Stanford cuando se la presenté. Pero estuvieron dispuestos a pensar sobre las formas en que se podían debatir ideas matemáticas con los niños. Deborah Ball está plenamente convencida; afirma que «los niños se preguntan acerca de cuestiones profundas y difíciles, reflexionan al respecto e inventan soluciones» (Ball, 1993, p. 374). Si liberamos a los docentes y los alumnos de la jerarquía prescrita en las pautas de contenidos y permitimos que los alumnos exploren ideas de alto nivel que pueden ser muy atractivas, como la cuarta dimensión, el espacio negativo, el cálculo o los fractales, tenemos la oportunidad de exponerlos a la emoción matemática y a ideas muy interesantes, a cualquier edad. No estoy sugiriendo que enseñemos contenidos matemáticos formales de nivel superior a los alumnos de primaria, pero me gusta la posibilidad que exponen Bruner y Ball: que cualquier parte de las matemáticas puede presentarse de forma intelectualmente honesta a cualquier edad. Esta idea es estimulante e importante.

Valora más la profundidad que la velocidad

Algo que debemos cambiar en las aulas de matemáticas de todo el mundo es la idea de que, en esta asignatura, la velocidad es más importante que la profundidad. Esta idea afecta a las matemáticas más que a cualquier otra materia, y los alumnos sufren por ello. Sin embargo, los principales matemáticos del mundo —personas como Steven Strogatz, Keith Devlin y los ya fallecidos Laurent Schwartz y Maryam Mirzakhani, que han obtenido los más altos honores por su trabajo— hablan del trabajo lento y profundo, y de no ir deprisa. He citado a Laurent Schwartz en el capítulo cuatro; esta oración pertenece a la cita más larga: «Lo importante es comprender profundamente las cosas y las relaciones que mantienen entre sí». Schwartz habla de que se sentía «tonto» en la escuela porque pensaba despacio, e insta a sus lectores a apreciar que las matemáticas tienen que ver con la profundidad y las conexiones, no con el conocimiento superficial de los hechos y el trabajo rápido.

Las matemáticas son una materia en la que se deben resaltar la profundidad del pensamiento y las relaciones en todo momento. En una visita reciente a China, pude ser testigo de varias lecciones de matemáticas en escuelas de enseñanza intermedia y secundaria. China supera al resto del mundo en los exámenes del PISA y otros, por un margen considerable (PISA, 2012). Esto lleva a la gente a pensar que, en ese país, las lecciones de matemáticas están centradas en la velocidad y la práctica de procedimientos. Pero lo que observé en las aulas fue algo muy diferente. En cada lección de la que fui testigo, los profesores y los alumnos no trataron más de tres problemas en una clase de una hora. Los docentes enseñaban las ideas —incluso las muy bien acotadas y formuladas, como la definición de ángulo complementario y ángulo suplementario— a través de un enfoque centrado en la indagación. En una lección, una profesora exploró con los alumnos qué son los ángulos complementarios y suplementarios poniéndoles un ejemplo y pidiéndoles que reflexionasen cuidadosamente al respecto; a continuación comentaron las preguntas e ideas que surgieron (puedes verlo en este enlace: Youcubed en la Universidad Stanford, 2015d; https://www.youcubed.org/resources/a-visit-to-china/). El debate subsiguiente sobre los ángulos complementarios y suplementarios alcanzó una profundidad que nunca antes había visto, como observadora, en otras aulas de matemáticas en las que se había tratado este tema. La profesora abordó de forma provocadora las ideas de los alumnos e hizo afirmaciones incorrectas para retarlos, y toda la clase indagó conjuntamente todas las posibles relaciones de ángulos que se ajustaban a las definiciones.

El siguiente extracto es la transcripción de una lección típica de Estados Unidos sobre los ángulos complementarios y suplementarios, tomada de un vídeo del TIMSS (Estudio de las Tendencias en Matemáticas y Ciencias) sobre la forma de impartir clase en varios países (Stigler y Hiebert, 1999):

Profesor: Aquí tenemos ángulos verticales y ángulos suplementarios. ¿El ángulo A es vertical respecto a qué ángulo?

Coro de alumnos: El de 70 grados.

Profesor: Por lo tanto, el ángulo A debe ser...

Coro de alumnos: De 70 grados.

Profesor: Y aquí tenemos ángulos suplementarios. ¿Qué ángulo es suplementario del A?

Coro de alumnos: El B.

Profesor: El B lo es, y también...

Alumnos: El C.

Profesor: ¿Qué número suman los ángulos suplementarios?

Alumnos: 180 grados.

En el extracto observamos preguntas de definición que admiten una sola respuesta, y el profesor encamina a los estudiantes hacia esta.

Compáralo con la lección que vimos en China mencionada anteriormente, en la que la profesora no hizo preguntas del tipo «¿qué número suman los ángulos suplementarios?», sino del tipo «¿pueden dos ángulos agudos ser suplementarios?, ¿pueden un par de ángulos suplementarios ser agudos?». Estas preguntas requieren que los estudiantes piensen con mayor profundidad acerca de las definiciones y las relaciones. Sigue un extracto de esa lección que presencié en China, la cual contrasta de forma importante con la lección de Estados Unidos.

Alumna: Como acaba de decir [este otro alumno], si hay dos ángulos iguales cuyas medidas suman 180 grados, deben ser dos ángulos rectos. Puesto que las medidas de los ángulos agudos son siempre inferiores a 90 grados, la suma de las medidas de dos ángulos agudos no superará los 180 grados.

Profesora: Por lo tanto, si dos ángulos son suplementarios, ¿deben ser dos ángulos obtusos?

Alumno: Esto no es correcto.

Profesora: ¿No? ¿Por qué? Creo que si dos ángulos son suplementarios, deben ser obtusos.

Alumna: Creo que podrían ser un ángulo agudo y un ángulo obtuso.

Profesora: Ella dice que si bien ambos ángulos no pueden ser agudos, uno puede ser agudo y el otro obtuso.

Alumna: Por ejemplo, como el ángulo 1 y el ángulo 5 de este problema. Uno de ellos es agudo. El otro es obtuso.

Profesora: De acuerdo. Si dos ángulos son suplementarios, ¿uno de ellos tiene que ser agudo y el otro obtuso?

Alumna: Esto no acaba de ser exacto. Habría que decir que si dos ángulos son suplementarios, al menos uno de ellos es agudo.

Otros alumnos: No, al menos un ángulo tiene más de 90 grados.

Alumna: Una excepción es cuando los dos ángulos son rectos.

La lección de Estados Unidos y la de China no podrían haber sido más diferentes. En la de Estados Unidos, el profesor hizo preguntas basadas en los procedimientos a los alumnos y estos ofrecieron, en cada caso, la única respuesta posible. Esas preguntas, basadas en un ejemplo fácil del ángulo, podrían encontrarse en un libro, y los alumnos respondieron con las definiciones que habían aprendido. En la lección de China, la profesora no hizo preguntas del tipo «completa esta frase», sino que escuchó las ideas de los alumnos e hizo declaraciones provocativas en relación con sus ideas que impulsaron su comprensión. Sus afirmaciones hicieron que los estudiantes respondieran con conjeturas y razonamientos, pensando en las relaciones existentes entre distintos ángulos.

La segunda mitad de la lección se enfocó en los distintos diagramas que se podían dibujar para ilustrar las relaciones entre ángulos que se habían debatido. Los alumnos se esmeraron en crear varios diagramas visuales, volteando y girando lados de triángulos, etc. Debatieron ideas entre ellos y con la profesora, que les hacía preguntas sobre esas ideas, empujándolos a una amplitud y profundidad que yo no habría imaginado antes de ser testigo de ello. Mientras la clase estaba hablando de los diagramas visuales que representaban las relaciones que había entre los ángulos, un alumno dijo: «Esto es fascinante». No hay muchos alumnos que hubieran sacado esta conclusión de la versión de la lección de Estados Unidos.

El estudio mostrado en el vídeo del TIMSS comparaba la forma de impartir clase en Estados Unidos con la forma de impartir clase en otros países y llegaba a la conclusión de que las lecciones de Estados Unidos tenían «una milla de ancho y una pulgada de profundidad» (Schmidt *et al.*, 2002), mientras que las lecciones de otros países que se estudiaron, especialmente las de Japón, eran conceptuales y más profundas, y en ellas había más debates entre los alumnos. Los analistas vincularon la profundidad de las conversaciones y la forma de trabajar en Japón, en comparación con la forma de proceder en Estados Unidos, al mayor rendimiento académico de los japoneses (Schmidt *et al.*, 2002; Schmidt, McKnight y Raizen, 1997).

La falta de comprensión que tienen algunos padres sobre la importancia de profundizar en el campo de las matemáticas, junto con la creencia equivocada de que sus hijos se verán beneficiados si van más rápido, los lleva a abogar por que sus hijos se salten cursos y aprendan contenidos matemáticos de nivel superior lo antes posible. Pero el aprendizaje de las matemáticas no es una carrera, y es el enfoque profundo lo que inspira a los alumnos, los mantiene interesados y posibilita que aprendan bien, lo cual sienta una buena base para que asimilen contenidos matemáticos de alto nivel en el futuro. Se sabe que los estudiantes que son empujados a quemar etapas son, por lo general, los que abandonan las matemáticas cuando tienen la oportunidad (Jacob, 2015; también Boaler, 2015b). Se trata de que todos los alumnos tengan una relación productiva con las matemáticas, y ninguno debería encontrarlas demasiado fáciles o ser forzado a repetir las ideas que ya ha aprendido. Una de las mejores formas, y más importantes, de alentar a los alumnos que tienen un alto rendimiento académico es darles oportunidades de profundizar en las ideas, lo cual pueden hacer junto con otros estudiantes, quienes pueden profundizar en las ideas otros días. Un método que utilizo para hacer esto con mis alumnos de Stanford es pedirles a los que han resuelto los problemas que los extiendan, que los lleven en nuevas direcciones. Recientemente les presenté un problema llamado *un cubo pintado*, junto con cajas de terrones de azúcar para que pudieran representar el problema (ver el cuadro 9.7 y la figura 9.7).

El cubo pintado

Imagina un cubo de 5 x 5 x 5 pintado de azul por la parte exterior, hecho con cubos más pequeños, de 1 x 1 x 1.

Responde estas preguntas:

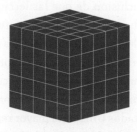

¿Cuántos cubos pequeños tendrán tres caras azules?

¿Cuántos cubos pequeños tendrán dos caras azules?

¿Cuántos cubos pequeños tendrán una cara azul?

¿Cuántos cubos pequeños no tendrán ninguna cara pintada?

CUADRO 9.7

Algunos de los alumnos construyeron una figura pequeña, como un cubo de 3 × 3 × 3, con sus azucarillos, y colorearon la superficie exterior con rotuladores, para representar la forma en que estaban distribuidos los lados del cubo.

FIGURA 9.7. Cubo pintado.

Les dije que cuando hubieran resuelto el problema del cubo de 5 × 5 podrían extender el problema de la manera que quisieran. Esta fue la mejor parte de la lección y brindó muchas más oportunidades de aprendizaje, pues varios grupos se plantearon, por ejemplo, cómo averiguar la respuesta con una pirámide hecha de cubos en lugar de hacerlo con un cubo hecho de cubos (figura 9.8); otro grupo averiguó las relaciones que había en una pirámide hecha con pirámides más pequeñas, y otro descubrió cuáles eran las relaciones si el cubo pasaba a la cuarta dimensión y, desde allí, a cualquier otra.

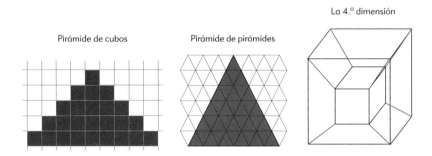

FIGURA 9.8. Extensiones del problema del cubo.

Si se les da a los estudiantes la oportunidad de ampliar los problemas, casi siempre se les ocurrirán formas creativas e interesantes de explorar las matemáticas en profundidad, y es muy conveniente que lo hagan.

Conecta las matemáticas con el mundo mediante el modelado matemático

Una de las principales razones por las que a los escolares no les gustan las matemáticas es su naturaleza abstracta y el hecho de que no perciben que sean relevantes para la vida. Esta es una triste reflexión sobre la forma en que les enseñan las matemáticas en la escuela, porque estas están en todas partes, también a nuestro alrededor. De hecho, las matemáticas son tan fundamentales para ir por la vida que se ha dicho que son el nuevo «derecho civil», esencial para que las personas se manejen bien en la sociedad (Moses y Cobb, 2001). Cuando entrevisté a un grupo de jóvenes, todos de unos veinticuatro años, que habían recibido las clases de matemáticas según el estilo tradicional en la escuela, y les pregunté sobre la presencia de las matemáticas en su vida y su trabajo, se mostraron consternados por la formación que habían recibido en esta materia. Esos adultos jóvenes dijeron que podían ver las matemáticas a su alrededor ahora y que las usaban a diario en su trabajo, pero que en la escuela no les habían dicho nada acerca de su verdadera naturaleza y lo importantes que serían en su futuro. Aseguraron que si hubieran sabido que las matemáticas no eran una materia muerta e irrelevante, sino que serían esenciales para su vida de adultos, se habrían sentido mucho más motivados en las clases de matemáticas de la escuela.

La necesidad de hacer que las matemáticas sean interesantes y estén conectadas con el mundo real ha llevado a muchos editores a ponerlas en lo que llamo *pseudocontextos*, los cuales, supuestamente, representan situaciones realistas (Boaler, 2015a). Es así como los alumnos trabajan en problemas ficticios que poco tienen que ver con situaciones de la vida real, como cuando se les presenta el caso de dos trenes que están acelerando el uno hacia el otro por la misma vía. Estos contextos no los ayudan a saber que las matemáticas son una materia útil; de hecho, obtienen la impresión contraria: que hacen referencia a otro mundo y son irreales. Para que encuentren la solución a un falso problema del mundo real, se les pide que aborden las preguntas como si fuesen reales, sin tener en cuenta todo lo que saben sobre las situaciones del mundo real. Por ejemplo, veamos estos problemas típicos:

- Joe puede hacer un trabajo en 6 horas y Charlie puede hacer el mismo trabajo en 5 horas. ¿Qué parte del trabajo pueden hacer si trabajan juntos durante 2 horas?
- Un restaurante cobra 2,50 dólares por 1/8 de una quiche. ¿Cuánto cuesta una quiche entera?

- Una *pizza* se divide en 5 partes para 5 amigos en una fiesta. 3 de los amigos comen sus trozos, pero luego llegan 4 amigos más. ¿En qué fracciones se deben dividir los 2 trozos restantes? (Boaler, 2015a).

Estos problemas los he sacado de libros de texto publicados y son los típicos con los que trabajan los alumnos en las clases de matemáticas. Pero son todos absurdos. Todo el mundo sabe que las personas trabajan juntas a un ritmo diferente que cuando están solas, que los restaurantes cobran un precio proporcional diferente por los alimentos que se venden en porciones y que si llegan más amigos a una fiesta se pide más *pizza*; no se subdividen los trozos que quedan en porciones ridículas. Y el hecho de trabajar siempre con pseudocontextos tiene un efecto acumulativo: los estudiantes llegan a la conclusión de que las matemáticas son irrelevantes. De hecho, muchos alumnos tienen la sensación de que cuando entran en la clase de matemáticas están entrando en Mateslandia, un lugar extraño y misterioso que los obliga a dejar su sentido común en la puerta.

¿Cómo podemos ayudar a los estudiantes a ver el uso generalizado y la aplicabilidad de las matemáticas sin utilizar pseudocontextos? El mundo está lleno de ejemplos fascinantes de situaciones que podemos entender gracias a las matemáticas. Mi curso en línea ayudó a los estudiantes a ver esto; les mostré las matemáticas implícitas en los copos de nieve, en el trabajo de las arañas, en los juegos malabares, en el baile y en las llamadas de los delfines. Las matemáticas pueden conectarse con el mundo desde la enseñanza primaria hasta el final de la enseñanza secundaria (Stanford Online Lagunita, 2014). No todos los problemas de matemáticas pueden o deben ubicarse en un contexto del mundo real, ya que algunos de los mejores problemas que ayudan a los estudiantes a aprender el pensamiento cuantitativo, que es muy importante, no están asociados a un contexto. Pero es conveniente que vean la aplicabilidad de las matemáticas y trabajen con aspectos del mundo real por lo menos parte del tiempo.

Conrad Wolfram insta a los espectadores de su charla TED a considerar las matemáticas como una materia centrada en plantear preguntas y formar modelos matemáticos (Wolfram, 2010). Destaca el acto de modelar (conformar modelos) como un elemento central de las matemáticas del mundo. Los Estándares Estatales Básicos Comunes (CCSS, por sus siglas en inglés) estadounidenses también destacan el modelado, una práctica matemática incluida en el currículo educativo.

Modelar con las matemáticas

En mi opinión, una de las contribuciones más importantes de los CCSS es haber incluido las prácticas matemáticas, es decir, el tipo de actividades que son relevantes en el aprendizaje de las matemáticas. «Modelar con las matemáticas» es una de las ocho prácticas matemáticas incluidas en los estándares (ver recuadro).

MODELAR CON LAS MATEMÁTICAS: UNA PRÁCTICA INCLUIDA EN LOS C.C.S.S. ESTADOUNIDENSES

Los estudiantes matemáticamente competentes pueden aplicar sus conocimientos matemáticos a la resolución de problemas que surgen en la vida cotidiana, la sociedad y el lugar de trabajo. En los primeros cursos de primaria, esto puede ser tan simple como escribir una suma para describir una situación. En los cursos de la enseñanza intermedia, un alumno puede aplicar el razonamiento proporcional para planificar un evento escolar o analizar un problema de la comunidad. En la enseñanza secundaria, puede servirse de la geometría para resolver un problema de diseño o usar una función para describir cómo una cantidad de interés depende de otra. Los estudiantes matemáticamente competentes que pueden aplicar lo que saben se sienten cómodos haciendo suposiciones y aproximaciones para simplificar una situación complicada; saben que es posible que dichas suposiciones y aproximaciones deban revisarse más adelante. Pueden identificar cantidades importantes en una situación práctica y representar sus relaciones usando herramientas como diagramas, tablas bidireccionales, gráficas, diagramas de flujo y fórmulas. Pueden analizar esas relaciones matemáticamente para sacar conclusiones. Interpretan sistemáticamente sus resultados matemáticos en el contexto de la situación y reflexionan sobre si los resultados tienen sentido, y es posible que mejoren el modelo si no ha cumplido su propósito.

Fuente: Common Core State Standards Initiative ('iniciativa de los Estándares Estatales Básicos Comunes'), 2015.

El acto de modelar se puede considerar como la simplificación de cualquier problema del mundo real en una forma matemática pura que puede ayudar a resolverlo. Los estudiantes hacen esto a lo largo de todo su aprendizaje de las matemáticas, pero no suelen ser conscientes de que están modelando ni se les pide que piensen en el proceso.

Ron Fedkiw es un profesional de las matemáticas aplicadas de Stanford especializado en los efectos especiales generados por ordenador. Sus modelos matemáticos han creado los efectos especiales de películas galardonadas como *Piratas del Caribe: el cofre del hombre muerto* y *La guerra de las galaxias, episodio III: la venganza de los Sith*. Fedkiw se formó en matemáticas puras hasta los veintitrés años y después estudió matemáticas aplicadas. Como parte de su trabajo, diseña nuevos algoritmos que hacen rodar objetos, imitan colisiones y «unen matemáticamente las porciones de una gota de agua que está cayendo».

El modelado matemático también se usa en la investigación criminal y ha ayudado a resolver casos complicados de asesinatos. *NUMB3RS* (*Núm3r0s*) es una serie de televisión original de Estados Unidos, donde tuvo éxito, en la que un agente del FBI recibe ayuda a menudo de su hermano matemático. El primer episodio presenta la historia real de un brutal asesino en serie. Agentes del FBI han estado rastreando las ubicaciones de los asesinatos en un mapa, pero no pueden ver ningún patrón. El agente protagonista está perplejo, pero recuerda que su hermano matemático habla todo el tiempo de que las matemáticas son el estudio de los patrones, y le pide ayuda. El matemático introduce información clave sobre los asesinos en serie, como el hecho de que tienden a actuar cerca de su casa pero no demasiado y que dejan una especie de «zona de seguridad» dentro de la cual no atacan. Descubre que puede descifrar el patrón de las cruces con un modelo matemático simplificado. El modelo muestra una «zona caliente» que indica las áreas en las que es probable que viva el asesino. Los agentes del FBI se ponen a investigar a los hombres de cierta edad que viven en la zona, y el caso acaba por resolverse. Este episodio se basó en el trabajo de un matemático de la vida real, Kim Rossmo, quien desarrolló el proceso denominado *focalización geográfica criminal* (CGT, por sus siglas en inglés) utilizando modelos matemáticos. Actualmente, este proceso es utilizado por departamentos de policía de todo el mundo.

Cuando les pedimos a los alumnos que tomen un problema del mundo, basado en datos y limitaciones reales, y lo resuelvan por medios matemáticos, les estamos pidiendo que modelen la situación. Como dice Wolfram, los estudiantes deberían encontrar un problema del mundo real (o *encontrarse* con él), configurar un modelo para resolverlo, realizar algunos cálculos (esta es la parte que puede hacer una calculadora o un ordenador) y luego ver si su respuesta resuelve el problema o si el modelo debe ser perfeccionado. Señala que los estudiantes actualmente pasan el 80 % del tiempo que están en clase de matemáticas realizando cálculos, cuando deberían estar trabajando en las otras tres partes de las matemáticas: configurar modelos, perfeccionarlos y usarlos para resolver problemas reales.

En las clases de Álgebra, a menudo se les pide a los estudiantes que calculen en lugar de pedirles que configuren modelos utilizando el álgebra. Veamos un problema a modo de ejemplo: un hombre está a dieta y va a una tienda a comprar unas lonchas de pavo. Le venden 3 lonchas que juntas pesan el tercio de una libra (una libra son 0,45 kg), pero las pautas alimentarias a las que debe sujetarse indican que solo puede comer un cuarto de libra. ¿Qué cantidad del pavo que ha comprado puede comer para permanecer fiel a su dieta?

Este es un problema difícil para muchos. Pero las dificultades que tienen con él la mayoría de las personas no están en los cálculos; tienen su origen en la creación de un modelo para resolver el problema. He escrito en otra parte sobre las elegantes soluciones visuales que se les ocurren a alumnos de primaria para resolver este problema (Boaler, 2015a); esta es la solución que aportó un estudiante de cuarto:

- Si 3 lonchas corresponden a ⅓ de libra, 9 lonchas corresponden a una libra completa, como se muestra en la figura 9.9.
- Si puede tomar ¼ de libra, puede tomar ¼ de 9 lonchas (ver la figura 9.10), es decir, 2¼ lonchas.

En cambio, los adultos se devanaron los sesos para resolver el problema: o multiplicaron incorrectamente ⅓ x ¼ o intentaron usar el álgebra, pero sin recordar cómo hacerlo. Para usar el álgebra, tenían que hacerlo así:

3 lonchas = ⅓ de libra
x lonchas = ¼ de libra
y después hacer una multiplicación cruzada: ⅓ x = ¾ y x = ⁹⁄₄ .

Los adultos a quienes se les planteó este problema experimentaron dificultades para configurar el modelo y crear una expresión. A pesar de

FIGURA 9.9. Nueve lonchas.

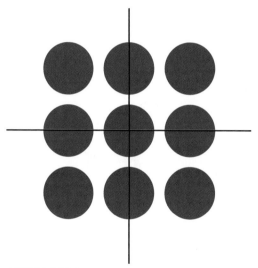

FIGURA 9.10. Nueve lonchas divididas en cuadrantes.

pasarse años trabajando en clases de álgebra, los alumnos adquieren muy poca experiencia en la interpretación de situaciones y la configuración de modelos. Los estudiantes son formados para trabajar con variables y resolver muchas expresiones, pero rara vez configuran problemas. Y este es el proceso importante del que habla Wolfram: la configuración de modelos.

Estudiantes de todas las edades pueden participar en el modelado. Por ejemplo, se les puede pedir a los alumnos de una clase de párvulos que hagan un plano de asientos para todos los niños de la clase, para que todos puedan caber en la alfombra. Pueden representar a cada niño con una forma u objeto y encontrar una buena manera de que todos puedan sentarse en la alfombra. Este es un ejemplo de modelado de una situación, en este caso con formas u objetos que representan seres más complejos (¡niños pequeños!) (Youcubed en la Universidad Stanford, 2015b; www.youcubed.org/task/moving-colors/).

Un modelo matemático suele ser más simple que la situación real. En el ejemplo de la clase de párvulos, las formas que representan a los niños no tienen en cuenta su tamaño ni sus movimientos. En el ejemplo de las lonchas de pavo, se supone que todas tienen el mismo peso y tamaño.

La cabra atada

Imaginad una cabra atada en la esquina exterior de un cobertizo con una cuerda. El cobertizo mide 4 x 6 pies [un pie son 30,48 cm] y la cuerda 6 pies.

¿Qué os cuestionáis en relación con esta situación?

Dibujad la situación.

¿Qué preguntas tenéis?

El sol sale por el este del cobertizo y se pone por el oeste. La cabra agradecería un poco de sombra. ¿Dónde habría que plantar un árbol? ¿Qué árbol plantaríais?

CUADRO 9.8

Un buen problema de modelado en el que los estudiantes pueden trabajar en la enseñanza intermedia o secundaria es el famoso caso de la cabra atada. La versión extendida del problema que se presenta en el cuadro 9.8 fue escrita por Cathy Williams.

Este problema hace referencia a un contexto que no es real, pero que invita a los alumnos a tener en cuenta aspectos de la situación real a la hora de razonar. Los estudiantes probablemente se preguntarán sobre el espacio en el que la cabra tiene que moverse. Ellos o el maestro podrían sugerir añadir una cerca. Una buena extensión del problema consiste en pedirles a los alumnos que decidan cómo dispondrían 60 cercas de 1 pie para que el área adicional sea tan extensa como sea posible; este es un planteamiento muy bueno que da que pensar, un planteamiento que he descrito en el capítulo cinco. Y cuando los alumnos piensen en plantar el árbol, pueden hacerse varias preguntas: ¿qué pasaría si la cabra se comiese el árbol? ¿Cuál sería el mejor árbol para plantar? ¿Dónde habría que plantar el árbol para que la cabra no pudiera comérselo y se beneficiara de la sombra?

Esta es una situación matemática que da mucho pie a que los estudiantes hagan preguntas interesantes e investiguen las respuestas. Necesitan modelar la situación y construir representaciones, dos prácticas matemáticas importantes (ver la figura 9.11).

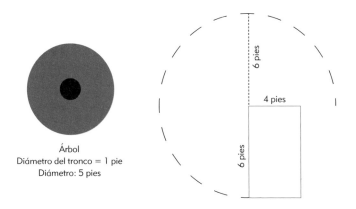

FIGURA 9.11. El modelo de la cabra atada.

Una buena manera de usar datos reales es pedirles a los estudiantes que trabajen con números y datos reales sacados de revistas, periódicos e Internet. Por ejemplo, una actividad que me gusta, que también educa a los alumnos en temas de justicia social, consiste en pedirles que formen grupos para representar los distintos continentes del mundo. Cada grupo debe averiguar cuántas galletas obtendría si las galletas representaran la proporción de la riqueza mundial correspondiente a su continente (ver el cuadro 9.9).

Simulación de la riqueza del mundo

1. Encontrad el porcentaje de gente del mundo que vive en cada continente.
2. Calculad la cantidad de alumnos de la clase que correspondería a estos porcentajes.
3. Calculad el porcentaje de riqueza del mundo para cada continente.
4. Calculad la riqueza de cada continente en galletas.

TABLA 1. Datos sobre la riqueza del mundo

Continente	Población (en millones) 2000	Porcentaje de población	Riqueza (PIB en billones de dólares)	Porcentaje de riqueza
África	1.136		2,6	
Asia	4.351		18,5	
América del Norte	353		20,3	
América del Sur	410		4,2	
Europa	741		24,4	
Oceanía/ Australia	39		1,8	
Total	7.030	100%	71,8	100%

Fuentes: Datos demográficos según el Population Reference Bureau ('oficina de referencia de población') (prb.org). Datos sobre la riqueza según el Fondo Monetario Internacional.

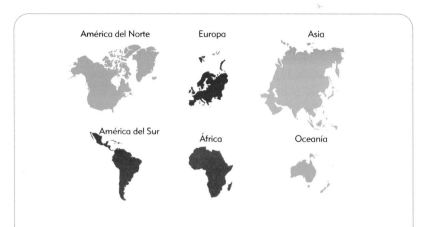

TABLA 2. Datos sobre la clase

Cantidad de alumnos en la clase: _____

Cantidad total de galletas: _____

Continente	% de población	Cantidad de alumnos en la clase	% de riqueza	Cantidad de galletas
África				
Asia				
América del Norte				
América del Sur				
Europa				
Oceanía/ Australia				
Total	~100%		~100%	

Fuente: Charmaine Mangram.

CUADRO 9.9

Los alumnos modelarán, razonarán y aplicarán conocimientos, y también aprenderán información real e importante sobre el mundo y la forma en que se distribuye la riqueza, una información que será especialmente palpable para ellos si se traduce en galletas que puedan comer. Como los alumnos de algunas partes del mundo obtienen muy pocas galletas, ¡es mejor traer de más para igualar el consumo de galletas después del ejercicio!

Los datos olímpicos y otros datos deportivos ofrecen una gran cantidad de oportunidades para plantearse cuestiones matemáticas. Es importante, cuando se busca entre los datos deportivos, ser consciente de la equidad de género. El cuadro 9.10 presenta un problema que me gusta, que también implica configurar un modelo matemático.

Defendiendo la portería

Si eres el portero o la portera de un equipo de fútbol y un delantero o una delantera del otro equipo se ha desmarcado y está corriendo hacia ti, ¿cuál es el mejor lugar en el que puedes estar? Intenta definir distintas posiciones según dónde esté situado el delantero o la delantera cuando chute.

CUADRO 9.10

Mi consejo a la hora de llevar el mundo real al aula es utilizar datos y situaciones reales y proporcionar un contexto solamente cuando sea útil. Asegúrate de que esto no implique que los alumnos dejen de aplicar el sentido común y se adentren en Mateslandia.

El equipo del PISA de la Organización para la Cooperación y el Desarrollo Económicos (OCDE) realizó un análisis interesante y útil de los puntos fuertes y débiles que mostraron los alumnos estadounidenses en las evaluaciones de matemáticas internacionales del PISA. Descubrieron que sus puntos débiles tenían que ver con los contextos artificiales utilizados en las aulas, que no les enseñaban a usar variables del mundo real, sino a ignorarlas. Son útiles sus recomendaciones sobre cómo implicar a los estudiantes para mejorar su rendimiento académico:

Parece que los estudiantes estadounidenses son especialmente buenos con las habilidades matemáticas menos exigentes desde el punto de vista cognitivo, como extraer valores individuales de diagramas o manejar fórmulas bien estructuradas. Y tienen carencias especiales en relación con las habilidades exigentes, como tomarse en serio situaciones del mundo real, transferirlas a términos matemáticos e interpretar los aspectos matemáticos de problemas del mundo real. Estas son tareas en las que la conocida estrategia, superficial, de ignorar el contexto, ceñirse a los números y realizar algunas operaciones obvias está destinada a fallar. Esta estrategia es popular en todo el mundo y a menudo ayuda a los alumnos a sobrevivir a las matemáticas de la escuela y a aprobar los exámenes. Sin embargo, en una tarea típica de alfabetización matemática del PISA, los estudiantes tienen que usar las matemáticas que han aprendido de una manera bien fundada. Evidentemente, los alumnos estadounidenses tienen problemas con estas tareas sobre todo. [...] En cuanto a las implicaciones de estos hallazgos, una recomendación clara sería centrarse mucho más en las actividades de orden superior, como las que tienen que ver con el modelado matemático (comprender situaciones del mundo real, transferirlas a modelos matemáticos e interpretar resultados matemáticos), sin descuidar las habilidades básicas necesarias para estas actividades. (Organización para la Cooperación y el Desarrollo Económicos [OCDE], 2013)

El equipo del PISA observó un fenómeno cuyo origen es la poca entidad de los problemas que se les plantean a los alumnos estadounidenses. Advirtieron que la tendencia de los estudiantes a ignorar los contextos y limitarse a usar los números hacía que fallasen en sus respuestas. Este fenómeno refleja la baja calidad de los problemas incluidos en los libros de texto de Estados Unidos, que exponen contextos falsos. Lamentablemente, las estrategias que los alumnos estadounidenses suelen aprender en las clases de matemáticas tampoco les serán útiles cuando ingresen en el mundo laboral. Hay que presentarles problemas que requieran que consideren una situación real, utilicen variables del mundo real y manejen datos verdaderos. Necesitan aprender a configurar modelos matemáticos a partir de las situaciones y resolver problemas, un proceso que es a la vez atractivo y extremadamente importante para su futuro.

Anima a los estudiantes a plantear preguntas, razonar, justificar y ser escépticos

Lo primero que debe hacer un matemático es plantear una pregunta interesante. Esta práctica es casi inexistente en las aulas, pero es fundamental para el trabajo matemático. Nick Foote es un maravilloso maestro de tercero de primaria en una escuela pública, y un amigo, que ha impartido clase a mis dos hijas, lo que nos ha brindado la oportunidad de tener muchas conversaciones sobre matemáticas. En sus clases, Nick a veces plantea situaciones e invita a los alumnos a formular sus propias preguntas matemáticas. Estaba visitando su clase un día cuando presentó esta situación:

Queréis comprar algunas pulseras de gomas. Vais a una tienda y encontráis las opciones siguientes.

- Pulseras de dos colores: 0,50 dólares cada una o 3 por 1 dólar.
- Pulseras multicolores: 1 dólar cada una o 3 por 2,50 dólares.

Suministros para crear tus propias pulseras:
- 1 bolsa con 600 gomitas para hacer pulseras: 3 dólares.
- *o* 4 bolsas por 10 dólares.
- 1 bolsa con 600 gomitas para hacer pulseras que brillan en la oscuridad: 5 dólares.
- Juego de componentes para hacer pulseras de gomas: 5 dólares.

A continuación les pidió a los alumnos que, reunidos en grupos, debatieran la situación y plantearan preguntas. El cuadro 9.11 es una hoja de trabajo que Nick suele usar.

Nos preguntamos

Miembros del equipo:
Fecha:

Nos preguntamos:

_____

_____

Utilizad imágenes, números y palabras para mostrar que habéis respondido vuestra pregunta.

Queremos investigar:

_____

_____

Utilizad imágenes, números y palabras para mostrar que habéis respondido vuestra pregunta.

Fuente: Nick Foote.

CUADRO 9.11

Los alumnos, emocionados, empezaron a hacerse preguntas como: «¿Por qué son tan caras las pulseras?». Los ayudó a responder esta pregunta el hecho de averiguar cuánto costaría hacer una pulsera con los materiales y pensar en el coste de venderla en una tienda. Los mismos alumnos se plantearon este tipo de cuestiones, lo que aumentó su implicación y estimuló su aprendizaje.

Cuando los estudiantes accedan al mundo laboral en nuestro mundo altamente tecnificado, algo muy importante que se les pedirá que hagan es plantear preguntas sobre situaciones y grandes conjuntos de datos. Cada vez más, las empresas se enfrentan a conjuntos de datos gigantescos, y los trabajadores que puedan hacer preguntas creativas e interesantes en relación con esos datos serán muy valorados. En mi propia experiencia docente, cuando les he pedido a mis alumnos que consideraran una situación y plantearan sus propias preguntas, se han implicado de inmediato, entusiasmados por tener la oportunidad de expresar sus propios procesos de pensamiento y sus ideas. Esta es una idea para las clases de matemáticas que es muy fácil de implementar pero que solo debe usarse parte del tiempo en el aula. Los estudiantes deben poder experimentar esta forma de proceder en la escuela para estar preparados para usarla más adelante en su vida, cuando deban aplicar sus conocimientos matemáticos.

Cuando Conrad Wolfram habla sobre su papel como empresario, dice que no necesita personas que puedan calcular deprisa, ya que los ordenadores hacen este trabajo. Necesita personas que puedan hacer conjeturas y exponer sus razonamientos matemáticos. Es muy importante que los empleados les describan sus razonamientos matemáticos a otros, en equipos, para que esas personas puedan usar esos razonamientos en sus trabajos e investigaciones y, también, para que puedan evaluar si hay errores de pensamiento o de lógica. El razonamiento es el núcleo del trabajo matemático.

Hablo con muchos grupos de padres sobre los Estándares Estatales Básicos Comunes, y hay una pregunta que me hacen a menudo, sobre todo los padres de alumnos que tienen un alto rendimiento académico: «¿Por qué debería mi hijo comentar su trabajo en un grupo si puede obtener las respuestas rápidamente solo?». Les respondo que explicar el propio trabajo es una práctica matemática, llamada razonamiento, que está en el centro de las matemáticas. Cuando los estudiantes ofrecen razones para defender sus ideas matemáticas y justifican su proceso de pensamiento, están actuando como matemáticos. Los científicos proponen teorías y buscan casos que permitan demostrarlas o desestimarlas. Los matemáticos proponen teorías y exponen sus razonamientos matemáticos; justifican las conexiones lógicas que han concebido entre las ideas (Boaler, 2013c).

En el capítulo cinco he presentado una estrategia destinada a invitar a los estudiantes a ser escépticos; los incita a exigirse unos a otros unos niveles de razonamiento elevados. Esta es una excelente manera de enseñarles a razonar y también a asumir el papel de escépticos, que les encanta. Como he explicado en el capítulo cinco, el razonamiento no es solo una práctica matemática central, sino que también promueve la equidad en el aula, ya que ayuda a todos los alumnos a acceder a las ideas. Cuando los estudiantes actúan como escépticos, tienen la oportunidad de interrogar a otros estudiantes sin tener que asumir el papel de alguien que no comprende.

Enseña con la ayuda de herramientas tecnológicas y materiales atractivos

Hay muchos tipos de herramientas tecnológicas y materiales que pueden ayudar a que los estudiantes se relacionen con las matemáticas en cuanto materia abierta en la que el componente visual tiene su papel y en la que se puede ser creativo. Las regletas de Cuisenaire, los cubos de enlaces múltiples y los bloques geométricos son útiles para los estudiantes de matemáticas en todos los niveles; yo los uso con mis alumnos universitarios, en Stanford. En el capítulo cuatro presentaba varios juegos y aplicaciones que también invitan a los estudiantes a pensar de manera visual y conceptual. En ese capítulo me he centrado en los números, pero hay muchas aplicaciones buenas que también permiten explorar ideas geométricas en dos y tres dimensiones; pueden mover ángulos y líneas para explorar relaciones. Esto posibilita unas reflexiones importantes y potentes que no se ven facilitadas por el uso de papel y bolígrafo. Geometry Pad, para iPad, y GeoGebra permiten a profesores y alumnos realizar sus propias demostraciones dinámicas. Los estudiantes se ven alentados, por ejemplo, a investigar ideas geométricas y algebraicas como y = mx + b y razones trigonométricas, de forma dinámica y visual. Geometry Pad es una creación de Bytes Arithmetic LLC, y la versión básica es gratuita.

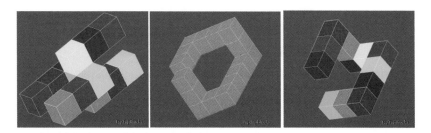

FIGURA 9.12. Tap Tap Blocks.

Otras aplicaciones, como Tap Tap Blocks, ayudan a los alumnos a construir en tres dimensiones; pueden crear y resolver patrones espaciales y algebraicos (ver la figura 9.12). Los estudiantes pueden colocar y hacer girar objetos en un espacio que aparenta ser tridimensional. Tap Tap Blocks es una aplicación gratuita desarrollada por Paul Hangas; se ejecuta en iOS.

Un buen ejercicio para realizar con Tap Tap Blocks consiste en pedirles a los alumnos que intenten hacer una figura a partir de capturas de pantalla de distintas perspectivas y que después planteen un problema y reten a un compañero a resolverlo. Por ejemplo:

¿Puedes construir esta forma, que tiene 1 bloque naranja, 1 amarillo, 1 azul oscuro, 2 verdes, 2 de color azul claro, 2 rojos y 3 morados? Aquí hay algunas capturas de pantalla de la forma vista desde varios ángulos (ver la figura 9.13).

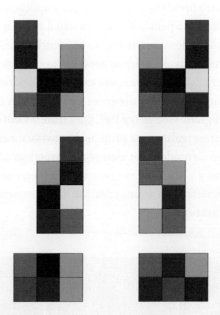

FIGURA 9.13. Forma de Tap Tap Blocks vista desde seis perspectivas diferentes.

Estas aplicaciones hacen que ejerzan el pensamiento conceptual y visual de forma productiva, pero no son las únicas aplicaciones, juegos o sitios que tienen esta virtud. Hay millones de aplicaciones y juegos de matemáticas que pretenden ayudar a los estudiantes, pero pocas que se basen en las investigaciones sobre el aprendizaje y muestren las matemáticas como una materia conceptual y visual. Mi consejo es que seas selectivo cuando elijas herramientas tecnológicas para que las usen tus alumnos; utiliza aquellas que los motiven a pensar y hacer conexiones, no a trabajar rápidamente en los procedimientos y cálculos.

Las matemáticas son una materia amplia y multidimensional, y cuando los profesores tienen en cuenta esto, a la hora de enseñar y evaluar a los alumnos, muchos más estudiantes pueden comprender las cuestiones matemáticas y sentirse entusiasmados al respecto. Cuando abrimos las matemáticas, ampliamos la cantidad y la variedad de estudiantes que pueden implicarse con ellas y llevar bien la asignatura. No se trata de una apertura artificial, ni estamos rebajando la calidad de los contenidos matemáticos; se trata de una apertura que acerca las matemáticas de la escuela a las matemáticas reales y las que se usan en el mundo.

Conclusión

Los docentes, los padres y las autoridades competentes tienen la oportunidad de situar a los estudiantes en una vía de aprendizaje de las matemáticas regida por la mentalidad de crecimiento. Esto les aportará mayores logros, felicidad y sentimientos de autoestima a lo largo de su vida. Necesitamos liberar a nuestros jóvenes de las ideas paralizadoras de que no deben suspender ni equivocarse, de que solo a algunos estudiantes se les pueden dar bien las matemáticas y de que el éxito debe ser fácil y no implicar esfuerzo. Debemos presentarles unas matemáticas bellas en las que la creatividad sea un factor fundamental; unas matemáticas que les permitan hacer preguntas que no se han hecho y concebir ideas que vayan más allá de los límites tradicionales e imaginarios. Necesitamos que nuestros estudiantes desarrollen *mentalidades matemáticas de crecimiento*. Espero que este libro te haya dado algunas ideas con las que puedas emprender o revitalizar tu viaje hacia las matemáticas regidas por la creatividad y el crecimiento, y hacia la mentalidad de crecimiento, y que conserves este enfoque toda tu vida. Cuando fomentamos las matemáticas abiertas y los mensajes de aprendizaje que las apoyan, desarrollamos nuestra propia libertad intelectual, como docentes y padres, e inspiramos esta libertad en los demás.

Gracias por emprender este viaje conmigo. Ahora es el momento de que invites a otros a conocer los enfoques que has aprendido; invítalos a ser las personas que deberían ser, libres de reglas artificiales e inspiradas por el conocimiento de que tienen un potencial ilimitado para las matemáticas. Porque todos podemos abrir las matemáticas y darles a los estudiantes la oportunidad de hacer sus propias preguntas y de mostrarse curiosos y creativos, como son de natural, en su proceso de aprendizaje. Si les brindamos la experiencia de que las matemáticas son interesantes, admiten la creatividad y fomentan el crecimiento, los estamos cambiando como personas y estamos cambiando las formas en que interactúan con el mundo.

Cuando liberamos a los estudiantes, las matemáticas pasan a ser hermosas.

Apéndice A

Deberes de matemáticas: preguntas para reflexionar

1.ª parte: Respuestas por escrito a las preguntas

* Tu respuesta a la(s) pregunta(s) debería ser muy detallada. Escribe frases completas y estate preparado(a) para compartir tu respuesta con la clase el próximo día.

1. ¿Cuáles han sido los principales conceptos o ideas matemáticos que has aprendido o que hemos debatido en clase hoy?

2. ¿Qué tienes por preguntar acerca de _____ _____? Si no tienes ninguna pregunta, escribe un problema que tenga relación con el tema y resuélvelo.

3. Expón un error o un malentendido que haya surgido hoy en el aula, por tu parte o por parte de algún compañero de clase. ¿Qué has aprendido de ese error o malentendido?

4. ¿Cómo habéis abordado el problema o el conjunto de problemas de hoy tú o tu grupo? ¿Ha sido un enfoque acertado? ¿Qué has aprendido de este enfoque?

5. Explica en detalle cómo ha abordado un determinado problema otro alumno o grupo de la clase. ¿En qué se parece y en qué se diferencia ese abordaje del que habéis utilizado tú o tu grupo?

6. ¿Qué palabras nuevas ha presentado el profesor en clase hoy? ¿Qué crees que significa cada una de estas palabras nuevas? Pon un ejemplo u ofrece una representación de cada palabra.

7. ¿Cuál ha sido el tema del principal debate matemático que ha habido hoy en clase? ¿Qué has aprendido de este debate?

8. ¿Qué semejanzas o diferencias hay entre _____ y _____?

9. ¿Qué pasaría si cambiases _____?

10. ¿Qué se te ha dado bien y qué se te ha dado mal en esta unidad? ¿Cuál es tu plan para mejorar en aquello que no llevas tan bien?

Va de formas

¿Cómo ves que van aumentando las formas?

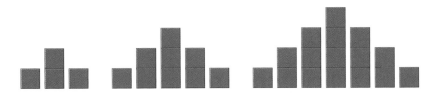

Copyright © 2016 por Jo Boaler. Reproducido con permiso de John Wiley and Sons, Inc.

De Ruth Parker; un ejercicio utilizado en los cursos MEC.

Series con las regletas de Cuisenaire

Averigua cuántas series diferentes pueden hacerse que equivalgan, en longitud, a cada una de las barras (cada color corresponde a una longitud). Por ejemplo, para alcanzar la longitud de la barra de color verde claro hay cuatro posibilidades:

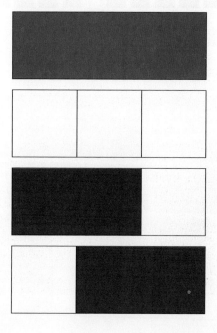

De Ruth Parker; una tarea realizada en los cursos MEC.

Triángulo de Pascal

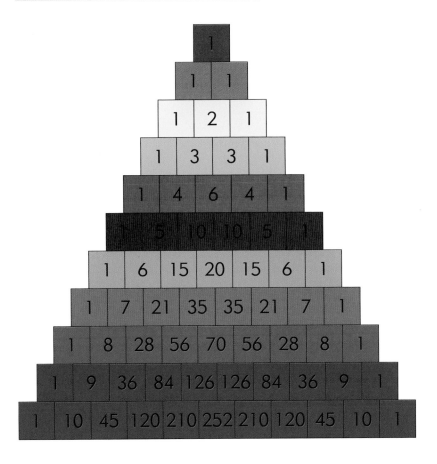

Tarea del espacio negativo

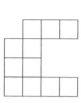

Fig. 2

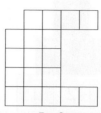

Fig. 3

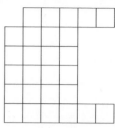

Fig. 4

1. ¿Cómo sería la figura número 100?

2. Imagina que pudieses seguir con el patrón hacia atrás. ¿Cuántos cuadros habría en la figura −1 (menos uno), que sería «negativa»?

3. ¿Cómo sería la figura −1?

Adaptado de Carlos Cabana.

¡Encuentra cuadriláteros!

Parejas de lados paralelos

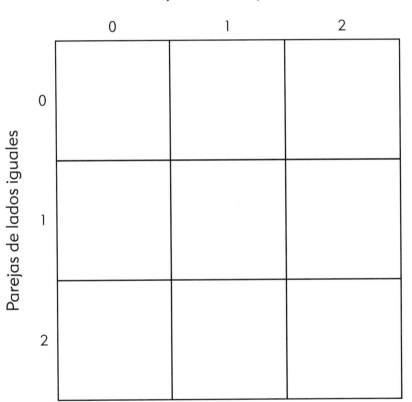

Cuatro cuatros

¿Puedes encontrar todos los números que hay entre el 1 y el 20 utilizando solamente cuatro cuatros y cualquier operación?

Además…
¿Se te ocurre más de una manera de encontrar cada número con los cuatro cuatros?

¿Puedes ir más allá de 20?

¿Puedes usar los cuatro cuatros para encontrar números enteros negativos?

Boletín informativo

Se trata de escribir un boletín informativo para que compartas tu aprendizaje de estos contenidos matemáticos con tu familia y tus amigos. Tendrás la oportunidad de describir tu comprensión de las ideas y escribir sobre las razones por las que las ideas matemáticas que has aprendido son importantes. También se trata de que describas un par de tareas en las que trabajaste que fueron interesantes para ti.

Para hacer tu boletín informativo, puedes servirte de estos recursos:

- Fotos de distintas tareas.
- Esquemas.
- Dibujos de cómic.
- Entrevistas o encuestas.

Para refrescar tu memoria, aquí hay algunas de las tareas en las que hemos trabajado:

Ahora, prepara los cuatro apartados siguientes. Puedes cambiarles el título para que se adecuen más a tu trabajo.

Noticia de primera plana Explica la idea matemática principal y lo que significa de dos maneras distintas por lo menos. Utiliza palabras, diagramas, imágenes, números y ecuaciones.	**Nuevos descubrimientos** Elige al menos dos tareas distintas, entre el trabajo que hemos hecho, que te hayan ayudado a comprender los conceptos. En relación con cada tarea, explica: • Por qué la elegiste. • Qué aprendiste a través de ella. • Qué dificultades te planteó. • Qué estrategias utilizaste para abordar dichas dificultades.
Conexiones Elige una tarea adicional que te ayudó a aprender una idea o un proceso matemáticos que puedas vincular a algún otro aprendizaje. Explica: • Por qué elegiste la tarea. • La importante idea matemática que aprendiste con la tarea. • A qué asociaste esta idea y cuál es el vínculo que encuentras. • La importancia que tiene esta conexión y cómo podrías usarla en el futuro.	**El futuro** Escribe un resumen del contenido del boletín informativo que aborde estas cuestiones: • ¿Qué utilidad tiene la importante idea matemática? • ¿Qué preguntas te quedan todavía sobre esta idea importante?

El salto de longitud

Vas a intentar que te admitan en el equipo de salto de longitud, para lo cual necesitas dar un salto de 5,2 metros en promedio. El entrenador te dice que tomará nota de tu mejor salto cada día de la semana y que averiguará el promedio. Estos son los cinco mejores saltos que diste a lo largo de la semana:

	Metros
Lunes	5,2
Martes	5,2
Miércoles	5,3
Jueves	5,4
Viernes	4,4

Lamentablemente, el viernes saltaste una distancia mucho menor porque no te encontrabas muy bien.
¿Cómo podrías averiguar un promedio que crees que representaría de manera justa tu capacidad de salto? Averigua algunos promedios de distintas maneras, determina cuál te parece más justo y argumenta por qué crees que es el más justo. Explica tu método e intenta convencer a otros de que tu enfoque es el más apropiado.

Líneas paralelas y una transversal

Utiliza un código de color para identificar los ángulos congruentes.
Identifica los ángulos verticales y suplementarios.
Escribe las relaciones que veas, utilizando los colores usados en el diagrama.

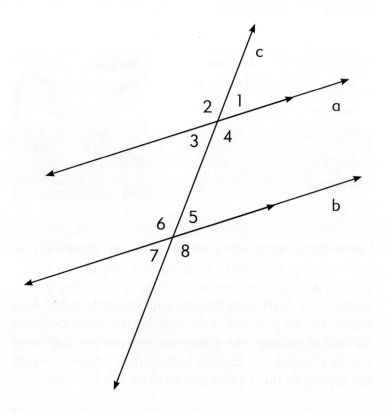

Ángulos verticales:
Ángulos suplementarios:
Relaciones:

La escalera

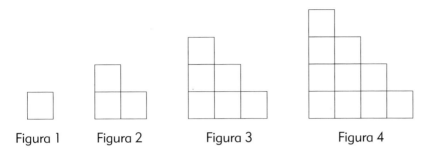

Figura 1   Figura 2   Figura 3   Figura 4

¿Cómo ves que crece el patrón?

¿Cuántos cubos habría en la figura número 100?

¿Cuál es la fórmula de la expansión?

Doblar un papel

Trabaja con un compañero o compañera. Haced turnos para ser el escéptico y el que trata de convencer. Cuando te toque persuadir, justifica con razones todas tus afirmaciones. Y cuando seas el escéptico, no te dejes convencer fácilmente; exige razones y justificaciones que tengan sentido para ti.

En cada uno de los ejercicios siguientes, uno de vosotros debe hacer la forma y después mostrarse convincente, y el otro debe ser el escéptico. En cada ejercicio, invertid los papeles.

Empieza con un pedazo de papel cuadrado y haz pliegues para obtener una nueva forma. Después, explica cómo sabes que la forma que has creado tiene el área indicada.

1. Crea un cuadrado que tenga exactamente ¼ del área del cuadrado original. Convence a tu compañero(a) de que es un cuadrado y de que su área es ¼ de la original.

2. Crea un triángulo que tenga exactamente ¼ del área del cuadrado original. Convence a tu compañero(a) de que su área es ¼ de la original.

3. Crea otro triángulo, cuya área sea también ¼ de la original, que no sea congruente con el primero que has construido. Convence a tu compañero(a) de que su área es ¼ de la original.

4. Crea un cuadrado que tenga exactamente ½ del área del cuadrado original. Convence a tu compañero(a) de que es un cuadrado y de que su área es ½ de la original.

5. Crea otro cuadrado, cuya área sea también ½ de la original, de una manera diferente del que has hecho en el ejercicio anterior. Convence a tu compañero(a) de que su área es ½ de la original.

Adaptado de Driscoll, 2007, p. 90,
http://heinemann.com/productsE01148.aspx.

Un cono y un cilindro

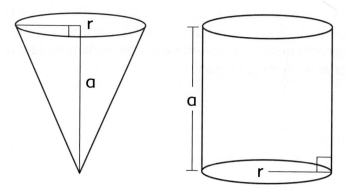

La altura y el radio del cono y el cilindro son los mismos. ¿Qué relación hay entre el volumen del cono y el del cilindro? Haz una conjetura y trata de convencer a otros estudiantes. Utiliza dibujos, modelos y un código de colores para ser convincente.

Mis deberes
Mis reflexiones

¿Cuál ha sido la idea principal que has aprendido hoy?

AMO LAS

MATEMÁTICAS

Anota algo con lo que tengas dificultades o sobre lo cual tengas preguntas.

¿Cómo podrían utilizarse en la vida las ideas de la lección de hoy?

Ordenar números

¿Qué tal si hacemos un simple puzle?

Este problema se ha diseñado para un grupo compuesto por unas cuatro personas. (En https://nrich.maths.org/6947&part=note hay algunas indicaciones para los profesores e ideas para ampliar esta tarea).

1. Hay dos puzles que vuestro profesor puede imprimir para vosotros (ver más adelante).
Completad cada puzle y después colocad las piezas en los cuadros vacíos siguientes, que pueden imprimirse:

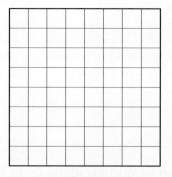 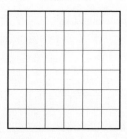

2. Colocad el cuadro de números más pequeño encima del cuadro más grande de la forma que queráis, de tal manera que los cuadrados pequeños combinen. (Tal vez os será más fácil copiar los números del cuadro más pequeño en una hoja transparente).

3. Explorad qué ocurre cuando sumáis los números que aparecen unos encima de otros.

4. Explorad cualquier otra idea que se os ocurra.

Cuando hayáis contemplado las 36 combinaciones, probablemente necesitaréis preguntar qué pasaría si cambiaseis algo. Efectuad un pequeño cambio, explorad eso y comparad después los dos conjuntos de resultados. Tal vez queráis hacer y responder más preguntas.

1	2
9	10

55	56
63	64

5	6
13	14

19	20
27	28

37	38
45	46

3	4
11	12

17	18
25	26

53	54
61	62

21	22
29	30

39	40
47	48

23	24
31	32

7	8
15	16

51	52
59	60

33	34
41	42

49	50
57	58

35	36
43	44

1	2
7	

14	15
	21

25	26
31	

28	29
34	

	3
8	9

13	
19	20

17	18
	24

	6
11	12

16	
22	23

	30
35	36

4	5
10	

	27
32	33

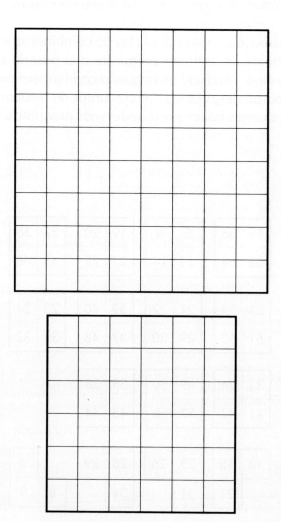

Fuente: NRICH (https://nrich.maths.org/6947).

Expandir rectángulos

Imaginad un rectángulo con un área de 20 cm².

¿Cuáles podrían ser su longitud y su anchura? Haced una lista con cinco combinaciones *diferentes* por lo menos.

Imaginad que ampliáis cada uno de vuestros rectángulos por un factor de escala de 2:

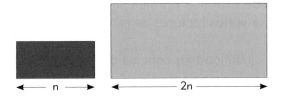

Haced una lista con las dimensiones de vuestros rectángulos ampliados y averiguad sus áreas. ¿Qué advertís?

Empezad ahora con rectángulos que tengan otra área y ampliadlos también según un factor de escala de 2. ¿Qué ocurre ahora?

¿Podéis explicar lo que sucede?

¿Qué ocurre con el área de un rectángulo si lo ampliáis por un factor de escala de 3? ¿O de 4? ¿O de 5? ¿Y qué ocurre con el área de un rectángulo si lo ampliáis por un factor de escala consistente en una fracción?

¿Qué ocurre con el área de un rectángulo si lo ampliáis por cualquier factor de escala?

Explicad y justificad cualesquiera conclusiones a las que lleguéis.

¿Se pueden aplicar vuestras conclusiones a otras formas planas que no sean rectángulos?

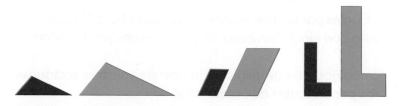

Explorad ahora qué ocurre con el área de superficie y el volumen de distintos paralelepípedos cuando son ampliados por varios factores de escala.

Explicad y justificad las conclusiones a las que lleguéis.

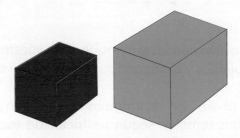

¿Se pueden aplicar vuestras conclusiones a sólidos distintos de los paralelepípedos?

Fuente: NRICH (https://nrich.maths.org/6923).

Función lineal

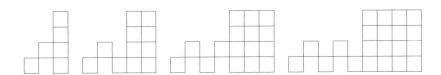

¿Cómo van aumentando las formas?

¿Cómo será la figura número 100?

¿Qué fórmula sigue la progresión?

Función matemática

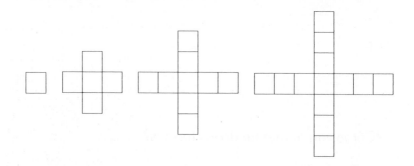

$$y = 4x + 1$$

X	Y
0	4(0) + 1 = 1
1	4(1) + 1 = 5
2	4(2) + 1 = 9
3	4(3) + 1 = 13
n	4n + 1

1	2	3	4	5	6	7	8	9	10
11	12	13	14	15	16	17	18	19	20
21	22	23	24	25	26	27	28	29	30
31	32	33	34	35	36	37	38	39	40
41	42	43	44	45	46	47	48	49	50

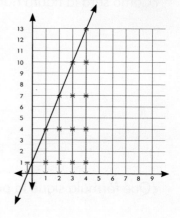

- Hay un cuadrado en el primer paso.
- En cada paso subsiguiente se añade un cuadrado a los ya colocados en los cuatro lados.
- La figura sigue aumentando hacia la izquierda, la derecha, arriba y abajo; en cada paso se añaden cuatro cuadrados.

Cordones de zapatos

¿Qué longitud deben tener los cordones para zapatos o zapatillas de distintos tamaños?

Investigad la relación que hay entre la longitud de los cordones y el tamaño del calzado.

Formulad una ecuación bajo la forma y = mx + b que pueda ayudar a un zapatero a saber cuál es la longitud de los cordones que debe comprar para distintos zapatos o zapatillas.

Roles en los grupos (versión estadounidense)

Facilitador:

Asegúrate de que todo tu grupo lee conjuntamente esta hoja antes de empezar: «¿Quién quiere leer? ¿Todo el mundo entiende lo que hay que hacer?».
Mantén la cohesión del grupo. Asegúrate de que se escuchan las ideas de todos: «¿Alguien lo ha visto de otra manera? ¿Estamos listos para seguir?». Asegúrate de que todos puedan explicarse.

El que toma nota y hace de portavoz del grupo:

Tu grupo debe organizar todos vuestros resultados. Vuestros resultados deben mostrar las ideas de todos y estar bien organizados. Utilizad colores, flechas y otras herramientas matemáticas para comunicar vuestras operaciones matemáticas, razonamientos y conexiones. «¿Cómo queremos mostrar la idea?». Estate dispuesto a mantener encuentros con el profesor cuando este te convoque en mitad de la tarea.

Gestor de recursos:

Obtén materiales para tu equipo.
Asegúrate de que todas las preguntas sean aptas para abordarlas en equipo.
Cuando tu equipo haya finalizado, llama al profesor para informarlo de los contenidos matemáticos que habéis desarrollado.

Capitán del equipo:

Recuérdale a tu equipo que debe encontrar argumentos para justificar todas las declaraciones matemáticas y encontrar conexiones entre las distintas declaraciones. «¿Cómo podemos estar seguros de esto? ¿Cómo se relaciona esto con...?».
Evita las charlas con miembros de otros grupos.

Roles en los grupos (versión británica)

Organizador:

Mantén el grupo cohesionado y enfocado en el problema; asegúrate de que nadie del grupo hable con compañeros que no pertenecen al grupo.

Buscador de recursos:

Eres la única persona que puede dejar su asiento para ir a buscar reglas, calculadoras, lápices, etc., para el grupo. Asegúrate de que todo el mundo está preparado antes de llamar al profesor.

El que vela por la comprensión:

Asegúrate de que todas las ideas se explican de tal manera que todo el mundo esté satisfecho con ellas.
Si no entiendes algo, pregúntale a quien ha tenido la idea. Asegúrate de que todos los demás pidan también aclaraciones cuando las necesiten.
Asegúrate de que se reflejan por escrito todas las partes importantes de las explicaciones.

El que vela por la inclusión:

Asegúrate de que son escuchadas las ideas de todos; invita a todos a hacer sus aportaciones.

Autoevaluación: polígonos

	Puedo hacer esto solo(a) y explicarle a un compañero o al profesor cómo lo he hecho	Puedo hacer esto solo(a)	Necesito más tiempo. Tengo que ver un ejemplo para orientarme
Dibujar líneas y segmentos de líneas que tengan unas determinadas medidas			
Dibujar líneas y segmentos de líneas paralelos			
Dibujar líneas y segmentos de línea que se intersequen			
Dibujar un polígono que tenga un determinado perímetro			
Dibujar un cuadrado o un rectángulo que tenga una determinada área			
Dibujar una forma irregular cuya área pueda averiguarse dividiendo la figura en rectángulos o cuadrados			

Fuente: Lori Mallet.

Autoevaluación para primero de Álgebra

1.ª unidad – Ecuaciones y desigualdades lineales

☐ Puedo resolver ecuaciones lineales de una variable.

☐ Puedo resolver desigualdades lineales de una variable.

☐ Puedo reorganizar fórmulas para despejar variables específicas.

☐ Puedo resolver ecuaciones de una variable con valores absolutos.

☐ Puedo resolver y reflejar en una gráfica una desigualdad compuesta con una variable.

☐ Puedo resolver desigualdades de una variable con valores absolutos.

2.ª unidad – Representar relaciones de forma matemática

☐ Puedo usar e interpretar unidades a la hora de resolver fórmulas.

☐ Puedo realizar conversiones de unidades.

☐ Puedo identificar partes de una expresión.

☐ Puedo escribir la ecuación o desigualdad de una variable más apropiada para un determinado problema.

☐ Puedo escribir la ecuación de dos variables más apropiada para un determinado problema.

☐ Puedo decir cuáles son los valores con los que hay que sustituir las incógnitas de las ecuaciones y defender mis elecciones.

☐ Puedo interpretar soluciones en el contexto de una situación dada y decidir si se pueden justificar.

☐ Puedo representar gráficamente ecuaciones en ejes de coordenadas y poner las indicaciones correspondientes.

☐ Puedo comprobar que cualquier punto de la gráfica puede dar lugar a una ecuación cuando sus coordenadas son trasladadas a la ecuación.

☐ Puedo comparar gráficamente las propiedades de dos funciones, en una tabla y algebraicamente.

3.ª unidad – Comprender las funciones

☐ Puedo saber si una determinada gráfica, tabla o conjunto de pares ordenados representa una función.

☐ Puedo descodificar la notación de la función y explicar cómo la salida de una función se corresponde con su entrada.

☐ Puedo convertir una lista de números (una secuencia) en una función haciendo que los números enteros sean las entradas y los elementos de la secuencia las salidas.

☐ Puedo identificar los aspectos fundamentales de una gráfica, como las intersecciones, si la función es creciente o decreciente, los valores máximos y mínimos y el comportamiento final utilizando una gráfica, una tabla o una ecuación.

☐ Puedo explicar cómo el dominio y el rango de una función están representados en su gráfica.

4.ª unidad – Funciones lineales

☐ Puedo calcular e interpretar la razón de cambio promedio de una función.

☐ Puedo representar gráficamente una función lineal e identificar sus intersecciones.

☐ Puedo representar gráficamente una desigualdad lineal en un plano de coordenadas.

☐ Puedo demostrar que una función lineal presenta una razón de cambio constante.

☐ Puedo identificar situaciones en las que se producen razones de cambio iguales en relación con intervalos iguales y que pueden expresarse como funciones lineales.

☐ Puedo crear funciones lineales a partir de una secuencia aritmética, una gráfica, una tabla de valores o la descripción de la relación.

☐ Puedo explicar el significado (utilizando las unidades apropiadas) de la pendiente de una recta, la intersección en y, y otros puntos de la línea cuando la línea representa una relación del mundo real.

5.ª unidad – Sistemas de ecuaciones y desigualdades lineales

☐ Puedo resolver un sistema de ecuaciones lineales por medio de la representación gráfica.

☐ Puedo resolver un sistema de ecuaciones lineales por medio de la sustitución.

☐ Puedo resolver un sistema de ecuaciones lineales por el método de la eliminación.

☐ Puedo resolver un sistema de desigualdades lineales por medio de la representación gráfica.

☐ Puedo escribir y representar gráficamente un conjunto de restricciones para un problema de programación lineal y encontrar el valor máximo o el mínimo.

6.ª unidad – Modelos estadísticos

☐ Puedo describir el centro de la distribución de los datos (media o mediana).

☐ Puedo describir la extensión de la distribución de los datos (rango intercuartil o desviación estándar).

☐ Puedo representar los datos gráficamente en la recta numérica (con gráficos de puntos, histogramas y diagramas de caja).

☐ Puedo comparar la distribución de dos conjuntos de datos o más al examinar sus formas, centros y extensiones cuando se dibujan en la misma escala.

☐ Puedo interpretar las diferencias en la forma, el centro y la extensión de un conjunto de datos en el contexto de un problema, y puedo explicar los efectos de los valores extremos de los datos.

☐ Puedo leer e interpretar los datos expuestos en una tabla de frecuencias de dos vías.

☐ Puedo interpretar y explicar el significado de las frecuencias relativas en el contexto de un problema.

☐ Puedo hacer un diagrama de dispersión, dibujar una línea de ajuste y escribir la ecuación correspondiente a esta línea.

☐ Puedo usar la función que mejor se ajuste a los valores para efectuar predicciones.

☐ Puedo analizar la gráfica de residuos para determinar si la función es adecuada.

☐ Puedo calcular, utilizando una herramienta electrónica, e interpretar un coeficiente de correlación.

☐ Puedo reconocer que la correlación no implica causalidad y que la causalidad no aparece representada en los diagramas de dispersión.

7.ª unidad – Expresiones y funciones polinómicas

☐ Puedo sumar y restar polinomios.

☐ Puedo multiplicar polinomios.

☐ Puedo reescribir una expresión usando la factorización.

☐ Puedo resolver ecuaciones cuadráticas usando la factorización.

☐ Puedo esbozar una gráfica usando los ceros de una función cuadrática y otros puntos fáciles de identificar.

8.ª unidad – Funciones cuadráticas

☐ Puedo usar el procedimiento de completar el cuadrado para reescribir una expresión cuadrática en forma de vértice.

☐ Puedo representar gráficamente una función cuadrática e identificar factores clave como las intersecciones, el valor máximo o mínimo, la simetría y el comportamiento final de la gráfica.

☐ Puedo identificar el efecto de transformaciones en gráficas de funciones con y sin la ayuda de dispositivos electrónicos.

☐ Puedo hacer un diagrama de dispersión, usar una herramienta electrónica para encontrar una función cuadrática adecuada y servirme de esta función para efectuar predicciones.

9.ª unidad – Ecuaciones cuadráticas

☐ Puedo explicar por qué las sumas y los productos son racionales o irracionales.

☐ Puedo resolver ecuaciones cuadráticas completando el cuadrado.

☐ Puedo resolver ecuaciones cuadráticas averiguando las raíces cuadradas.

☐ Puedo resolver ecuaciones cuadráticas aplicando la fórmula cuadrática.

10.ª unidad – Relaciones no lineales

☐ Puedo aplicar las propiedades de los exponentes para simplificar las expresiones algebraicas que tienen exponentes racionales.

☐ Puedo representar gráficamente una función de raíz cuadrada o cúbica e identificar aspectos clave como las intersecciones, el valor máximo o mínimo y el comportamiento final de la gráfica.

☐ Puedo representar gráficamente las funciones definidas a trozos, lo cual incluye las funciones paso y las de valor absoluto, e identificar aspectos clave como las intersecciones, el valor máximo o mínimo y el comportamiento final de la gráfica.

11.ª unidad – Funciones y ecuaciones exponenciales

☐ Puedo demostrar que una función exponencial tiene un multiplicador constante a lo largo de intervalos iguales.

☐ Puedo identificar situaciones en las que se dan razones de cambio iguales a lo largo de intervalos iguales y que pueden ser modeladas con funciones exponenciales.

☐ Puedo usar gráficas o tablas para comparar las razones de cambio de funciones lineales, cuadráticas y exponenciales.

☐ Puedo reescribir las funciones exponenciales utilizando las propiedades de los exponentes.

☐ Puedo interpretar los parámetros de una función exponencial en problemas de la vida real.

☐ Puedo representar gráficamente las funciones exponenciales e identificar factores clave como las intersecciones, el valor máximo o mínimo, la asíntota y el comportamiento final de la gráfica.

☐ Puedo hacer un diagrama de dispersión, emplear una herramienta electrónica para encontrar la función exponencial más apropiada y usar esta función para efectuar predicciones.

Fuente: Lisa Henry.

Dos estrellas y un deseo

y un deseo

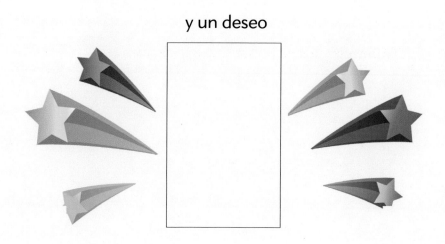

Reflexión

¿Cuál ha sido la idea principal en la que hemos trabajado hoy?

¿Qué he aprendido hoy?

¿Qué buenas ideas he tenido hoy?

¿En qué situaciones podría utilizar lo que he aprendido hoy?

¿Qué preguntas tengo sobre el trabajo de hoy?

¿Sobre qué nuevas ideas me ha llevado a reflexionar esta lección?

Puzle de álgebra – Tarea A

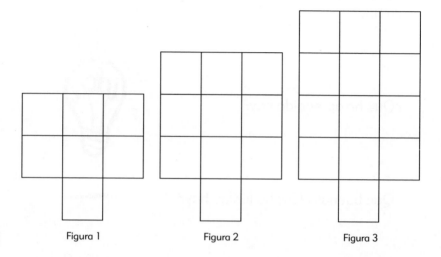

Figura 1   Figura 2   Figura 3

Puzle de álgebra – Tarea B

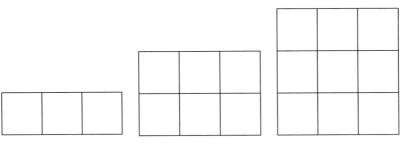

Figura 1   Figura 2   Figura 3

Puzle de álgebra – Tarea C

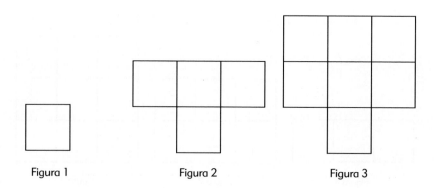

Figura 1　　　　　Figura 2　　　　　Figura 3

Puzle de álgebra – Tarea D

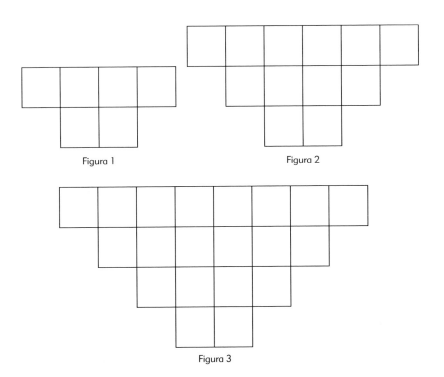

Figura 1

Figura 2

Figura 3

MENTALIDADES MATEMÁTICAS

Billete de salida

Billete de salida **Nombre:**
Fecha:

Tres cosas que he aprendido hoy:

Dos cosas que he encontrado interesantes:

Una pregunta que tengo:

Autoevaluación «Muestra lo que puedes hacer»

Lo que valoramos de un individuo	Justificación (si es necesaria)	
Perseverancia • ¿Has perseverado en eso? • ¿Has intentado otra cosa? • ¿Has hecho una pregunta? • ¿Has explicado dónde te has encontrado atascado?		¡Lo he hecho!
		Aprobado
Representaciones múltiples Palabras Imágenes Tablas Diagramas Gráficas Proceso de más de una solución Tabla de datos		¡Lo he hecho!
		Aprobado
Expectativas claras • ¿Has descrito tu proceso de pensamiento? • ¿Cómo has obtenido tu respuesta? o ¿dónde te has atascado? • Ideas: flechas, colores, palabras, números		¡Lo he hecho!
		Aprobado
Resultado • ¿Has terminado la tarea? Si no, ¿dónde te has atascado? • ¿Has dado lo mejor de ti en la tarea?		¡Lo he hecho!
		Aprobado

Fuente: Ellen Crews.

Prueba de participación: objetivos matemáticos

Vuestro grupo tendrá éxito hoy si:

- Reconocéis y describís patrones.
- Justificáis vuestras ideas y empleáis múltiples representaciones.
- Establecéis conexiones entre diversos enfoques y representaciones.
- Usáis palabras, flechas, números y códigos de colores para comunicar las ideas con claridad.
- Les explicáis las ideas de forma clara a los miembros del equipo y al profesor.
- Hacéis preguntas para comprender las ideas de otros miembros del equipo.
- Hacéis preguntas que empujen al grupo a profundizar más.
- Organizáis una exposición que permita que los otros grupos puedan entender las ideas de vuestro grupo.

A ninguna persona se le dan bien todas estas cosas, pero a todos se les da bien alguna. Necesitaréis a todos los miembros del grupo para tener éxito con la tarea de hoy.

Fuente: Carlos Cabana.

Prueba de participación: objetivos del grupo

Durante la prueba de participación, estaré observando si:

- Os estáis inclinando hacia el centro de la mesa y estáis trabajando ahí.
- Participáis de forma equitativa.
- Permanecéis juntos.
- Os escucháis los unos a los otros.
- Os hacéis muchas preguntas.
- Adoptáis y mantenéis, cada uno, el rol que tenéis en el equipo.

Fuente: Carlos Cabana.

Galletas para perro

¿De cuántas maneras se pueden
hacer 2 grupos de 24 galletas para perro?

¿De cuántas maneras distintas de las
anteriores se pueden agrupar también
las 24 galletas para perro?

Muestra tus resultados en una
representación visual que muestre
todas las combinaciones.

Ejercicios para poner de relieve algunas conexiones matemáticas

Muestra las fracciones 3/4, 6/8 y 12/16 en una gráfica.

Muestra las fracciones como triángulos similares.

¿Qué similitudes y diferencias hay entre las distintas representaciones de las fracciones como números, en una gráfica y como triángulos? ¿Puedes usar un código de colores para los rasgos representados, de tal manera que un mismo rasgo aparezca con el mismo color en las distintas representaciones?

Código de colores para *brownies*

Sam ha preparado un gran *brownie*, que ocupa toda una bandeja, y quiere cortarlo en 24 piezas iguales. Y desea compartirlo equitativamente con 5 amigos. Divide en porciones la bandeja de *brownies* y utiliza un código de colores para mostrar cuántos obtendrán Sam y sus amigos.

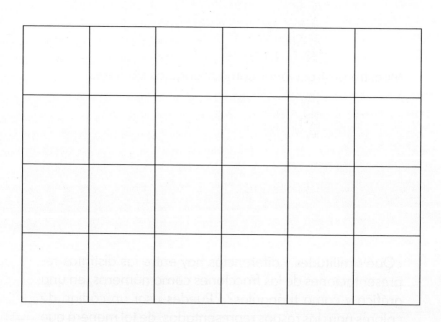

El cubo pintado

Imagina un cubo de 5 x 5 x 5 pintado de azul por la parte exterior, hecho con cubos más pequeños, de 1 x 1 x 1. Responde estas preguntas:

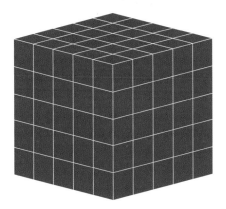

¿Cuántos cubos pequeños tendrán tres caras azules?

¿Cuántos cubos pequeños tendrán dos caras azules?

¿Cuántos cubos pequeños tendrán una cara azul?

¿Cuántos cubos pequeños no tendrán ninguna cara pintada?

La cabra atada

Imaginad una cabra atada en la esquina exterior de un cobertizo con una cuerda. El cobertizo mide 4 x 6 pies [un pie son 30,48 cm] y la cuerda 6 pies.

¿Qué os cuestionáis en relación con esta situación?

Dibujad la situación.

¿Qué preguntas tenéis?

El sol sale por el este del cobertizo y se pone por el oeste. La cabra agradecería un poco de sombra. ¿Dónde habría que plantar un árbol? ¿Qué árbol plantaríais?

Simulación de la riqueza del mundo

Encontrad el porcentaje de gente del mundo que vive en cada continente.

Calculad la cantidad de alumnos de la clase que correspondería a estos porcentajes.

Calculad el porcentaje de riqueza del mundo para cada continente.

Calculad la riqueza de cada continente en galletas.

TABLA 1. Datos sobre la riqueza del mundo

Continente	Población (en millones) 2000	Porcentaje de población	Riqueza (PIB en billones de dólares)	Porcentaje de riqueza
África	1.136		2,6	
Asia	4.351		18,5	
América del Norte	353		20,3	
América del Sur	410		4,2	
Europa	741		24,4	
Oceanía/ Australia	39		1,8	
Total	7.030	100%	71,8	100%

Fuentes: Datos demográficos según el Population Reference Bureau ('oficina de referencia de población') (prb.org). Datos sobre la riqueza según el Fondo Monetario Internacional.

América del Norte — Europa — Asia

América del Sur — África — Oceanía

TABLA 2. Datos sobre la clase

Cantidad de alumnos en la clase _____

Cantidad total de galletas _____

Continente	% de población	Cantidad de alumnos en la clase	% de riqueza	Cantidad de galletas
África				
Asia				
América del Norte				
América del Sur				
Europa				
Oceanía/ Australia				
Total	~100%		~100%	

Fuente: Charmaine Mangram.

Defendiendo la portería

Si eres el portero o la portera de un equipo de fútbol y un delantero o una delantera del otro equipo se ha desmarcado y está corriendo hacia ti, ¿cuál es el mejor lugar en el que puedes estar? Intenta definir distintas posiciones según dónde esté situado el delantero o la delantera cuando chute.

Nos preguntamos

Miembros del equipo:
Fecha:

Nos preguntamos:

_____

_____

_____

Utilizad imágenes, números y palabras para mostrar que habéis respondido vuestra pregunta.

Queremos investigar:

_____

_____

_____

Utilizad imágenes, números y palabras para mostrar que habéis respondido vuestra pregunta.

Fuente: Nick Foote.

en la Universidad Stanford

Apéndice B
Establecer normas positivas para la clase de matemáticas
Por Jo Boaler

Estos son siete de mis mensajes favoritos para los alumnos de matemáticas, y algunos consejos procedentes de Youcubed para fomentarlos:

Todo el mundo puede llegar a los niveles más altos en el aprendizaje de las matemáticas.

Los errores son valiosos.

Las preguntas son muy importantes.

Las matemáticas tienen que ver con la creatividad y con encontrar sentidos.

Las matemáticas tienen que ver con establecer conexiones y comunicar.

La profundidad es mucho más importante que la velocidad.

En las clases de matemáticas se trata de aprender, no de rendir.

1. Todo el mundo puede llegar a los niveles más altos en el aprendizaje de las matemáticas

Anima a tus alumnos a que crean en sí mismos. Este es un proceso de dos etapas.

Primero, es necesario que los alumnos sepan que pueden aprender contenidos matemáticos de cualquier nivel y que no hay personas especialmente dotadas para las matemáticas. Proporcionarles información sobre el cerebro es muy útil para este propósito.

Segundo, es necesario que tengan una mentalidad de crecimiento: deben creer que pueden aprender lo que sea, y que cuanto más trabajen más inteligentes se volverán.

Una forma importante de alentar una mentalidad de crecimiento es elogiar lo que el alumno ha hecho y aprendido, no elogiarlo como persona. En lugar de decirle «¡qué inteligente eres!», dile: «es maravilloso que hayas aprendido esto».

En este enlace podrás encontrar vídeos que puedes compartir con tus alumnos para que reciban mensajes positivos en relación con el cerebro y la mentalidad de crecimiento: https://www.youcubed.org/resource/mindset-boosting-videos/

¿Qué es la mentalidad de crecimiento?

Hay un mito realmente perjudicial muy extendido por Estados Unidos, el Reino Unido y otros países: la idea de que algunas personas nacen con un «cerebro matemático» y otras no. Esta idea ha sido descartada rotundamente por las investigaciones, pero muchos estudiantes y padres siguen albergándola. Es realmente importante comunicar a los estudiantes mensajes favorecedores de la mentalidad de crecimiento. Ayúdalos a saber que todo el mundo está dotado para las matemáticas y que los últimos estudios nos dicen que los estudiantes pueden alcanzar cualquier nivel en esta disciplina gracias a la increíble plasticidad del cerebro.

2. Los errores son valiosos

Diles a tus alumnos que te encantan los errores y que los apreciarás en todas las ocasiones. Diles que es bueno equivocarse, porque se sabe que cuando la gente comete errores, su cerebro se desarrolla. Este mensaje puede ser increíblemente liberador para los estudiantes. Aquí tienes algunos consejos para alentar el pensamiento positivo sobre las equivocaciones:

1. Pídeles a los alumnos que hayan cometido errores (especialmente los de tipo profundo, conceptual) que los escriban en la pizarra para que todos sus compañeros puedan aprender de ellos. Si un alumno comete un error de tipo conceptual, probablemente hay muchos otros que también lo han cometido.

2. Cuando un estudiante se equivoque, en lugar de desalentarlo o mostrarte comprensivo, dile que su cerebro acaba de desarrollarse, que sus sinapsis se están activando, lo cual es muy positivo.

3. Indícales a los alumnos que lean mensajes positivos sobre el cerebro y los errores y que elijan sus favoritos, que deberán llevar consigo durante el año escolar. Ejemplos: «*Fácil* equivale a perder el tiempo», «El trabajo duro promueve el desarrollo del cerebro», «Es muy importante cometer errores». Pídeles que dibujen cerebros que contengan estos mensajes, que podéis pegar en las paredes del aula (ver el recuadro de la derecha).

4. Diles a los alumnos que arruguen una hoja de papel y la lancen contra la pizarra con la emoción que sienten cuando cometen un error. A continuación, indícales que recojan su papel y que, con rotuladores de colores, tracen líneas sobre las arrugas. Estas líneas representarán la activación de las sinapsis y el desarrollo del cerebro que tienen lugar cuando cometemos un fallo. Pídeles que conserven el papel en su carpeta o cuaderno de matemáticas a modo de recordatorio.

Las investigaciones muestran que cuando los alumnos cometen errores, sus sinapsis se activan y el cerebro se desarrolla. La actividad cerebral es especialmente intensa en los individuos que tienen una mentalidad de crecimiento. Equivocarse es bueno.

3.ª actividad de Kim Hollowell, en Vista Unified.

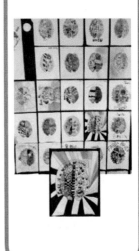

3. Las preguntas son muy importantes

Diles a tus alumnos que te encantan las preguntas sobre cuestiones matemáticas y que son muy importantes. Las investigaciones nos muestran que hacer preguntas está vinculado con el alto rendimiento académico. Sin embargo, los estudiantes hacen cada vez menos preguntas a medida que van pasando de curso, por miedo a que se los vea como unos ignorantes. No tienes por qué ser capaz de responder todas las preguntas que se les ocurran a tus alumnos; a veces es oportuno decir que no lo sabes pero lo averiguarás, o preguntarle al resto de la clase si a alguien le gustaría responder.

Algunos consejos para alentar las preguntas:

1. Cuando aparezca una buena pregunta, escríbela en grandes letras de color en un cartel. Cuelga carteles con las preguntas en las paredes del aula, para ensalzarlas. Procura que las hayan formulado estudiantes distintos.

2. Diles a tus alumnos que tienen dos responsabilidades en tu clase. Una es hacer siempre una pregunta si la tienen y la otra es responder siempre las preguntas de los compañeros cuando se les pida que lo hagan.

3. Anima a tus alumnos a hacerte preguntas a ti y también a hacerlas a los compañeros y hacérselas a sí mismos; preguntas del tipo «¿por qué es apropiado hacer esto?», «¿por qué tiene sentido esto?», «¿puedo dibujar esto?», «¿qué relación tienen estos dos métodos?».

4. Anima a tus alumnos a hacer sus propias preguntas. En lugar de hacer tú las preguntas por ellos, proporciónales situaciones matemáticas interesantes para ver qué se les ocurre preguntar.

Los estudios muestran que, en Estados Unidos, la formulación de preguntas sigue una línea descendente constante a medida que los alumnos van pasando de curso, como muestra esta gráfica:

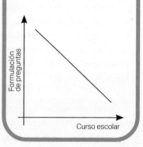

4. Las matemáticas tienen que ver con la creatividad y con encontrar sentidos

La clave para entender las matemáticas es encontrar sentido a lo que se hace con ellas. Muchos estudiantes creen que las matemáticas son un conjunto de fórmulas que hay que memorizar. Esta creencia está asociada con el bajo rendimiento académico. Las matemáticas son una materia que admite mucha creatividad, pues tiene que ver, en esencia, con visualizar patrones y concebir vías de solución que los demás puedan ver, debatir y criticar.

Estas son algunas maneras de alentar el sentido y la creatividad:

1. Pregúntales a tus alumnos: «¿Por qué tiene sentido esto?». Pregúntaselo tanto si han dado la respuesta correcta como si se han equivocado.

2. Fomenta las matemáticas visuales. Indícales a tus alumnos que dibujen sus soluciones. Pídeles que piensen en cómo *ven* las operaciones matemáticas. Por ejemplo, la profesora Cathy Humphreys les pidió a sus alumnos que le encontraran sentido a 1 dividido por 2/3 dibujando sus soluciones (puedes verlo en este vídeo: https://www.youcubed.org/resources/fractions-sense-making/).

> Datos del PISA sobre quince millones de estudiantes de quince años de edad de todo el mundo muestran que los que presentan un rendimiento académico más bajo son los que piensan que la clave del éxito en matemáticas es la memorización. Estados Unidos y el Reino Unido son los países en que un mayor número de alumnos tienen esta convicción.

3. Muestra las ideas matemáticas por medio de representaciones visuales. Todas las cuestiones matemáticas se pueden representar visualmente, y las representaciones visuales hacen que muchos más alumnos comprendan lo que se está diciendo. En Youcubed presentamos muchos ejemplos de matemáticas visuales.

4. Utiliza las conversaciones numéricas para dar valor a las distintas formas que tienen los alumnos de ver los planteamientos matemáticos y resolver los problemas. Este vídeo presenta las conversaciones numéricas y también muestra soluciones visuales: https://www.youcubed.org/resources/stanford-onlines-learn-math-teachers-parents-number-talks/.

5. Cuando los alumnos acaben de responder preguntas, pídeles que piensen otras más difíciles, que pueden dar a compañeros para que las respondan. Esta es una muy buena estrategia.

5. Las matemáticas tienen que ver con establecer conexiones y comunicar

Las matemáticas son una materia en que las conexiones son determinantes, pero los alumnos a menudo piensan que consiste en un conjunto de métodos desconectados. Hicimos un vídeo para mostrar algunas conexiones, y a los alumnos les encantó: https://www.youcubed.org/resources/tour-mathematical-connections/

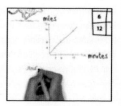

Las matemáticas constituyen una modalidad de comunicación; algunas personas piensan que son un lenguaje. Algunas estrategias para alentar las conexiones y la comunicación son las siguientes:

1. Mostrar el vídeo mencionado.
2. Animar a los alumnos a representar sus soluciones de distintas formas —con palabras, una imagen, una gráfica, una ecuación— y a mostrar las relaciones existentes entre ellas (ver debajo).
3. Indicar a los alumnos que utilicen la codificación por colores para representar ideas matemáticas (ver debajo).

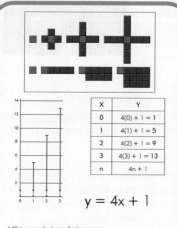

X	Y
0	4(0) + 1 = 1
1	4(1) + 1 = 5
2	4(2) + 1 = 9
3	4(3) + 1 = 13
n	4n + 1

$$y = 4x + 1$$

- Hay un cuadrado en el primer paso.
- En cada paso subsiguiente se añade un cuadrado a los ya colocados en los cuatro lados.
- La figura sigue aumentando hacia la izquierda, la derecha, arriba y abajo; en cada paso se añaden cuatro cuadrados.

1	2	3	4	5	6	7	8	9	10
11	12	13	14	15	16	17	18	19	20
21	22	23	24	25	26	27	28	29	30
31	32	33	34	35	36	37	38	39	40
41	42	43	44	45	46	47	48	49	50
51	52	53	54	55	56	57	58	59	60
61	62	63	64	65	66	67	68	69	70
71	72	73	74	75	76	77	78	79	80
81	82	83	84	85	86	87	88	89	90
91	92	93	94	95	96	97	98	99	100

6. La profundidad es mucho más importante que la velocidad

Muchas personas tienen la idea equivocada de que ser buenos con las matemáticas significa realizar operaciones con rapidez. Esto no es así. Es necesario desvincular las matemáticas de la velocidad. Cuando le damos valor a la rapidez en el cálculo (como ocurre en muchas aulas), estamos alentando a los alumnos que son rápidos calculando y desalentando a muchos otros, incluidos pensadores lentos y profundos que son muy importantes para las matemáticas (ver la columna lateral).

Hoy día ya no necesitamos que los estudiantes calculen deprisa (tenemos ordenadores para hacer esto); necesitamos que piensen profundamente, conecten métodos, razonen y justifiquen.

1. Diles a tus alumnos que no le das valor a trabajar rápido. El pensamiento matemático tiene que ver con la profundidad, no con la velocidad.

2. No permitas que los estudiantes rápidos lleven la batuta en los debates matemáticos.

3. Cuando les pidas a tus alumnos que levanten la mano para dar una respuesta, no des siempre la palabra a los más rápidos.

4. No utilices tarjetas de estudio, competiciones de velocidad ni pruebas cronometradas; en lugar de ello valora la profundidad, la creatividad, distintas maneras de pensar sobre las cuestiones matemáticas y distintas explicaciones. Aquí tienes el enlace a un artículo que muestra que los exámenes de matemáticas cronometrados pueden causar ansiedad: https://bhi61nm2cr3mkdgk1dtaov18-wpengine. netdna-ssl.com/wp-content/uploads/2017/03/nctm-timed-tests.pdf

«Siempre estuve muy inseguro de mi propia capacidad intelectual; pensaba que era poco inteligente. Y es cierto que era, y aún soy, bastante lento. Necesito tiempo para asimilar las cosas porque siempre necesito entenderlas por completo. Hacia el final del undécimo grado [primero de bachillerato] pensaba que era tonto. Pero no se lo dije a nadie. Este tema me tuvo preocupado mucho tiempo.

»Sigo siendo igual de lento. [...] Al final del undécimo grado, adopté una perspectiva realista de la situación y llegué a la conclusión de que la rapidez no se correlaciona de forma precisa con la inteligencia. Lo importante es comprender profundamente las cosas y las relaciones que mantienen entre sí; en esto consiste la inteligencia. El hecho de ser rápido o lento no es relevante, en realidad».

Laurent Schwartz, ganador de la Medalla Fields (*A mathematician grappling with his century*, 2001)

7. En las clases de matemáticas se trata de aprender, no de rendir

Muchos estudiantes piensan que su papel en la clase de matemáticas no es aprender, sino acertar las respuestas. En una palabra: rendir. Es importante que sepan que en matemáticas se trata de aprender; deben saber que es una materia que impulsa el crecimiento y que requiere dedicarle tiempo y esfuerzo. Aquí hay algunas estrategias para que en las matemáticas prime el aprendizaje y no el rendimiento:

1. Califica y examina menos. Las matemáticas son la asignatura en que se ponen más notas y se hacen más exámenes. Los estudios realizados al efecto indican que ni las calificaciones ni los exámenes incrementan el aprendizaje, y ambos hacen que los alumnos perciban que están rindiendo académicamente y no aprendiendo. Los estudiantes suelen pensar que las notas no reflejan lo que han aprendido, sino quiénes son, como muestra el siguiente vídeo: http://youtu.be/eoVLBExuqB0.

2. En lugar de poner tantas notas y exámenes, proporciónales a tus alumnos comentarios de diagnóstico. Requieren más tiempo por tu parte, pero son extremadamente útiles. No hace falta que los ofrezcas con asiduidad.

3. Utiliza las estrategias de la *evaluación para el aprendizaje* (ver la columna lateral).

4. Si tienes que poner notas, ponlas al aprendizaje, no al rendimiento. Por ejemplo, califica el hecho de hacer preguntas, de representar las ideas de varias maneras, de explicar los trabajos a los demás, de establecer conexiones. Evalúa las matemáticas en toda su amplitud; no te limites a evaluar una pequeña parte de las matemáticas (la ejecución de los procedimientos).

5. Es posible que tengas que dar las notas a la dirección de tu centro educativo, pero esto no significa que tengas que darlas a los alumnos. Las calificaciones transmiten mensajes propios de la mentalidad fija sobre el aprendizaje y suelen ser contraproducentes para los alumnos.

Se ha demostrado que las estrategias de la evaluación para el aprendizaje (EPA) incrementan drásticamente el rendimiento académico de los estudiantes si se usan en lugar de las pruebas y calificaciones sumativas. Se ha calculado que si los profesores del Reino Unido usasen las estrategias de la EPA, el rendimiento académico de sus estudiantes se incrementaría en tal medida que este país pasaría, en las comparaciones internacionales, de encontrarse en la mitad de la tabla a estar entre los cinco primeros (Black y Wiliam, 1998). En https://www.youcubed.org/resource/assessment-grading/ ofrecemos nuestras estrategias favoritas de evaluación para el aprendizaje.

Normas positivas para fomentar en la clase de matemáticas

Por Jo Boaler

1. Todo el mundo puede llegar a los niveles más altos en el aprendizaje de las matemáticas. Anima a tus alumnos a que crean en sí mismos. No existe un tipo de persona especialmente dotada para las matemáticas. Todo el mundo puede alcanzar los niveles más altos a los que aspire por medio del esfuerzo.

2. Los errores son valiosos. ¡Los errores hacen crecer tu cerebro! Es bueno tener dificultades y cometer errores.

3. Las preguntas son muy importantes. Haz siempre preguntas, responde siempre preguntas. Plantéate: «¿Por qué tiene sentido esto?».

4. Las matemáticas tienen que ver con la creatividad y con encontrar sentidos. Las matemáticas son una materia en la que es posible ser muy creativo; una materia que consiste, en esencia, en visualizar patrones y crear vías de solución que otros puedan ver, debatir y criticar.

5. Las matemáticas tienen que ver con establecer conexiones y comunicar. Tienen que ver con las conexiones y constituyen una modalidad de comunicación. Representa las matemáticas de distintas formas (con palabras, imágenes, gráficas, ecuaciones) y muestra los vínculos existentes entre esta diversidad de formas. ¡Utiliza códigos de colores!

6. La profundidad es mucho más importante que la velocidad. Los mejores matemáticos, como Laurent Schwartz, piensan de forma lenta y profunda.

7. En las clases de matemáticas se trata de aprender, no de rendir. Las matemáticas son una asignatura de crecimiento; se necesita tiempo para aprender los contenidos, y el esfuerzo es fundamental.

Referencias

Abiola, O. y Dhindsa, H. S. (2011). «Improving classroom practices using our knowledge of how the brain works». *International Journal of Environmental & Science Education*, 7 (1), 71-81.

Baker, D. P. y LeTendre, G. K. (2005). *National differences, global similarities: World culture and the future of schooling*. Stanford (California), EUA: Stanford University Press.

Ball, D. L. (1993). «With an eye on the mathematical horizon: Dilemmas of teaching elementary mathematics». *The Elementary School Journal*, 93 (4), 373-397.

Beaton, A. E. y O'Dwyer, L. M. (2002). «Separating school, classroom and student variances and their relationship to socio-economic status». En D. F. Robitaille y A. E. Beaton (eds.), *Secondary analysis of the TIMSS data*. Dordrecht, Holanda: Kluwer Academic Publishers.

Beilock, L. S., Gunderson, E. A., Ramírez, G. y Levine, S. C. (2009). «Female teachers' math anxiety affects girls' math achievement». *Proceedings of the National Academy of Sciences*, 107 (5), 1860-1863.

Beilock, S. (2011). *Choke: What the secrets of the brain reveal about getting it right when you have to*. Nueva York, EUA: Free Press.

Black, P., Harrison, C., Lee, C., Marshall, B. y Wiliam, D. (2002). *Working inside the black box: Assessment for learning in the classroom*. Londres, RU: Department of Education & Professional Studies, King's College.

Black, P. J. y Wiliam, D. (1998a, octubre). «Inside the black box: Raising standards through classroom assessment». *Phi Delta Kappan*, 139-148.

_____ (1998b). «Assessment and classroom learning». *Assessment in Education*, 5 (1), 7-74.

Blackwell, L., Trzesniewski, K. y Dweck, C. S. (2007). «Implicit theories of intelligence predict achievement across an adolescent transition: A longitudinal study and an intervention». *Child Development*, 78 (1), 246-263.

Boaler, J. (1997). «When even the winners are losers: Evaluating the experiences of "top set" students». *Journal of Curriculum Studies*, 29 (2), 165-182.

_____ (1998). «Open and closed mathematics: Student experiences and understandings». *Journal for Research in Mathematics Education*, 29 (1), 41-62.

_____ (2002a). *Experiencing school mathematics: Traditional and reform approaches to teaching and their impact on student learning* (edición revisada y ampliada). Mahwah (Nueva Jersey), EUA: Erlbaum.

_____ (2002b). «Paying the price for "sugar and spice": Shifting the analytical lens in equity research». *Mathematical Thinking and Learning*, 4 (2 y 3), 127-144.

_____ (2005). *The «psychological prisons» from which they never escaped: The role of ability grouping in reproducing social class inequalities*. Ponencia presentada en el FORUM.

_____(2008). «Promoting "relational equity" and high mathematics achievement through an innovative mixed ability approach». *British Educational Research Journal, 34* (2), 167-194.

_____(2013a). «Ability and mathematics: The mindset revolution that is reshaping education». *FORUM,* 55 (1), 143-152.

_____(2013b). «Ability grouping in mathematics classrooms». En S. Lerman (ed.), *International encyclopedia of mathematics education.* Nueva York, EUA: Springer.

_____(2013c, 12 de noviembre). «The stereotypes that distort how Americans teach and learn math». *Atlantic.*

_____(2014a, 28 de abril). *Changing the conversation about girls and STEM.* Washington D. C., EUA: The White House. Recuperado de http://www.youcubed.org/wp-content/uploads/Youcubed-STEM-white-house.pdf

_____(2014b). *The mathematics of hope —Moving from performance to learning in mathematics classrooms.* Recuperado de https://www.youcubed.org/the-mathematics-of-hope-moving-from-performance-to-learning-in-mathematics-classrooms/.

_____(2014c). *Fluency without fear: Research evidence on the best ways to learn math facts.* Youcubed en la Universidad Stanford. Recuperado de http://www.youcubed.org/wp-content/uploads/2015/03/FluencyWithoutFear-2015.pdf

_____(2015a). *What's math got to do with it? How teachers and parents can transform mathematics learning and inspire success.* Nueva York, EUA: Penguin.

_____(2015b, 7 de mayo). «Memorizers are the lowest achievers and other Common Core math surprises». *The Hechinger Report.* Recuperado de http://hechingerreport.org/memorizers-are-the-lowest-achievers-and-other-common-core-math-surprises/

_____(2014). «Ability grouping in mathematics classrooms». En S. Lerman (ed.), *Encyclopedia of mathematics education* (págs. 1-5). Dordrecht, Holanda: Springer Science + Business Media. DOI: 10.1007/978-94-007-4978-8.

Boaler, J. y Greeno, J. (2000). «Identity, agency and knowing in mathematics worlds». En J. Boaler (ed.), *Multiple perspectives on mathematics teaching and learning* (págs. 171-200). Westport (Connacht), Irlanda: Ablex Publishing.

Boaler, J. y Humphreys, C. (2005). *Connecting mathematical ideas: Middle school video cases to support teaching and learning.* Portsmouth, RU: Heinemann.

Boaler, J., Meyer, D., Selling, S. K. y Sun, K. (Sin fecha). «The *Simpsons* sunblocker: Similarity and congruence through modeling, exploration, and reasoning». Youcubed en la Universidad Stanford. Recuperado de http://www.youcubed.org/wp-content/uploads/The-Sunblocker1.pdf.

Boaler, J. y Sengupta-Irving, T. (2015). «The many colors of algebra: Engaging disaffected students through collaboration and agency». *Journal of Mathematical Behavior.*

Boaler, J. y Staples, M. (2005). «Transforming students' lives through an equitable mathematics approach: The case of Railside School». *Teachers College Record, 110* (3), 608-645.

Boaler, J. y Wiliam, D. (2001). «"We've still got to learn!" Students' perspectives on ability grouping and mathematics achievement». En P. Gates (ed.), *Issues in mathematics teaching.* Londres, RU: Routledge-Falmer.

Boaler, J., Wiliam, D. y Brown, M. (2001). «Students' experiences of ability grouping —disaffection, polarisation and the construction of failure». *British Educational Research Journal, 26* (5), 631-648.

Bransford, J., Brown, A. y Cocking, R. (1999). *How people learn: Brain, mind, experience and school*. Washington D. C., EUA: National Academy Press.

Brousseau, G. (1984). «The crucial role of the didactical contract in the analysis and construction of situations in teaching and learning mathematics». En H. G. Steiner (ed.), *Theory of mathematics education* (págs. 110-119). Bielefeld, Alemania: Institut für Didaktik der Mathematik der Universität Bielefeld.

_____(1997). *Theory of didactical situations in mathematics: Didactique des mathématiques* (1970-1990). Nueva York, EUA: Springer.

Bryant, A. (19 de junio de 2003). «In head-hunting, big data may not be such a big deal». *The New York Times*. Recuperado de http://www.nytimes.com/2013/06/20/business/in-head-hunting-big-data-may-not-be-such-a-big-deal.html.

Burris, C., Heubert, J. y Levin, H. (2006). «Accelerating mathematics achievement using heterogeneous grouping». *American Educational Research Journal, 43* (1), 103-134.

Burton, L. (1999). «The practices of mathematicians: What do they tell us about coming to know mathematics?». *Educational Studies in Mathematics, 37*, 121-143.

Butler, R. (1987). «Task-involving and ego-involving properties of evaluation: Effects of different feedback conditions on motivational perceptions, interest and performance». *Journal of Educational Psychology, 79*, 474-482.

_____(1988). «Enhancing and undermining intrinsic motivation: The effects of task-involving and ego-involving evaluation on interest and performance». *British Journal of Educational Psychology, 58*, 1-14.

Challenge Success. (2012). «Changing the conversation about homework from quantity and achievement to quality and engagement». Stanford (California), EUA: Challenge Success. Recuperado de http://www.challengesuccess.org/wp-content/uploads/2015/07/ChallengeSuccess-Homework-WhitePaper.pdf.

Cohen, E. (1994). *Designing groupwork*. Nueva York, EUA: Teachers College Press.

Cohen, E. y Lotan, R. (2014). *Designing groupwork: Strategies for the heterogeneous classroom* (3.ª ed.). Nueva York, EUA: Teachers College Press.

Cohen, G. L. y García, J. (2014). «Educational theory, practice, and policy and the wisdom of social psychology». *Policy Insights from the Behavioral and Brain Sciences, 1* (1), 13-20.

«Common Core State Standards Initiative». (2015). *Standards for mathematical practice*. Recuperado de http://www.corestandards.org/Math/Practice/

Conner, J., Pope, D. y Galloway, M. K. (2009). «Success with less stress». *Educational Leadership, 67* (4), 54-58.

Darling-Hammond, L. (2000). «Teacher quality and student achievement». *Education Policy Analysis Archives, 8*, 1.

Deevers, M. (2006). *Linking classroom assessment practices with student motivation in mathematics*. Ponencia presentada en la American Educational Research Association, San Francisco (EUA).

Delazer, M., Ischebeck, A., Domahs, F., Zamarian, L., Koppelstaetter, F., Siedentopf, C. M., Felber, S. (2005). «Learning by strategies and learning by drill —evidence from an fMRI study». *NeuroImage*, 839-849.

Devlin, K. (1997). *Mathematics: The science of patterns: The search for order in life, mind and the universe*. Nueva York, EUA: Scientific American Library.

_____(2001). *The math gene: How mathematical thinking evolved and why numbers are like gossip*. Nueva York, EUA: Basic Books. (Publicado originalmente en 1997).

_____(2006). *The math instinct: Why you're a mathematical genius (along with lobsters, birds, cats, and dogs)*. Nueva York, EUA: Basic Books.

Dixon, A. (2002). Editorial. *FORUM, 44* (1), 1.

Duckworth, A. y Quinn, P. (2009). «Development and validation of the short grit scale». *Journal of Personality Assessment, 91* (2), 166-174.

Duckworth, E. (1991). «Twenty-four, forty-two and I love you: Keeping it complex». *Harvard Educational Review, 61* (1), 1-24.

Dweck, C. S. (2006a). «Is math a gift? Beliefs that put females at risk». En W. W. S. J. Ceci (ed.), *Why aren't more women in science? Top researchers debate the evidence*. Washington D. C., EUA: American Psychological Association.

_____(2006b). *Mindset: The new psychology of success*. Nueva York, EUA: Ballantine Books. [En español: (2016). *Mindset: la actitud del éxito*. Málaga, España: Sirio].

Eccles, J. y Jacobs, J. (1986). «Social forces shape math attitudes and performance». *Signs, 11* (2), 367-380.

Elawar, M. C. y Corno, L. (1985). «A factorial experiment in teachers' written feedback on student homework: Changing teacher behavior a little rather than a lot». *Journal of Educational Psychology, 77* (2), 162-173.

Elmore, R. y Fuhrman, S. (1995). «Opportunity-to-learn standards and the state role in education». *Teachers College Record, 96* (3), 432-457.

Engle, R. A., Langer-Osuna, J. y McKinney de Royston, M. (2014). «Towards a model of influence in persuasive discussions: Negotiating quality, authority, and access within a student-led argument». *Journal of the Learning Sciences, 23* (2), 245-268.

Esmonde, I. y Langer-Osuna, J. (2013). «Power in numbers: Student participation in mathematical discussions in heterogeneous spaces». *Journal for Research in Mathematics Education, 44* (1), 288-315.

Feikes, D. y Schwingendorf, K. (2008). «The importance of compression in children's learning of mathematics and teacher's learning to teach mathematics». *Mediterranean Journal for Research in Mathematics Education, 7* (2).

Flannery, S. (2002). *In code: A mathematical journey*. Nueva York, EUA: Workman Publishing Company.

Fong, A. B., Jaquet, K. y Finkelstein, N. (2014). *Who repeats Algebra I, and how does initial performance relate to improvement when the course is repeated?* (REL 2015–059). Washington, D. C.: U.S. Department of Education, Institute of Education Sciences, National Center for Education Evaluation and Regional Assistance, Regional Educational Laboratory West. Recuperado de http://files.eric.ed.gov/fulltext/ED548534.pdf.

Frazier, L. (25 de febrero de 2015). «To raise student achievement, North Clackamas schools add lessons in perseverance». *Oregonian*/OregonLive. Recuperado de http://www.oregonlive.com/education/index.ssf/2015/02/to_raise_student_achievement_n.html.

Galloway, M. K. y Pope, D. (2007). «Hazardous homework? The relationship between homework, goal orientation, and well-being in adolescence». *Encounter: Education for Meaning and Social Justice, 20* (4), 25-31.

Girl Scouts of the USA with the National Center for Women & Information Technology (NCWIT). (2008). *Evaluating promising practices in informal science, technology, engineering and mathematics (STEM) education for girls*. Recuperado de http://www.ncwit.org/sites/default/files/legacy/pdf/NCWIT- GSUSAPhaseIIIReport_FINAL.pdf.

Gladwell, M. (2011). *Outliers: The story of success*: Back Bay Books. [En español: (2018). *Fuera de serie (outliers)*. España: Debolsillo (Punto de Lectura)].

Good, C., Rattan, A. y Dweck, C. S. (2012). «Why do women opt out? Sense of belonging and women's representation in mathematics». *Journal of Personality and Social Psychology, 102* (4), 700-717.

Gray, E. y Tall, D. (1994). «Duality, ambiguity, and flexibility: A «proceptual» view of simple arithmetic». *Journal for Research in Mathematics Education, 25* (2), 116-140.

Gunderson, E. A., Gripshover, S. J., Romero, C., Dweck, C. S., Goldin-Meadow, S. y Levine, S. C. (2013). «Parent praise to 1–3 year-olds predicts children's motivational frameworks 5 years later». *Child Development, 84* (5), 1526-1541.

Gutstein, E., Lipman, P., Hernández, P. y de los Reyes, R. (1997). «Culturally relevant mathematics teaching in a Mexican American context». *Journal for Research in Mathematic Education, 28* (6), 709-737.

Haack, D. (31 de enero de 2011). «Disequilibrium (I): Real learning is disruptive. A Glass Darkly (blog)». Recuperado de http://blog4critique.blogspot.com/2011/01/disequilibrium-i-real-learning-is.html.

Hersh, R. (1999). *What is mathematics, really?* Oxford, RU: Oxford University Press.

Horn, I. S. (2005). «Learning on the job: A situated account of teacher learning in high school mathematics departments». *Cognition and Instruction, 23* (2), 207-236.

Humphreys, C. y Parker, R. (2015). *Making number talks matter: Developing mathematical practices and deepening understanding, grades 4-10*. Portland (Maine), EUA: Stenhouse Publishers.

Jacob, W. (2015). «Forzar el avance en matemáticas». Comunicación personal.

Jones, M. G., Howe, A. y Rua, M. J. (2000). «Gender differences in students' experiences, interests, and attitudes toward science and scientists». *Science Education, 84*, 180-192.

Karni, A., Meyer, G., Rey-Hipolito, C., Jezzard, P., Adams, M., Turner, R. y Ungerleider, L. (1998). «The acquisition of skilled motor performance: Fast and slow experience-driven changes in primary motor cortex». *PNAS, 95* (3), 861-868.

Khan, S. (2012). *The one world schoolhouse: Education reimagined*. Nueva York, EUA: Twelve.

Kitsantas, A., Cheema, J. y Ware, W. H. (2011). «Mathematics achievement: The role of homework and self-efficacy beliefs». *Journal of Advanced Academics, 22* (2), 310-339.

Klarreich, E. (13 de agosto de 2014). «Meet the first woman to win math's most prestigious prize». *Quanta Magazine*. Recuperado de http://www.wired.com/2014/08/maryam-mirzakhani-fields-medal/.

Kohn, A. (1999). *Punished by rewards: The trouble with gold stars, incentive plans, A's, praise, and other bribes*. Nueva York, EUA: Mariner Books. [En español: (2018). *Motivar sin premios ni castigos*. Madrid, España: Ediciones Cristiandad].

_____(2000). *The schools our children deserve: Moving beyond traditional classrooms and «tougher standards»*. Nueva York, EUA: Mariner Books.

_____(Septiembre de 2008). Teachers who have stopped assigning homework (blog). Recuperado de http://www.alfiekohn.org/blogs/teachers-stopped-assigning-homework.

_____(Noviembre de 2011). «The case against grades». Recuperado de http://www.alfiekohn.org/article/case-grades/.

Koonlaba, A. E. (24 de febrero de 2015). «3 visual artists —and tricks— for integrating the arts into core subjects». *Education Week Teacher.* Recuperado de http:// www.edweek.org/tm/articles/2015/02/24/3-visual-artists-and-tricks-for-integrating-the-arts.html.

Lakatos, I. (1976). *Proofs and refutations.* Cambridge, RU: Cambridge University Press. [En español: (1994). *Pruebas y refutaciones.* España: Alianza Editorial].

Langer-Osuna, J. (2011). «How Brianna became bossy and Kofi came out smart: Understanding the differentially mediated identity and engagement of two group leaders in a project-based mathematics classroom». *Canadian Journal for Science, Mathematics, and Technology Education, 11* (3), 207-225.

Lawyers' Committee for Civil Rights of the San Francisco Bay Area ('comité de abogados para los derechos civiles del Área de la Bahía de San Francisco'). (Enero de 2013). «Held back: Addressing misplacement of 9th grade students in Bay Area school math classes». Recuperado de www.lccr.com.

Lee, D. N. (25 de noviembre de 2014). «Black girls serving as their own role models in STEM». *Scientific American.* Recuperado de http://blogs.scientificamerican.com/urban-scientist/2014/11/25/black-girls-serving-as-their-own-role-models-in-stem/.

Lee, J. (2002). «Racial and ethnic achievement gap trends: Reversing the progress toward equity?». *Educational Researcher, 31* (1), 3-12.

Lemos, M. S. y Veríssimo, L. (2014). «The relationships between intrinsic motivation, extrinsic motivation, and achievement, along elementary school». *Procedia – Social and Behavioral Sciences, 112,* 930-938.

Leslie, S. J., Cimpian, A., Meyer, M. y Freeland, E. (2015). «Expectations of brilliance underlie gender distributions across academic disciplines». *Science, 347* (6219), 262-265.

Lupton, T., Pratt, S. y Richardson, K. (2014). «Exploring long division through division quilts». *Centroid, 40* (1), 3-8.

Maguire, E., Woollett, K. y Spiers, H. (2006). «London taxi drivers and bus drivers: A structural MRI and neuropsychological analysis». *Hippocampus, 16* (12), 1091-1101.

Mangels, J. A., Butterfield, B., Lamb, J., Good, C. y Dweck, C. S. (2006). «Why do beliefs about intelligence influence learning success? A social cognitive neuroscience model». *Social Cognitive and Affective Neuroscience, 1* (2), 75-86.

«Mathematics Teaching and Learning to Teach, University of Michigan». (2010). Vídeo *online* SeanNumbers-Ofala. Recuperado de http://deepblue.lib.umich. edu/handle/2027.42/65013.

McDermott, R. P. (1993). «The acquisition of a child by a learning disability». En S. Chaiklin y J. Lave (eds.), *Understanding practice: Perspectives on activity and context* (págs. 269-305). Cambridge, RU: Cambridge University Press.

McKnight, C., Crosswhite, F. J., Dossey, J. A., Kifer, J. O., Swafford, J. O., Travers, K. J. y Cooney, T. J. (1987). *The underachieving curriculum —Assessing US school mathematics from an international perspective.* Champaign (Illinois), EUA: Stipes Publishing.

Mikki, J. (2006). *Students' homework and TIMSS 2003 mathematics results.* Ponencia presentada en el congreso internacional Teaching Mathematics Retrospective and Perspective.

Moser, J., Schroder, H. S., Heeter, C., Moran, T. P. y Lee, Y. H. (2011). «Mind your errors: Evidence for a neural mechanism linking growth mindset to adaptive post error adjustments». *Psychological Science*, 22, 1484-1489.

Moses, R. y Cobb, J. C. (2001). *Radical equations: Math, literacy and civil rights*. Boston, EUA: Beacon Press.

Mueller, C. M. y Dweck, C. S. (1998). «Praise for intelligence can undermine children's motivation and performance». *Journal of Personality and Social Psychology*, 75 (1), 33-52.

Murphy, M. C., García, J. A. y Zirkel, S. (En preparación). *The role of faculty mindsets in women's performance and participation in STEM*.

Nasir, N. S., Cabana, C., Shreve, B., Woodbury, E. y Louie, N. (eds.). (2014). *Mathematics for equity: A framework for successful practice*. Nueva York, EUA: Teachers College Press.

Noguchi, S. (14 de enero de 2012). «Palo Alto math teachers oppose requiring Algebra II to graduate». *San Jose Mercury News*. Recuperado de http://www.mercury-news.com/ci_19748978.

Organización para la Cooperación y el Desarrollo Económicos (OCDE), (2013). Lessons from PISA 2012 for the United States, strong performers and successful reformers in education. París, Francia: OCDE.

_____(2015). «The ABC of gender equality in education: Aptitude, behaviour, confidence. A Program for International Student Assessment (PISA) Report». París, Francia: OECD Publishing.

Paek, P. y Foster, D. (2012). *Improved mathematical teaching practices and student learning using complex performance assessment tasks*. Ponencia presentada en el National Council on Measurement in Education (NCME). Vancouver, Canadá.

Park, J. y Brannon, E. (2013). «Training the approximate number system improves math proficiency». *Association for Psychological Science*, 1-7.

Parrish, S. (2014). *Number talks: Helping children build mental math and computation strategies, grades K–5, updated with Common Core Connections*. Sausalito (California), EUA: Math Solutions.

Piaget, J. (1958). *The child's construction of reality*. Londres, RU: Routledge & Kegan Paul. [En español: (2007). *La representación del mundo en el niño*. San Sebastián de los Reyes (Madrid), España: Morata].

_____(1970). «Piaget's theory». En P. H. Mussen (ed.), *Carmichael's manual of child psychology*. Nueva York, EUA: Wiley.

Picciotto, H. (1995). *Lab gear activities for Algebra I*. Mountain View (California), EUA: Creative Publications.

Programa Internacional para la Evaluación de los Alumnos (PISA). (2012). PISA 2012 results in focus. What 15-year-olds know and what they can do with what they know. París, Francia: OCDE.

_____(2015). «Does homework perpetuate inequities in education?». *PISA in Focus 46*. Recuperado de http://www.oecd-ilibrary.org/docserver/download/5jxrhqhtx2xt.pdf?expires=1426872704&id=id&accname=guest&checksum=D4D915DF09179A5FB60344FEA43FE5E7.

Pulfrey, C., Buchs, C. y Butera, F. (2011). «Why grades engender performance-avoidance goals: The mediating role of autonomous motivation». *Journal of Educational Psychology*, 103 (3), 683-700. Recuperado de http://www.researchgate.net/profile/Fabrizio_Butera/.

Reeves, D. B. (2006). *The learning leader: How to focus school improvement for better results*. Alexandria (Virginia), EUA: Association for Supervision & Curriculum Development.

Romero, C. (2013). *Coping with challenges during middle school: The role of implicit theories of emotion* (tesis doctoral). Universidad Stanford. Stanford (California), EUA. Recuperado de http://purl.stanford.edu/ft278nx7911.

Rose, H. y Betts, J. R. (2004). «The effect of high school courses on earnings». *Review of Economics and Statistics, 86* (2), 497-513.

Schmidt, W. H., McKnight, C. C., Cogan, L. S., Jakwerth, P. M., Houang, R. T., Wiley, D. E., Raizen, S. A. (2002). *Facing the consequences: Using TIMSS for a closer look at US mathematics and science education*. Dordrecht, Holanda: Kluwer Academic Publishers.

Schmidt, W. H., McKnight, C. C. y Raizen, S. A. (1997). *A splintered vision: An investigation of US science and mathematics education*. Dordrecht, Holanda: Kluwer Academic Publishers.

Schwartz, D. y Bransford, J. (1998). «A time for telling». *Cognition and Instruction, 16* (4), 475-522.

Schwartz, L. (2001). *A mathematician grappling with his century*. Basilea, Suiza: Birkhäuser.

Seeley, C. (2009). *Faster isn't smarter: Messages about math, teaching, and learning in the 21st century*. Sausalito (California), EUA: Math Solutions.

Seeley, C. (2014). *Smarter than we think: More messages about math, teaching, and learning in the 21st century*. Sausalito (California), EUA: Math Solutions.

Selling, S. K. (2015). «Learning to represent, representing to learn». *Journal of Mathematical Behavior*.

Silva, E. y White, T. (2013). *Pathways to improvement: Using psychological strategies to help college students master developmental math*. Stanford (California), EUA: Carnegie Foundation for the Advancement of Teaching.

Silver, E. A. (1994). «On mathematical problem posing». *For the Learning of Mathematics, 14* (1), 19-28.

Sims, P. (6 de agosto de 2011). «Daring to stumble on the road to discovery». *The New York Times*. Recuperado de http://www.nytimes.com/2011/08/07/jobs/07pre.html?_r=0.

Solomon, Y. (2007). «Not belonging? What makes a functional learner identity in undergraduate mathematics?». *Studies in Higher Education, 32* (1), 79-96.

Stanford Center for Professional Development. (Sin fecha). «How to learn math: For teachers and parents.» http://scpd.stanford.edu/instanford/how-to-learn-math.jsp.

Stanford Online Lagunita (2014). «How to learn math: For students». Stanford University. Recuperado de https://lagunita.stanford.edu/courses/Education/EDUC115-S/Spring2014/about.

Steele, C. (2011). *Whistling Vivaldi: How stereotypes affect us and what we can do*. Nueva York, EUA: Norton.

Stigler, J. y Hiebert, J. (1999). *The teaching gap: Best ideas from the world's teachers for improving education in the classroom*. Nueva York, EUA: Free Press.

Stipek, D. J. (1993). *Motivation to learn: Integrating theory and practice*. Nueva York, EUA: Pearson.

Supekar, K., Swigart, A. G., Tenison, C., Jolles, D. D., Rosenberg-Lee, M., Fuchs, L. y Menon, V. (2013). «Neural predictors of individual differences in response to math tutoring in primary-grade school children». *Proceedings of the National Academy of Sciences*, *110* (20), 8230-8235.

Thompson, G. (2 de junio de 2014). «Teaching the brain to learn». *THE Journal*. Recuperado de http://thejournal.com/articles/2014/06/02/teaching-the-brain-to-learn.aspx.

Thurston, W. (1990). «Mathematical education». *Notices of the American Mathematical Society*, *37* (7), 844-850.

Tobias, S. (1978). *Overcoming math anxiety*. Nueva York, EUA: Norton.

Treisman, U. (1992). «Studying students studying calculus: A look at the lives of minority mathematics students in college». *College Mathematics Journal*, *23* (5), 362-372.

Vélez, W. Y., Maxwell, J. W. y Rose, C. (2013). «Report on the 2012-2013 new doctoral recipients». *Notices of the American Mathematical Society*, *61* (8), 874-884.

Wang, J. (1998). «Opportunity to learn: The impacts and policy implications». *Educational Evaluation and Policy Analysis*, *20* (3), 137-156. DOI: 10.3102/01623737020003137.

Wenger, E. (1998). *Communities of practice: Learning, meaning and identity*. Cambridge, RU: Cambridge University Press.

White, B. Y. y Frederiksen, J. R. (1998). «Inquiry, modeling, and metacognition: Making science accessible to all students». *Cognition and Instruction*, *16* (1), 3-118.

Wolfram, C. (Julio de 2010). «Teaching kids real math with computers». *TED Talks*. Recuperado de http://www.ted.com/talks/conrad_wolfram_teaching_kids_real_math_with_ computers?language=en.

Woollett, K. y Maguire, E. A. (2011). «Acquiring "The Knowledge" of London's layout drives structural brain changes». *Current Biology*, *21* (24), 2109-2114.

Youcubed en la Universidad Stanford. (2015a). «Making group work equal». Stanford Graduate School of Education. Recuperado de http://www.youcubed.org/category/making-group-work-equal/.

_____(2015b). «Moving colors». Stanford Graduate School of Education. Recuperado de http://www.youcubed.org/task/moving-colors/.

_____(2015c). «Tour of mathematical connections». Stanford Graduate School of Education. Recuperado de http://www.youcubed.org/tour-of-mathematical-connections/.

_____(2015d). Vídeo: «High-quality teaching examples». Stanford Graduate School of Education. Recuperado de www.youcubed.org/high-quality-teaching-examples/.

Zaleski, A. (12 de noviembre de 2014). «Western High School's RoboDoves crushes the competition, stereotypes». *Baltimore Sun*. Recuperado de http://www.baltimoresun.com/entertainment/bthesite/bs-b-1113-cover-robodoves-20141111-story.html.

Zohar, A. y Sela, D. (2003). «Her physics, his physics: Gender issues in Israeli advanced placement physics classes». *International Journal of Science Education*, *25* (2), 261.

Índice temático

Sobre la autora

La doctora Jo Boaler es profesora de Educación Matemática en la Universidad Stanford y cofundadora de Youcubed. También es analista para el PISA en la OCDE y autora del primer curso en línea masivo y abierto sobre la enseñanza y el aprendizaje de las matemáticas. Fue profesora Marie Curie de Educación Matemática en Inglaterra. Ganó el premio al mejor doctorado en Inglaterra, concedido por la Asociación Británica para la Investigación en Educación. Es miembro electo de la Real Sociedad de las Artes británica y presidió la Organización Internacional para las Mujeres y la Educación Matemática (IOWME, por sus siglas en inglés). En Estados Unidos, recibió el Premio Presidencial de la Fundación Nacional para la Ciencia, y el Consejo Nacional de Supervisores de las Matemáticas (NCSM), una asociación estadounidense de alcance internacional, le otorgó el Premio de la Equidad Kay Gilliland. Es autora de nueve libros y numerosos artículos de investigación. Asesora a varias empresas de Silicon Valley y es ponente sobre las mujeres en relación con las carreras STEM en la Casa Blanca. Ha creado www.youcubed.org para proporcionar a profesores y padres los recursos y las ideas que necesitan para inspirar y motivar a los estudiantes respecto a las matemáticas.

Agradecimientos

No podría haber escrito este libro sin el apoyo, la colaboración y las ideas de los docentes con quienes trabajo, con quienes tengo contacto a través de los medios de comunicación social y de quienes aprendo como profesora de educación matemática. Tengo la gran suerte de conocer a profesores y profesoras que inspiran a los estudiantes a diario con sus enseñanzas y sus palabras y que me invitan a estar en sus clases y en sus vidas. Son ellos y ellas quienes me permiten obtener ideas como investigadora y traducirlas en ideas para aplicar en las aulas. Este libro recoge parte del trabajo de docentes maravillosos de la enseñanza primaria, intermedia y secundaria, a algunos de los cuales presento a lo largo de la obra. Estoy tremendamente agradecida a todos los maestros y maestras con quienes establezco contacto y con quienes trabajo. Trabajamos juntos, en Youcubed, para compartir buenas prácticas y aprender unos de otros sin cesar. Esta experiencia es enriquecedora y satisfactoria, y este libro es el resultado de esta labor compartida.

También quiero dar las gracias a mis dos hijas, a quienes he dedicado este libro, por ser tan pacientes cuando me encierro para escribir y cuando desaparezco durante días para cruzar el país con el fin de trabajar con otros educadores. En el momento de escribir estas líneas, tienen nueve y doce años, y cada día son mi mayor fuente de inspiración.

El hecho de que este libro exista se debe, en igual medida, a la editora más paciente que he conocido y que, probablemente, conoceré. Kate Bradford ha esperado durante años a que acabara esta obra. Siempre que escribía a Kate para pedirle, sintiéndome culpable, una prórroga más, me maravillaba con su amabilidad y su paciencia. ¡Espero, Kate, que la espera haya valido la pena!

También me gustaría dar las gracias a Jill Marshal, mi agente, cuyos consejos y ánimos permanentes me han ayudado desde la concepción del libro hasta su producción.

Y finalmente, pero no en menor medida, quiero dar las gracias a mi socia y cofundadora de Youcubed, Cathy Williams. Cathy elaboró casi todos los elementos visuales del libro, comentó conmigo mis ideas medio configuradas, leyó borradores y ha sido quien más me ha ayudado y apoyado a lo largo de todo el proceso. ¡Todo el mundo debería tener una Cathy en su vida! Gracias, Cathy, por ser una consejera y amiga fantástica.